「わたしのソーシャリズム」へ

二〇世紀イギリス文化とレイモンド・ウィリアムズ

関西学院大学研究叢書　第１７４編

大貫隆史
Onuki Takashi

研究社

目次

序章

一九八三年、ロンドン。その著書『二〇〇〇年にむけて』をめぐる議論のなかで、レイモンド・ウィリアムズは、二〇一〇年代の現在からすると、驚きをもって受けとめられそうな発言をしている——

わたしは……軍隊という場所が嫌いです。というのも、そこで四年すごしたことがあるからで、つまりそれが、あまりにも直接的《ダイレクト》な経験だったためです。ですが、ユーゴスラビアに滞在して、ユーゴスラビア軍を目にしたとき、わたしはそれに敬意をおぼえましたし、いまでも敬意をもちつづけています。というのも、ユーゴスラビア軍の存在は、自分たち自身の生活を素材におこなわれている、いわば社会的な実験の、その条件のひとつをなしてきたのですからね。そしてわたしは、その実験の価値に敬意をいだいているのです——もちろん、あちこちに批判されるべき部分があるにしても、です。（Williams and Barnett: 57:16–57:52）

これはイギリス国内での平和運動をめぐって議論が交わされたときの発言である。平和主義《パシフィズム》のなかでも、完全非暴力の立場と、自衛を認める立場とのあいだで対話が必要だと述べる文脈のなかで、上記の発言がなされる。

あわせて、「イギリス（Britain）」という国民国家の枠組みそれ自体への、（根本的な）懐疑を示すなかでの言葉であることにも注意が必要だろうか。イギリスは、経済や軍事という観点からすると、じつは自律的な存在ではない。イギリスの資本は国際的なそれの一部をなしているし、軍にしてもNATOあるいはアメリカとの軍事同盟の動きにおおきく左右される。したがって、イギリスという枠組みだけで、平和運動や労働運動、社会主義運動を組織することには無理がある――このような主張の背景にあるのは、一九八〇年代ウィリアムズのソーシャリストとしての位置取り《ポジショニング》である。より正確には、「ウェールズ系ヨーロッパ人（Welsh European）」という自己規定[*1]と一緒に打ち出されるソーシャリズムである。彼の念頭にあったのは、既存の国民国家のそれとは別の地理的そして歴史的枠組みだった。よりローカルな紐帯（ウェールズ）と、より広範なつながり（ヨーロッパ）の双方を重視するウィリアムズのソーシャリズムにとって、複数の共和国が連邦制をむすびながら独自の社会主義を展開するユーゴスラビアが、ひとつの参照点だったことは想像にかたくない。[*2]

その約十年後の一九九四年、イングランド南部、ミルトンキーンズ。ウィリアムズの小説『帰属心《ロイアルティズ》』をめぐって真剣な問いを投げかけたことのあるカナダ生まれの書き手《ライター》、教育者《ティーチャー》にして（のちの）政治家マイケル・イグナティエフ[*3]は、こう聴衆に語りかけることになる――

> これは、村のなかでの戦争です。だれもが顔見知りなのです。おなじ学校に通い、戦争前にはおなじ修理工場で働いていた人たちもいます。いまの交際相手の女性が、むかしだれと付きあっていたのか、みんな知っているのです。［それが］毎晩、民間無線で通信しては、たがいにののしりあう。おたがいに裏切って殺しあう準備をしている。
> (Qtd. in Woodward 8)

一九八九年のベルリンの壁崩壊――その数年後、ユーゴスラビアでは凄惨な内戦が勃発する。チトーのもと、スターリンとも決別し一定の自立性を獲得、労働者による企業の自主管理《セルフ・ガヴァメント》も進め、西欧諸国のソーシャリストたちにとって、希望の資源《リソース》だった社会主義国――ここが凄絶な民族紛争の場所と化したのだった。

むろん、これは、英文学や近代演劇の批評家、小説家、第二次大戦時の士官《オフィサー》、ケンブリッジの教授、メディア研究の源流、古典学者、人文学者、鉄道信号手の息子、そしてソーシャリストと、さまざまな形容がいまでもなされるウィリアムズの、その死後の話である。ユーゴスラビア連邦共和国の崩壊を目にすることも、その後、セルビア人とクロアチア人とが繰り広げた「村のなかでの戦争《ヴィレッジ・ウォー》」の報道も耳にすることもなく、一九八八年、大動脈瘤乖離によりウィリアムズは他界した。もしも存命であったら、おそらくかなりの衝撃を受けたであろうと個人的には想像する。さらに、旧ユーゴでの誇張抜きの血で血を洗う民族紛争によって、ソーシャリストとしてのウィリアムズという位置づけに言及しにくくなったということも（これが彼の作品の読みにくさの決定的な要因となっている）、本書はまったく否定しない。

とはいえそれは、ウィリアムズのソーシャリズムが、旧ユーゴの独自路線社会主義と等号で結べるものだ、ということを意味するものではないのだ。もちろん、後者の実践がウィリアムズにとって貴重なリソースであったことに疑いをはさむ余地はない。さらに彼のソーシャリズムが、（ナショナリズムというよりも）ローカルな紐帯としての「ネイション」を抜きには語り得ないものであることも、本書後半で論じるように確かである。こうなると、旧ユーゴでの諸民族《ネイションズ》間の戦争によって、彼のソーシャリズム論の価値が決定的に切り下げられてくるように思えてしまう——はたして一九八〇年代ウィリアムズのソーシャリズム論には、もはやなんの価値もないのか。

ただし、ウェールズとイングランドの境界沿いでその形成期を過ごしたウィリアムズには、ある種のしたたかさがあったのではないか、本人の言葉でいえば「狡猾さ《デヴィアスネス》」があったのではないか（第8章参照）。こう考えてみる余地はまだ残っているようにも思う。歴史をひもとけば、境界沿いのくに《ボーダー・カントリー》とは外敵や疫病が不意に侵入してくることの多い場所だとも言えよう。ウィリアムズは、そうした場所、すなわち不測の悲劇を経験することがその日常である場所の書き手《ライター》たろうとしたのだと言ってもよいのだが、そうした場所性の産物とも解せるしたたかさをもってしても、しのぎきれないような出来事が、その死後に生じてしまったのだろうか。ベルリンの壁崩壊、社会主義諸国の解体、旧ユーゴ内戦によって、ウィリアムズのソーシャリズムはその価値を完全に喪失してしまったのか？

1　ソーシャリズムの悲劇と「わたしのソーシャリズム」

こうした問いを、迂回しながら（あるいはできればウィリアムズ流のしたたかさをもって）考察していくことが、本書の最大の目的である。そのとき、おもな考察対象となるのが、二〇世紀イギリスという時代と場所となるのだが、その理由をごく簡潔に説明しておきたい。二〇世紀は、ソーシャリズム――これを「生産手段の共有」を企図する営為とごく簡潔に本書は定義する――が、その国家レベルでの制度化をみた史上初の世紀である。もちろんそれは、スターリニズムから文化大革命を経てベルリンの壁崩壊にいたる、数え切れないほどの悲劇を見た世紀のことでもある。生産手段の共有を、人びと《ピープル》の手に文字通り開放していくことのアンビヴァレンスを、いやというほど思い知らされた世紀と表現してもいい。富や財だけではなく、言語や文学といった文化的なものを作り出す広義の「生産手段」――これを人びと《ピープル》が共有していくその渦中で、血みどろの悲劇がくりかえし起きたのが二〇世紀だった。文化大革命、あるいはクメール・ルージュによる悲劇は、その生々しい記録の一端にすぎないのだろう。

しかし二〇世紀イギリスを概観してみるとき、そこでは、ソーシャリズムとリベラリズムという一見して、水と油の関係にあるものが、奇妙に合流していることに気づく。生産手段の共有プロセスと、一見それとは無関係の「個人」という問題系が、いわば、ないまぜになっている時代と場所が、二〇世紀イギリスではないか。そのきざしは、ひとつには、「わたしのソーシャリズム」という突飛な言い回しにあらわれているように思う。あからさまな自家撞着《オクシロモン》（これは強調すべき点である）と形容するほかないこのフレーズを、その不意の死を迎える半年前、ウィリアムズは口にしたのだった――

わたしのソーシャリズムが、「小説『辺境』に記述されているような」子どもの頃の経験をただ単に延長させ、いまの時点にあてはめたものに過ぎない、とは思っていません。この数千年間とは、それ以前と比してもより残忍で徹底的な搾取にみちた時代だったわけですが、二〇世紀の終盤という残忍さと搾取の度合いがいっそう増す時代へと、あの幼年期が近づいているのを見るからこそ、あの幼年期をしあわせな時期だと見ることができるのです。それは、共有される生の営みの可能性が具現化されている、それも、堅牢で破壊されえぬものでありながら、つねに変容するかたちで具現化されている時期なのです。

（"The Practice of Possibility" 220：傍点は引用者による）

留意すべきは、ここでの「ソーシャリズム」が、じつにパーソナルな感触をもって語られていることだろう。それは普遍的な概念でもなければ、いつでもどこでもそのまま実践可能な定式でもない。「わたしのソーシャリズム」は、文字通り、あくまで個人的なものであり、一足飛びに解釈してしまえば、それは、ウィリアムズという一個人が生きのびるために、どうしても必要とした信条だった、ごく私的なソーシャリズムだった、とすら言えるのかもしれない。

とはいえむろんこと、「わたしの」という限定が付されているからといって、ウィリアムズの言う「ソーシャリズム」が、彼の完全な独創物だというわけではない。ソーシャリズムの根本をなす「生産手段の共有」という方向性は、「わたしのソーシャリズム」でもその核心部にやはり位置している。富や財を作り出すごく狭義の「生産手段」だけではなく、思想や文学のみならず、視点や感情のあり方をも形成する広義の「生産手段」を共有していくことをめざす（容易に全体主義と化す、ごく危険な）ソーシャリズムが、「わたしのソーシャリズム」の根幹をなしていること――ここに疑念をはさむ余地はない。

とはいえ、こうして補助線を引いてみてもなお、「わたしのソーシャリズム」というフレーズには、形式的な説明からはみ出てしまうものがあるように思う。くり返して強調すると、そこには、じつに具体的で、なんとも個人的な感触がある。

2　考案者《デザイナー》としてのソーシャリスト――個人と集団との緊張感

そこで、この厄介で興味深いフレーズを急いで解釈しきろうとせずに、この序章では、まず以下の点を確認しておくことにしたい。それは「わたしのソーシャリズム」という言い回しに潜む、とある効果の所在である。

通例、ソーシャリズムという信条は、集団のあり方にのみ（つまり共有のプロセスにのみ）関わるものだとみなされている。ただしそこに、「わたしの」という所有格がいわば強引に付されることで、およそ縁遠く思える「個人」という問題が同時に問われるのではないか。「わたしのソーシャリズム」とは、個人と集団とのあいだの緊張した関係そのものが、つねに問われてしまうソーシャリズムのことである、と言ってもよい。あるいは集団の全体像を考案《デザイン》する営為のことを、かりにソーシャリズムと呼ぶとする。ある集団が、どのような歴史的流れ《フロウ》のうちにあり、どのような未来にむかうのか、という全体的イメージ。その考案者《デザイナー》たるソーシャリストがけっして神格化されないのが（たとえば聖《セイント》ウィリアムズなどと間違っても呼ばれないのが）、「わたしのソーシャリズム」である、と言ってもよさそうである。デザイナーという一個人が、その帰属集団と取り結ぶ緊張感（あるいは距離感）こそ最大の問題となる、一種突拍子《クワーキー》もないフレーズとしての「わたしのソーシャリズム」。

ベルリンの壁が一九八九年に崩れ、東欧の「現存する社会主義」も雪崩を打って消失するそのわずか二年たらず前に、そしてウィリアムズその人の死のおよそ半年前に発せられた「わたしのソーシャリズム」――ここに含意される実践あるいは習慣とは具体的にどのようなものだったのか。この問いの答えを探ることが本書の最終目標となるのだが、そこでは、さきに示唆したように、ある種の迂回もしくは狡猾さ《デヴィアスネス》が必要になってくる。

つまりウィリアムズ自身の言葉づかいを、ときに（少なくとも表面的には）裏切る必要性が出てくる、ということだ。ウィリアムズがそのソーシャリストとしての位置取り《ポジショニング》をはっきりと打ち出すのは、おおまかに言って一九八〇年代のことだが、『希望の資源――文化、民主主義、社会主義』に収められたソーシャリズム論だけをながめてみても、「わたしのソーシャリズム」とは何なのか、というイメージをつかむことはむずかしい。「わたしのソーシャリズム」というフレーズが含意する、（くりかえすと）個人と集団とのあいだに横たわる緊張感《テンション》がつかみにくいのである。

そこで本書が用意するのが、リベラリズム（第Ⅰ部）、二重視（第Ⅱ部）、ネイション／ナショナリズム（第Ⅲ部）という三つの迂回経路である。「リベラリズム」と（その実践でもある）「二重視」について言えば、これはウィリアムズの言葉づかいを「裏切る」かたちになる。彼はリベラリズムにたいし冷淡な態度を終始とりつづけたのだから。『キーワード辞典』の「リベラル」の項目を参照してみると、リベラリズムとは私的所有にまつわるものであると結論づけられているし（*Keywords* 181）、『現代の悲劇』には「リベラリズムの終わり」と名付けられたセクション（本書第6章参照）まであり、リベラリズムが「社会」という発想そのものと相容れない思想であることが含意されている。[*4]

ただし、そのウィリアムズが、「個人（individual）」という問題系に、終始（ほとんど強迫的と形容しうるほどに）取り憑かれていたことを否定するのはむずかしい。とはいえ、この「個人」への関心は、「自由な《リベラル》個人」へのそれと、すぐに同一視されてしまうことだろう。そこで本書では、自由主義《リベラリズム》の社会主義的《ソーシャリスト》側面を、あるいは両者の重なり合いを、「言語」や「感情」を鍵語にしながら記述していくことで、ウィリアムズの関心をとらえてはなさなかった「個人」のイメージ――本人の言を借りれば「突飛な個人（quirky individuals）」――これをつかむための手がかりとしてゆく。

3　二〇世紀イギリス——ヨーロッパ周縁との連続性《コンティニュイティ》

これが第Ⅰ部の狙いなのだが、同時にそこでは、「翻訳と自由」という一見して突飛な組み合わせを論じていくことにもなる。翻訳の実践が、リベラルな個人を作り出すプロセスともなる歴史的流れ《フロウ》——ドイツの初期ロマン派にして自由主義神学者フリードリヒ・シュライアマハーから、イギリスの保守主義的文化批評家マシュー・アーノルドを経て、ジュネーブで足かけ五年にもわたる（長い）革命的言語理論を講じるフェルディナン・ド・ソシュールへ——という翻訳理論の水脈《フロウ》を論じるのが第Ⅰ部（第1章および第2章）となる。そこで強調しておきたいのが、この流れがヨーロッパ周縁にその複数の泉源《ソース》をもつものだという点である。産業化後発国としてのドイツ、帝国イギリスの地理的周縁に住まう人びととしての「ケルト系諸民族」、フランス語圏の周縁としてのスイス。本書が記述するこのリベラルな流れ《フロウ》を、欧州的自由主義《ヨーロピアン・リベラリズム》の一種と呼びうるとしたら、それは、イギリス（Britain）一国というよりは、つねにヨーロッパを意識して演劇論を書いていたレイモンド・ウィリアムズの姿勢《スタンス》を想起させる。その演劇論は、イプセンやストリンドベリ、チェーホフら周縁のヨーロッパでその筋立《アクション》てをデザインしていた書き手たちのもつ価値を、英語圏にいわば移植しようとするものでもあった（『上演のなかのドラマ』『イプセンからブレヒトまでのドラマ』『現代の悲劇』）。本書の副題「二〇世紀イギリス文化とレイモンド・ウィリアムズ」には、二〇世紀イギリスの文化を、イギリス一国で完結する活動としてとらえるのではなく、ヨーロッパのなかのイギリス（さらにはウェールズ）をかたち作ってきた活動としてとらえたい、という企図が込められている。

ともあれ、この翻訳と言語をめぐるリベラルな流れ（これを本書は「感情のリベラリズム」と呼称することになる）は、個人と集団との興味深い関係をつくりだしてゆく。同時代のドイツ語から古典古代の言語へ（シュライアマハー）、俗物《フィリスティン》たちの英語から「ケルト系」の言語へ（アーノルド）、明確な意図をもって創造される言語から、意図することなく創造される言語へ（ソシュール）——彼らはいわば「旅」をする。属する集団のためにこそ、集団を離脱する翻訳者、言語学者、あるいはエグザイルたち——彼らは属するコミュニティを外側から観察するのだが、その観察は、コミュニティをいわば成長させるためなのである。第Ⅰ部は、この二重視と呼びうるアクションの、その思想《アイデア》あるいは構図《デザイン》を記述するものでもあるのだが、続く第Ⅱ部（第3章から第5章）で記述してゆくのは、二〇世紀イギリスでこの二重視が実践されていく諸相である。

第3章でコリン・マッキネスやリチャード・ホガートを題材にして見るように、二重視は、とくに第二次大戦後のコミュニティとしての労働者階級をめぐる「ものの見方」の「成長」を読み解くときの鍵となってゆく。第4章では、ブレヒト再発見者たちを題材にするのだが、マルクス主義的な法則《ザ・ロー》を旗印にしてしまう彼らの二重視は、第3章のいわばロマン主義的な成長イメージにつきまとう「エリート臭」の払拭には成功する一方で、「特別な才能をもつ」知識人たちと大衆というロマン主義的な線引きを、太くなぞり書きしてしまうことになる。第5章では、この境界線を越えるときなにが起こるのかを、デヴィッド・ヘア、ブレヒト、ウィリアムズ三者の交錯に光を当てつつ論じてゆく。

ただし第Ⅱ部を終えて見えてくるのは、感情のリベラリズム、さらにはその実践である二重視が避けがたく含意してしまう、制約からの解放、制約そのものの解消というヴィジョンに、おなじく避けがたく絡みついている「性急さ」という感情の所在である。

この感情の構造のもたらす効果によって、どうしてもつかむことができなくなってしまうのが、（本書の言う）「定住者《セトルド》の意図」である。リベラルな諸個人は、彼らがリベラルであるがゆえに、どうしても越えがたい「尾根《リッジ》」の存在に直面してしまう。制約を解消するのではなく、それをいわば「やり過ごす」、という感覚。あるいは、その持てるリソースのすべてを、定住するためにのみ注ぐ、という感覚。それを共有できるのが、リベラルな諸個人というよりも、ウィリアムズの言う「突飛《クワーキー》な個人」——つまり性急《インペイシェント》かつ耐える《ペイシェント》「個人」——なのだとしたら、そうした「突飛な個人」が、「わたしのソーシャリズム」という場合の「わたし」を理解するための鍵ではないか——これが第Ⅲ部に通底するテーゼとなる。

そのとき補助線としたいのがナショナリズムという問題系である。一九八〇年代のウィリアムズには、「ネイション」という語を全否定していないどころか、肯定的に見ている節がある。だとすれば、根底的《ラディカル》なネイションというウィリアムズの議論を理解することが、「わたしのソーシャリズム」の輪郭をつかむことにもつながっていくだろう。第Ⅲ部では同時期の英語圏ナショナリズム論もあわせて考察してゆく。

第6章は、その準備段階にあたる章であり、ウィリアムズの『現代の悲劇』を読解しながら、「私たち（we）」という語が拡張していく複雑なプロセスを論じた後、なおもそれが「イギリス（Britain）」という国民国家を念頭に置いてのものではないのか、という疑問を最後に提出する。

第7章と第8章はセットになっており、まず第7章では、一九七〇年代後半以降の英語圏ナショナリズム論を概観することで、ベネディクト・アンダーソン、トム・ネアン、レイモンド・ウィリアムズの三者にひそむ共通点を浮き彫りにしたのち、そこからウィリアムズがどう逸脱しているのかを、「場所固有の紐帯《プレイサブル・ボンディング》」としての「ネイション」という彼の（漠たる）主張のなかに探る。

第7章を経て、「定住者」の複雑な実相という問題系が浮上してくるのだが、続く第8章では、ウィリアムズの死後刊行作『ブラック・マウンテンズの人びと』を論じることで、近代にあっては残滓たらざるを得ない「個人」が、コミュニティ（あるいは根底的《ラディカル》なネイション）と取り結ぶ関係を考える。このラディカルなネイションは、場所固有の制約を「やり過ごし」ながら、ときに数万年にも及ぶ時間軸《タイムスパン》のなか、ごく複雑な成長をとげるものの謂《い》いなのだが、そこでは個人の「突飛さ」こそが重要なリソースになってくる。しかし、「突飛さ」という一般に敬遠される性質が、集団にとって、その生存に資するリソースになることなど、本当にあり得るのだろうか？

5　紀元前約一六〇〇〇年の「アフィリエーション」

しかしこの氷の地の果てで、そんなこと［人間のつくった石器があるということ］がありうるのか？……その石の大まかなかたち《メイン・シェイプ》は、さらにはその奇妙でなじみのない《エイリアン》雰囲気は、かれ［ヴァラーン］の視線をとらえてはなさい。石のうえに手をのせ、やさしく、その感触をさぐる。まぶたを閉じると、そのかたちは石打用の台座《アンヴィル》のもので、異邦人《ストレンジャー》がしゃがみこんで石を削っている――そのすがたを目に浮かべることができたのだった。

(*People of the Black Mountains* I 33)

紀元前約一六〇〇〇年、場所は現在のイングランドとウェールズの境界沿いにひろがるブラック・マウンテンズ一帯、「大氷河の果て」の洞窟《カーラー》にすまう一族の男ヴァラーンは、先祖たちが「殺す《キル》」ことに成功して食料にしたと伝えられる「氷の馬《アイス・ホース》」を求めて大氷河に旅立つ。生まれてくる子が「おんなっこ《ガール・チャイルド》」の場合、その子を「溺死」させねばならない、食料となる馬の群れが見つからないかぎり、そうせねば一族は冬を越せない。しかしヴァラーンは、「氷の馬」はむろんのこと、大氷河を旅したという先祖たちの痕跡すら見つけることができなかった。ところがその徒労に終わった旅の最中、一族のものとはちがう奇妙な洞窟《カーラー》のそばにころがっている同じく奇妙な石から目を離せなくなる。この極寒の不毛の地に、自分たちのほかにも住んでいた人びとがいたのだ、「異邦人《ストレンジャー》」ではあれ、この氷河の果てに人がすんでいたのだ。「おんなっこ」を生んだオールメットに伝説は（その一部は）本当だった、この地で生きていけるかもしれないと嘘をつくヴァラーンは、赤ん坊を抱いている自分の姿をイメージし、なにかを叫び、そして、「おんなっこ」ではなく「血のついたコケとその上に載せられたへその糸《バース・コード》」を川にむけ投げすてたのだった……（29–36）。

第8章で論じる『ブラック・マウンテンズの人びと』で、読み手に鮮烈な印象を残すのが、この「大氷河の果てのヴァラーン」と題された紀元前約一六〇〇〇年のエピソードである。「資料を渉猟しながらの想像力（sourced imagination）」とみずから形容し、考古学者もそれに異を唱えていないこの作品（Evans 197）で、ひとつの焦点となっているのが、本書第Ⅱ部が問題にする二重視であり、第Ⅲ部がその見極めを試みる「定住者の意図」である。上記の挿話において、旧石器時代の民ヴァラーンは、洞窟《カーラー》の一族というコミュニティの外側に存在する大氷河へと旅に出る。それは一族の（そしてみずからの）子どもを殺さずにすむようにするための旅なのだが、その経験は、コミュニティにたいする彼のものの見方《アイ》を変容させることになる——「異邦人《ストレンジャー》」たちと自分たちは「氷の地の果て」に住み着こうとする意志においてつながっているのだ、一族とは血のつながりのことだけではないのだと。

この「灰色がかった目」をしたヴァラーンと「氷河から流れる薄緑の水……そういう色の目」をしたオールメットのエピソードは、紀元前約一六〇〇〇年の、いってみれば、「アフィリエーション」、「養子縁組的な紐帯」を物語る挿話、ということになるかもしれない。ヴァラーンは、一族の元の居住地「南の地《サウスランド》」（結氷したブリストル海峡の南側の地。おそらくヨーロッパ大陸もそこに含まれる）に戻らずに（乳児を連れての旅は氷期には不可能なのだ）、ブラック・マウンテンズに定住し生存していくために、洞窟《カーラー》の一族がその身を浸してきた歴史的な流れ《フロウ》をあらたにデザインする。これが定住者の経験、つまり「場所のソーシャリズム」をウィリアムズがデザインする際の材料ということになるだろうし、「わたしのソーシャリズム」を理解するための大きなヒントとなるように思われるのだが、この両義的と言うほかない（ヴァラーンはオールメットに嘘をつくのだから）ソーシャリズムと、（初期）近代以降のリベラリズムとの、欠くべからざる緊張関係を記述することもまた本書の目的なのであって、第Ⅰ部ではまず翻訳理論を素材に、リベラリズムの歴史的展開を追ってゆく。

＊　＊　＊

最後に、本書の言葉づかい《ワーディング》ならびに構成についてごく簡潔に説明しておきたい。「流れ《フロウ》」についてだが、これは、ウィリアムズのテレビ論（*Television* 78–118）で使用されていることで知られる言葉でもある。例えばひとつのチャンネルにおいて、「別々《ディスクリート》」の番組《プログラム》が連続して放送されるときに、視聴者が「自然さ」を感じてしまうとしたら、そこには「流れ《フロウ》」があることになる。つまり（番組制作者たちによる）人為が加わることで、そのつながりに「自然さ」が生じるものが「流れ《フロウ》」である。もともと「別々《ディスクリート》」の思想や経験あるいは出来事のつながりを「歴史」や「系譜」ではなく「流れ《フロウ》」と本書が呼ぶとき、そこにはなんらかの人為が加わっていて、だからこそそのつながりに「自然さ」が生じており、ということは、その「流れ《フロウ》」のあり方には人為的な介入の余地があることが含意されている――こう考えていただきたい。

また「アクション」については、既述のようにウィリアムズは演劇《ドラマ》論に終始おおきな関心を注いでいたわけだが、そこでの鍵語となる。彼の演劇論の根底にあるのは、ギリシア悲劇以来、共同体の営みと切り離せないものとしてドラマが書かれ上演されてきた、という認識なのだが、小説にせよドラマにせよ、それを論じる際、「プロット」や「物語」ではなく「アクション」という語を使うとき、そこでは、共同体そしてそこから離脱しきれない「個人」――この構図がつよく含意されることになる。さらなる含意については第1章第1節に記述してある。「デザイン」については、終章第3節に記述した。

構成については、本書のテーマのひとつとなっている（リベラルな）「性急さ」という観点からみて、いわば「浮いて」いる――つまり性急さが際立っている章がいくつかあることにお気づきになるかもしれない。こうしてみると、とくに二〇一一年の東日本大震災を契機として、筆者が、その「性急さ」の変化を経験したことがよくわかる。震災前の方が「性急」であり、その後、「やり過ごす」時間性の方に徐々に向かっている、というまとめも可能かもしれない。本書の目的は、そうしたリベラルで「性急な」ショートスパンの時間軸と、定住者的なロングスパンのそれとのあいだの、交錯と緊張感を浮き彫りにすることにもある以上、「浮いて」いる章の「性急さ」を後から過度に消去してしまうことのないように、そうした部分については一定程度の修正にとどめてある。

第Ⅰ部　翻訳と自由

第1章　翻訳と自由

——ことばのかたち《フォーム》を〈移植〉する

「そうだったのか、仲間はずれは自分だけかと思ってたよ。おかしくなったのは自分だけなんだと思い込んで自分のことを責める、そういう癖がついてしまってたんだね。だけど、感じてることを話してみると、それはふつうの感覚《コモン・フィーリング》だったんだ、あとからそうわかることが多いんだよ」

「わかるわ。あなたがいま言っていたこと、おじさんについてみんなが言っていたことそのまま。あなたのお父さんもそう言われてたの」

「そうだったの?」

「ええ、おじさんは変わり者《ストレンジャー》だったのよ、むかしから」

（*Border Country* 421–422）

「ですが反体制派と突飛な人たちとでは、根本的なちがいがやっぱりありますよね」

「そのとおり——ただ実際には、そのどちらでもあることが多いのだけど」

（*Loyalties* 6：傍点は引用者）

二〇世紀イギリスの文化が作り出した、一種の典型であると同時に「突飛な《クワーキー》」個人*1でもあるレイモンド・ウィリアムズ。その彼が一九八五年に公表した小説『帰属心《ロイアルティズ》』に、「クワーキー（quirky）」という語が出てくる。ここでは「突飛な」という訳を当てているのだが、その理由について少し説明することから、本章の議論に入りたい。

『帰属心《ロイアルティズ》』は、スペイン内戦から（執筆の同年代である）一九八〇年代中葉まで、という歴史的な流れ《フロウ》を、あるいは世代間の経験継承を記述する作品なのだが、その冒頭に“quirky individuals”というフレーズが出てくる。それも「スパイ」を形容する語句として。このとき、「変わった人たち」とでもすれば、ひとまず問題ないようにも見える。ところが、「エキセントリック」と言わずわざわざ「クワーキー」と書いている著者の意図を汲むのであれば、たんに「風変わりな《エキセントリック》」人びとというよりも、（まさに「スパイ」のように）周囲からすると唐突にしか見えないことをする人びとの意、ということになるのかもしれない。名詞形の“quirk”には「急なひねり」という意味もあり、そうした「唐突さ」をうまく表現するためには、「突飛な《クワーキー》」という訳語が適切かもしれない、と判断することになるわけだ。ところが、日本語で「突飛な」と形容するとき、そこにはあまり良いニュアンスが出てこないかもしれない（「突飛なことをしては困る」といった場合のように）のだけれど、「クワーキー」だとそうとは限らないことが今度は問題になってしまう。「奇抜で面白い《クワーキー》」といった含みを込めて使われる場合もあるのだから。

さらに『帰属心』という小説に限って言えば、それ以上の含みも出てくるかもしれない。というのも、『辺　境《ボーダー・カントリー》』（一九六〇年）というやはり世代間の経験継承をその主要な筋立て《アクション》とするウィリアムズの小説では、作者本人をモデルにしていると思しき若手経済学者マシュー・プライスの父ハリーについて、冒頭に引いたような形容がなされるためだ。「変わり者《ストレンジャー》」だったのだけれど、実際には、「感じてることを話してみると、それはふつうの感覚《コモン・フィーリング》だったんだ、あとからそうわかることが多」かった人物として、ハリーは（おそらくその友人モーガンも）形象化されている。実在の父を、二人に分ける形で作り出されたとされるハリーとモーガンは、一九二六年のゼネストを契機としていわば「道分かれ」を経験し、一方は産業労働者、他方は実業家と別の道を歩くようになる。そしてふたりは、グリンモーという村の共同体にとって、たしかに変わり者《ストレンジャー》だったのだけれど、その奇矯さが、人びとのものの見方《アイ》を、あとになって変えてしまうような（それは「共有された感覚《コモン・フィーリング》」になるのだから）、そういう人物とされているのである。彼らの奇妙《ストレインジネス》さは、共同体の人びとにとっても、その生存に資するものになるという言い方をしてもよいのだが、いずれにせよ、『帰属心』における「突飛な諸個人」の「突飛」さとは、必ずしも悪いものではなくなってくるだろう。

こうなってくると、完全に正確な翻訳というのは、そもそも不可能なのではとすら思えてくる。この“quirky”という語ひとつとっても、その意味というよりは、（ソシュールが言うような）価値の部分すなわち「意味の厚みや奥行き」（内田65）の部分が、英語と日本語ではうまく共有できないのである。というよりも、価値の共有は不可能にすら見える。ではどうしたら良いのだろうか？

1　プロセスとしての翻訳、アクションとしての翻訳

とはいえそれを無理だといって済ませられない場合があるのが、翻訳の実践である。ここでいう翻訳実践とは、小説やエッセイあるいは論文を訳す場合だけを指すのではなく、本書のように、引用や言い換え《パラフレーズ》というかたちをとって翻訳する場合のそれも含まれてこよう。ともあれ、翻訳を行うのであれば、先にのべた「価値」の共有、翻訳理論でいう「等価」を目指して努力せねばならない。理論は実践と切り離すことができないからこそ理論である（したがって実践が問われない理論は理論と呼ぶ価値すらなくなってしまう）。かくしてピムやマンデイたちは、「価値の共有」つまり「等価」とはいかなるものか（その種類は複数ありうる）、あるいは「等価」な翻訳が

不可能だとしたらどうすればよいのか、といった実践的な問いに真剣に向かい合うことになる。

そして「等価」の種類をいくつも理論化できるとしたら、ピムやマンデイら翻訳理論家たちが企図しているのは、あるテクストの「決定版」の翻訳がなぜ決定版たりうるかを説明するための理論構築ではないらしい、ということになる。聖書か仏典か、世界文学か国民文学か、あるいは行政文書かビジネス文書かを問わず、「決定版」の翻訳がひとつあればよいというものではない。いかなる形態の文章であれ、それは繰りかえし翻訳された方がよい（あるいは、この事実を踏まえた読解がなされた方がよい）のであって、これを主張するための（かなり繊細な）理論構築を、この翻訳理論の前衛たちは行っているらしい、ということである。

つまりピムやマンデイらの仕事は、基本的に翻訳における「価値」の問題をめぐるものであり、この「価値」問題を論じる彼らがイメージしている翻訳は、決定版《プロダクト》というよりも、プロセスとしての翻訳だということである。これを言い換えると、語のもっとも深い意味における「アクション」としての翻訳ということにもなる。「アクション！」という号令のもとに、俳優たちの行為《アクション》の連鎖が開始される場面を想像するとわかりやすいのだが、アクションとは、ある行為や発話がべつの行為や発話を触発していく、そのプロセス全体を指す言葉でもある。翻訳が、この意味におけるアクションだとすれば、それは、なにかを訳すという単発の行為だけではなく、ある翻訳が、べつの翻訳を触発するプロセス全体をも含意するものとなる。あわせて、アクションという語がときに「筋立て」と訳されることが示唆するように、多くの人びとがすぐにイメージできるプロセス――『辺境』や『帰属心』における親子間の世代交代のそれ、さらには時代劇における仇討ちのそれなど――を指す場合にも、筋立て《アクション》という語は用いられる。翻訳をアクションと呼ぶことで、じつはそれがごく日常的な営みであることも（つまり、わたしたちが日々用いる言葉というものが翻訳という主要な行為《アクション》と切断しがたいことも）、イメージしやすくなってくるかもしれない。アクトではなくアクションとしての翻訳。これはじつに魅力的なイメージだとも言えよう。

序章で示したように、本書の最終的な目的は、レイモンド・ウィリアムズがふともらした「わたしのソーシャリズム」というフレーズの輪郭を定めることにある。そのために三つの迂回路を経由することになるのだが、そのひとつ（自由主義《リベラリズム》）が、翻訳理論に深くかかわっており、本章と次章ではその、「自由と翻訳」とでも呼ぶべきテーマをさぐる。

ただし、本章で試みたいのは、彼ら翻訳理論家たちと同様のアプローチをとることではない。彼らが括弧にくくらざるをえない部分こそ、本章が論じたい部分である。そうした部分とは、端的に、理論の歴史である。翻訳理論の伝統的な記述群の一部を、必然性《イネヴィタビリティ》という観点から考えてみたいということである。より正確には、各々の理論に加わっている歴史的な制約を明らかにするための、その端緒を開くこと、さらには、翻訳が（一見まったく無縁に見える）「自由な個人」というリベラリズムの企図に深く関わっていることを示すのが本章の目的となる。

さて、ピムやマンデイらの仕事は「決定版としての翻訳」というポピュラーな主張に反駁すべく、「プロセスとしての翻訳」という主張を展開していく、という側面をもっていたのだった。ここで括弧にくくられているのが、前者と後者の歴史的な関係である。「プロセスとしての翻訳」のプロセス、と言ってもかまわない。つまり、この主張が、どうしてこれほどまでに縁遠いものになったのか（逆に言うと「決定版としての翻訳」はなぜ主張する必要がないほどに身近なものなのか）という、ピムやマンデイらが直接あつかうことのできない問いを、以下第I部では考えていきたいということでもある。

そこで、「プロセスとしての翻訳」がたどってきたプロセスを概観するために用意したのが、本章末尾に付した図Aである（以下全て図は章末に付す）。同図では、一九世紀から二〇世紀にかけての、「翻訳（者）」の役割の類型化を試みてある。とはいえあらかじめ断っておくと、こうした類型化は前述の翻訳理論家たちによる議論の枠組みから大きく外れるものではない。むしろ彼らの枠組みに依拠しているもの、より正確には、彼らの広範な主張に同意しつつ、その強調点をずらすためのものである。

2　翻訳理論の歴史（一）――フリードリヒ・シュライアマハーと言語有機体論

翻訳理論の伝統に連なる書き手たちが、どういう歴史的な制約のもとにその理論を綴ったのか？　これを考えることが、「プロセスとしての翻訳」が歩んだプロセスを記述する一助になる。

図Aはごく抽象的なものであり、第一象限から第四象限のそれぞれに、翻訳（者）の類型が示されている。加えて、一九世紀初頭から二〇世紀後半にかけて、そうした類型がどう変化したのか、その流れを太い矢印でも示してある――もちろんこれは本章が選択的に記述した伝統（selective tradition）に見出しうる「流れ」に過ぎない。

そうした流れ《フロウ》の源泉《ソース》となるのが、異なる言語から母語になにかを運び込む「移植者」としての翻訳者像である（第一象限）。次いでこの像《イメージ》は、そうした母語への移植は慎むべきであるという「透明」な翻訳者像へと変わる（第二象限）。二〇世紀に入ると、個人としての翻訳者ではなく行為としての翻訳に照準が定まるようになり、「等価」がキーワードとなる（第三象限）のだが、翻訳行為における等価の実現への批判（価値の完全な共有はそもそも可能なのか）が、包括的な形で現在生じているということになる（第四象限）。

この流れ《フロウ》をつかむために決定的に重要なのが、第一象限に分類した「移植者」としての翻訳者像であり、これはドイツの自由主義神学者フリードリヒ・シュライアマハーの翻訳論に見られるものである。翻訳理論の伝統を記述する際に必ず言及されるこの人物は、その講演（一八一三年）でこう述べている――

> 彼［翻訳者］が読者に手渡そうとするのは、同じイメージ、つまり、もとの言語［起点言語］についての知識のおかげで、あるがままの作品から受け取ることのできたものと同じ印象なのです。これによって読者を翻訳者自身のおかれた場所へと連れていくことができるのですが、じつのところその場所とは、翻訳者自身にとっても異《い》なるもの（foreign, *fremd*）なのです。
>
> （Schleiermacher 49）

外国語にどれだけ通じていようと、翻訳者にとって、そうした言語で書かれた作品から受け取るイメージは、どこまでも「異《い》なるもの」でなくてはならない。言いかえると、みずからの母語のなかでは、どこまでも「異様な《フレムト／フォーリン》」言葉あるいはその言葉づかいこそ、そしてそれが生みだす異様なイメージこそ、翻訳者が母語をつかいながらどうにかして、そこにあらたな価値（value, *Werth*）を付与せねばならないものである。

　そうした「異なるもの」とは、まずはいわゆる「韻律」のことだ。「［一八世紀末の］ホメロスの［ドイツ語］翻訳は六歩格をもたらし、［一八世紀における］シェイクスピアの翻訳は無韻詩をもたらした」のだった（Pym 70）。つまり、芸術の言葉づかいは、翻訳すべきなにかをもっている。あわせて、シュライアマハーがプラトンのドイツ語翻訳者だったことが示唆するように、学術の言葉づかいにも取り込むべきなにかがある。ただし興味深いことに、商業の言葉づかいの場合には、そうしたなにかがないのであって、それを訳すのは翻訳（translation, das *Übersetzen*）ではなく通訳（interpretation / translation, *Dolmetschung*）となる。

　前節での議論を踏まえると、通訳は意味にもっぱらかかわり、翻訳は価値の問題に専心するということである。通訳では、“quirky”を「風変わりな」ないしは「突飛な」と言いかえればよいが、翻訳では、そうやって言いかえるとこぼれ落ちてしまう部分（必ずしも悪いものではない性質としての突飛さ）、すなわち意味というよりも価値の部分を処理すべく苦心するのだ。

　ここに見られる翻訳と通訳の分離は、おそらく、プロセスとしての翻訳が現在こうも縁遠いものになった理由を推測する手がかりを与えてくれるものなのだが、この重要な分離の所在については括弧にくくるとして、ここで確認しておきたいのは、「教会とサロンの間で「循環」し」つつ大学の神学者でもありつづけたシュライアマハー（深井 287）の、つまりグラムシ的な有機体的知識人ともみなしうるシュライアマハーの、その言語観である。

　それは有機体的な言語観である。これはある「語族」（例えば「印欧語族」）を起源として、あたかも樹木がその樹枝を繁茂させ、ときに壊死させるかのように、様々な言語（族）が分化し成長していったとする言語観のことだが、肝心なのは樹木を比喩として用いるさいの、そのかたち《フォーム》である（その生長に人間の手が関与する樹木なのか否か。もしそうだとしたら、「接ぎ木」を経験したことはあるのか。「接ぎ木」つまり「移植」を経験しているのだとしたら、その生長は滑らかな曲線を形成してゆくのか）。

さて、こうした言語有機体論は、「一七九〇年代のイエナとヴァイマールにおける（多くはドイツ観念論や初期ロマン主義と関係のある）思想家たち――フィヒテ、シェリング、シュレーゲル兄弟、ノヴァーリス、ヘルダーリン、フンボルトら――の活発な知的交流」（斉藤 7）にその源流のひとつを求めることが可能であるようだ。「シュレーゲルやノヴァーリスと縁のあった初期ドイツ・ロマン派の一人でもあった」（高橋 247）シュライアマハーは、先の翻訳講義でこう述べている――

……人はその思索のすべても、みな言語の産物（products, *Erzeugniß*）だということです。……人間は言語の中に生まれ、言語の中で育まれ、悟性も空想も言語に拘束されています。一方でしかし、自由に考え精神的に自立した人間は、自分の側から言語を形成してもいます。……この意味では、言語という形成可能な素材において新たなかたち（form, *Form*）を産み出すのは、まさに一人ひとりの生きいきとした能力なのです。それはもともとは一過的な意識を伝えるという一瞬一瞬の目的のためなのですが、そのうちの多くが、あるいはわずかなものが時に応じて言語の中に残り、また他の諸言語に取り入れられて、言語を形成しながら広まっていくのです。……言語の生命（the life of the language, *das Leben der Sprache*）そのものの中で新たな契機となる発話（utterance, *Rede*）だけが、それ以上に残りうるのですし、また残ることが許されるのです。

（46）

シュライアマハーが「言語の生命」とここで言うとき、それはどうやら、人の手がまったく関与しないものではないらしい。かりに言語が樹木のようなものだとしても、その生長は樹木まかせでは済まない、ということである。むしろ言語において、「新たな形態」が生産されるときに必要なのは、人間の手である。それも、知性や精神の自由を獲得した「人間」、すなわち「個人」の手である。「一人ひとりの生きいきとした能力（**the living force of the individual,** *die lebendige Kraft des einzelnen*）」こそが、言語の形成に欠かせない。自立した個人による「発話」こそ、言語の成長に欠かせない。そして、こうした「新たな形態」には、もちろん韻律も含まれるのだろうが、それだけではなく、いわゆる「文法」や「語法」といったものも含まれると考えた方がよさそうである。

言語形態《フォーム》のたえざる生産としての言語の成長について、具体例を交えて考えてみよう。「翻訳と自由」と題した本章だが、その一方の **"Translation"** は、「なにかを移動させる（transla-）」、その「プロセス（-tion）」という語義をもつ。

そしてこうした「プロセス」を意味する接尾辞（-tion）もまた、シュライアマハーの述べるような新規生産された言語形態《フォーム》のひとつとなろう。というのも、この接尾辞というかたち《フォーム》がうみだす「イメージ」こそ、少なくとも、こうした接尾辞をもつ言語から、日本語へと翻訳しようとする者がもっとも難渋するもののひとつだからだ。トランスレーションとは、ひとつの翻訳（作業・作品）のことだけではなく、そうした作業や作品をそのうちに含み込む「更新、改定していく途切れることのないプロセス」（Pym 2）でもあるというイメージ――これこそ翻訳者にとって、その移植が本当に困難なものである。

繰りかえしになるが、ポイントは、こうした言語形態《フォーム》が人間の手を介さずに自然に生まれてくるものではなく、あくまで個人の努力によって生産されるものである、というシュライアマハーの主張にある（「産物」が「もの」に限定されていないことに注意したい）。成果かつプロセスを意味する接尾辞 **"-tion"** というかたち《フォーム》の生産が、いつどのようになされたのかを知るのはむずかしいことなのだろう（フランス語などにその前形があることはわか[*2]

るとしても）。とはいえ、複数の（おそらくは数多の）個人が、その生産にたずさわったであろうことは想像可能であって、しかもシュライアマハーは、そうした個人が自由な知性と精神の持ち主であり（ここが「リベラリスト」とされる所以だろう）、かつ、その能力（*Kunst*）が、生気に満ちた能力、生きた能力であったはずだと想像するのである。

　とはいえ問題は、こうした「異《い》なる」言語形態が、いったいどういうプロセスを経て、「異なる」ものではなくなるのか、ということである。新奇な韻律や文法、語法が、自由《リベラル》な個人によって翻訳（つまり移植）されるとして、それはどうやって人口に膾炙する（つまり根付く）のか？

> 北方的な不活性ゆえにわたしたちの言語［ドイツ語］も自分からはさほど動こうとしませんが、異質（foreign, *fremd*）なものと多くの面で接触することで生きいきと伸び育ち、固有の力を十全に展開できるのです。この点では、植物と同じに思えるのです。……その力もないのに新奇なものを移植（transplant, *verpflanzen*）し続けようとしたところで、後継者など出現しません。これでは事の正否を決するには時間が短すぎる、もっと長い目でと言われるのなら、私たちは言語の同化プロセス（the assimilating process, *der assimilierende Prozeß*）を恃みとすることができます。つまり一過的な必要性から取り上げては見たものの、言語の本性に相応しくないもの、そうしたものは言語から排除されてしまうのです。それでも見誤ってはならないものがあります。言語の内にある美しいものは、力強いもの、これらのある部分は翻訳を通じてはじめて展開される（develop, *entwickelt*）ものであり、別のある部分は忘却（oblivion, *Vergessenheit*）のうちから引きだされるのだ、ということです。　（62）

ある植物が、べつの植物と交配することでその生命力を充実させるように、言語も、異質な言語と接触することでよりゆたかに成長する（*entwickeln*）。植物が、どんな植物とも交配するわけではないように、言語も、異なる言語のすべてと接触するわけではない。あらたに移植された言葉のかたち《フォーム》は、時間をかけて（何世代もかけて）その一部が「同化」されていく。

　この翻訳者像は、少なくとも外国の文化や言語を研究するものにとって、じつに魅力的である。そうした研究が同時代的にどんなにポピュラーではなくとも意気阻喪する必要はない。なにせ、そうした移植はそもそもすぐには実現しないのだし、しかも、移植はされたものの、いったんは「忘却」されてしまった言語のかたち《フォーム》にすら、同化のチャンスは残されているのだから。移植者としての翻訳者（研究者）は意気阻喪することなく、その活動にいそしむべきだ、ということになろうか。

　しかし、このシュライアマハーの翻訳者像を、現在にそのまま復活させるのは、どうやら無理な相談であるようだ。問題は、シュライアマハーが主張する同化のプロセスの形態、さらにはそれと不即不離の関係にある、有機体的な言語観にある。とはいえ、どう「無理」なのかを突き止める必要があり、そのために次節で考察したいのは、一見迂遠のようにも思える以下のような「自由主義《リベラリズム》」をめぐる問いである。

　他言語（といっても直接的に想定されているのは古典古代の言語なのだが）からの移植を担うのは、具体的にどういった人間なのだろうか？　シュライアマハーの主張の核となる「自由に考え精神的に自立した人間」とは、言いかえると、リベラルな個人ということになるわけだが、そうした個人の思考や精神の自由は、どうやって獲得されるのか？

3　翻訳理論の歴史（二）――自由主義《リベラリズム》と言語有機体論

「フランスにおいて自由《リバティ》は古代からある。専制政治は新奇《モダン》である」という警句の引用から始まる『ヨーロッパ・リベラリズムの歴史』の著者、イタリアの思想家グイド・デ・ルッジェーロ（一八八八－一九四八）は、自由《リバティ》というものがかつて封建制の時期には「特権（privilege）」と、ほとんど区別がつかないものであったと述べている。このリベラリズム論の古典的名著において、デ・ルッジェーロはこう主張する——

封建的貴族制、都市部ならびに田舎の共同体、職人《トレイド》ギルドは特権を付与された集団である。つまり、おのおのの領域の内部では、おたがいに非束縛《フリー》的である。(de Ruggiero 1: 以下本節では頁数のみ記述)

つまり自由《リバティ》とは集団的に獲得されるものなのである。かりに、自由があらかじめ存在すると主張されるとしても、その主張が集団的になされることによって、そうした自然な権利としての自由が獲得されてきた、という歴史的な流れ《フロウ》の存在を忘れてはいけない、という趣旨でもあろう。

さらに言いかえると、封建的な「特権」が、近代的なリベラリズムの思想へと変化して、なんらかの自由が特別な権利ではなく、個人が享受すべき一般的なそれとして主張されるときであっても、獲得物としての自由という制約は相変わらず機能している。集団的な努力がないと、リベラリズムは有効に実践されえないのである。

そうした（中世的な）集団が実際にとる形態は様々である。それは「貴族制」であってもいいし、「共同体」であってもいい。「職人《トレイド》ギルド」でもいいし、プロテスタンティズムでもいい。さらに（近代に入っては）国家であってもよい——実際デ・ルッジェーロは「自由国家（Liberal State）」によるそうした中間勢力組織化の必要性を、一九二〇年代のイタリアで主張したのだった（364–365）。

ともあれ、中世の有機体的秩序のもと、着実に成長しつつあった中世的自由（ギルドや共同体のそれ）が、初期近代以降とりわけ産業化のプロセスのなかで解体されつつも、（リベラルではない）強権的国家と対峙するための、その不可欠な「はじまり」でありつづけてきた、といったような認識がルッジェーロにはあり、ここはイギリスの新自由主義《ニュー・リベラリズム》（とりわけヒレア・ベロックのそれ）[*3]と大きく重複する部分があるように思われる（ルッジェーロと新自由主義《ニュー・リベラリズム》の関連については本書第6章も参照）。

もう一点重要なのは、そうした中間勢力内での生々しい人間関係の問題が、リベラリズムを理解する上で必須の観点だと、デ・ルッジェーロが示唆したことにある。中世の「自由」というものは、「特権」集団内における各成員同士の「承認《レコグニッション》」を必須の条件としたと彼は言う——

自由や権利というものが意味あるものとなるためには、そこに承認《レコグニッション》を含意させねばならないし、そこから、ある種の互恵関係も含意されることになる。(1)

中世の各種中間勢力は、王権《クラウン》と対峙し交渉しながらその自由を獲得し維持していくわけだが、そのとき、各集団内部における相互の人格や存在の尊重とでもいうべきものが、その結束には不可欠だった、という趣旨だろう。もちろんここにはデ・ルッジェーロの有機体的な中世観があり、ギルドや共同体の成員《フル・メンバー》たちが、人格の形成過程をたがいに想像しえて、だからこそたがいに「承認《レコグニッション》」しあえる、という一種の理想化がある。しかし、その事実性の確度には疑問符がつくとしても、人格や存在をつくり出すプロセスそのものを想像し敬意を払うことが、自由の獲得にじつは必須だ、という主張自体には（次章冒頭でも触れるように）汲むべきものがありそうである。こうなってくると、ルッジェーロの言うリベラリズムは、政治的リベラリズムというよりも、自尊心や矜持を集団的に維持し育《はぐく》むことに力点が置かれた、つまり文化の問題が強調された、感情のリベラリズムとでも呼ぶべきものなのかもしれない。

ともあれ、ひとつ注意すべきは、リベラルな個人の存在を担保するのが、国家だけではないということである。イギリスであれば、囲い込み法によって勢力を増した「地主中間階級（landed middle class）」だけではなく、囲い込み法によって都市部に追われたプロレタリアートを活用することによっておなじく勢力を増した「製造業階級（manufacturing class）」が、王権《クラウン》と対峙し交渉することによって、個人の自由《リバティ》が獲得され維持されていったのだし、さらには、そうした搾取に抵抗して組織化を進めたワーキングクラスという集団によっても、リベラリズムはその意味と価値を拡張されることになる（4–90）。ただし、これは「ことになる」だけであって、実際には図B（章末を参照）で示したような、滑らかな流れ《フロウ》は生じないのである。地主中間階級からワーキングクラスまでという各種中間勢力が、相互に自立し合いかつ牽制し合いながらもひとつの共通社会を形成し、それが王権や国家と対峙し交渉することで、リベラリズムが滑らかな成長曲線を描いて成長する、ということは実際には生じないからこそ、さきに述べた、文化の、感情のリベラリズムの出番となるのだと強調しておきたい。

事実、シュライアマハーが翻訳論を記述した一九世紀初頭ドイツにおける（プロイセン的）リベラリズムは、「未成熟」のものだった（217）。デ・ルッジェーロのみるところ、この「未成熟」の決定的な要因が、田舎と都会の、あるいは、プロイセン東部と西部の分離である。王権の強化によって、プロイセン東部の地主貴族《ユンカー》から、農奴は形式的には解放されたのだけれど、ユンカーたちは地方の統治においてその特権を維持しつづけた。ということは、ユンカーたちも、そして解放された「農村諸階層（rural classes）」も、法的にはどうあれ、実質的にはリベラルな勢力として伸長する契機を持ちにくかったことになる。そして、プロイセン「西部のブルジョワジー」はそうしたユンカー主義、つまり、「近代的な要素と中世的な要素をごちゃまぜにすること」を嫌い、「個人主義とリベラルな合理主義」を好んだのだった（211–229）。

デ・ルッジェーロの論を補足すると、要は一九世紀初頭ドイツでは、イギリスで見られたようなリベラリズムの成長プロセスが、幸か不幸か滑らかに作動するほどには成熟していなかった。図Bで抽象化して示したような、地主中間階級（ジェントリ）の勃興が、製造業階級（産業資本家）の勃興をうながす、という（消極的）リベラリズムの展開が、当時のドイツではむずかしかった。東部のユンカーは「ジェントリ」になることができず、「西部のブルジョワジー」も産業資本家になることができない。いずれも、王権に制約を加える中間勢力たりえなかった。

とすると、プロイセン西部の、つまり都会の「ブルジョワ的リベラリズム」は、当のブルジョワジー（図Bの第二象限と第三象限）があまりに未成熟で、王権と対峙して自由を拡張することができないため、なんとも逆説的なことに、国家による干渉をその頼みの綱とするしかなくなってしまう。

大まかにいってこれが、「ブルジョワ的リベラリズム」に加わっていた制約である。彼らプロイセン西部のリベラリストには、個人と国家しかなかった。別言すると彼らは、思考と精神の自由を保証する集団として国家しか想像することができなかった。そしてこの制約は、ドイツ初期ロマン派によって部分的にはときほぐされて、個人と国家をつなぐ媒介として民族《ネイション》が導入されることになる。ところが、そういうつながりはそう簡単には見つからなかったのだった――

……彼ら［初期ロマン派］による、ドイツの民族的な生というものに対する歴史的研究は、彼らをある時代へとみちびいた――［ドイツ］民族の魂をまったくもって純粋なままで彼らが発見する時代へと。ところが、彼らが望んでいた［ドイツ］国家は、その萌芽すら見つからなかったのだ。（226）

さて以下、デ・ルッジェーロの本からすこし離れるのだが、フィヒテ、ノヴァーリス、フンボルトら初期ロマン派たちは、「国家」の「萌芽」は発見できなかった一方で、民族《ネイション》の「萌芽」の方は発見したのだった。当時のドイツは、ナポレオン戦争による悲劇を経て統一へと向かう段階にはあったのだが、それまでは、長きにわたって、貴族と聖職者たちの支配によって千を越える数の領邦に分離していた。この歴史的な条件のもとで、民族《ネイション》の（あるいはそのアイデンティティの）萌芽として、言語つまりドイツ語が見出されたことは想像にかたくない。*4

そしてこの初期ロマン派的な構図のなかでは、リベラリズムと言語有機体論とがないまぜになってしまっていてもなんの不思議もなく、むしろ歴史的な必然《イネヴィタビリティ》ということになる。あらかじめリベラルな個人が存在していて、その後で、そうした彼ないし彼女が、言語の有機体性を発見するのではない。両者は同時に生起している。言語の有機体性こそが、あるいは、そうした有機体と不即不離の民族《ネイション》（もしくはそれに媒介された国家）こそが、リベラリズムを可能にするのであって、逆もまたしかりである。

4　翻訳理論の歴史(三)――マシュー・アーノルドの「未成熟」なリベラリズム

とはいえ、前節でみたプロイセン西部の「ブルジョワジー」と同様に、民族《ネイション》(という多分に想像上の集団)もまた、王権と対峙してリベラリズムを拡張する母体たりえない。封建的なそれを含め自由《リバティ》とは本来、王権や国家と対峙して交渉し獲得されるべきものだが、その当の王権や国家を強化することで自由を得ようとするのが民族であるとしたら、それが本物の自由であるかどうか、つねに疑問符がついてまわることになる。

リベラルな個人としての翻訳者というシュライアマハーの記述する像《イメージ》にも、同様の疑問符がついてしまうことになる。もちろんシュライアマハーの言う翻訳者たち、さらにはその「移植」を担うより広範な人びと《リベラルズ》とは、(例えばドイツ語という)「言語」あるいはそれと不可分の民族《ネイション》に「拘束」されている状態からの自由を求め、あらたな言語形態を「移植」する人びとのことだった。しかしそれが、あくまで国語(ドイツ語)もしくは民族の「成長」を促すためのアクションに見えてしまうとき、民族と国家とをあらかじめ緊張関係のもとに見ることがかなり困難になった、というその後の(ドイツ一国には限られない)歴史的流れ《フロウ》の所在をふまえると、その感情のリベラリズムを(あくまでそのままの形では、ということだが)現代に移植することもまた、同じく困難になってしまうのである。別言すると、シュライアマハーが想定する「移植元」が古典古代の言語にどうやら限られており、たとえば、ドイツ語のフランス語に比しての優位を強調する彼が、この隣国の言語からの移植を想定していないように見えるのはなぜなのか、という疑問がつねに付いて回る、ということでもある。

この決定的かつ歴史的な制約を確認した上で(ということはその制約を解きほぐせる可能性も一瞥した上で)、翻訳理論の伝統に話をもどしたい。図Aの第二象限にあるのは、「透明」な翻訳者像である。現在の翻訳理論では、この像《イメージ》は翻訳者の役割を過小評価するものとされ、かなり評判が悪い。しかし、その代表格とされるマシュー・アーノルドの翻訳論を読むと、少なくとも言語有機体論という観点からは、(翻訳理論がその伝統的テクストとして好む）シュライアマハーのそれと共通性があることがわかってくるし、「多文化主義」という重要な相違点も見えてくる。

アーノルドはフランシス・W・ニューマンによるホメロス訳が、「サクソン-ノルマン的」な古語を多用していることを批判し、その根拠を次のように示す――

……［英語を］ドイツ語と対比して区別する際の根拠となるのは、その敏捷さと明晰さ（rapidity and clear decisiveness）と言うほかないものなのだが、この［言語形態の］ほとんどを、私たちは、私たちの言語［英語］のなかにあるラテン語的要素に負っている。そして、［英語をドイツ語から明確に区分するのは、前者がもつ］ギリシアとローマの言語への深い理解《シンパシー》である。したがって、ホメロスを英語へと翻訳するものが、［その語彙を］サクソン的な語源をもつ単語だけに限定してしまうと、ホメロスを翻訳するさいに彼にあたえられている特別な利点のひとつを失ってしまうことになる。（Arnold 45）

つづけてアーノルドは、（シュライアマハーも批判している）J・H・フォスによるホメロスの独語訳が失敗に終わっている理由を、ドイツ語の「重々しさと長たらしさ（something heavy and trailing）」という性質に求める。

アーノルドの主張に同意できるかどうかは置くとしても、即座に興味を引くのは、やはり彼の言語観である。ホメロスの翻訳者が「透明」であるべき、つまり、移植をすべきではないとアーノルドは言う。ただしそれは、移植そのものが望ましくないからではない。英語は「ラテン語的要素」からの移植がすでに為されている（さらに補えばラテン語もまたギリシア語からの移植を施されている）。だからこそ移植をすべきではない――これがアーノルドの主張の背後にある。

アーノルドの言語観は、やはり有機体的なそれなのだ。シュライアマハーとアーノルドの違いは、前者では言語の成長プロセスが未完であり、後者では言語の成長プロセスがどうやら完了してしまっている、という部分にある。ただし、一九世紀初頭ドイツで実践的神学の伝統を創始していた前者と、一九世紀中葉イギリスで文化批評（cultural criticism）の伝統を創始していた後者とのあいだには、繰りかえすと、言語有機体論という共通性がある。

それだけではなく、翻訳が価値付け（valuation）のプロセスでもある、*5という主張を両者は共有している。たしかにアーノルドは、現在の翻訳理論が定式化するように「透明さ（transparency）」という語を使っている。

……それ［翻訳者と原典の合同《ユニオン》］が生じるのは、両者のあいだにある霧が、すなわち、翻訳者の側がもっている異邦（alien）の思考、話法、感情の様式が「排泄されて純粋な透明さへと到達」するとき、［そうした霧が］消散するときだと言えるかもしれない。　(48)

しかしアーノルドがその翻訳論で行っているのは、じつのところ、なじみ深い「思考、話法、感情の様式」、あるいは同化された言語形態を、ふたたび「異様《エイリアン》なもの」にする作業、つまり異化の作業なのである。

本節の最初の引用においてアーノルドが、サクソン的ないしはノルマン的なそれよりも、ラテン語から移植された言語形態《フォーム》こそがホメロス訳にふさわしいと主張していることは既に確認した。これらの言語から英語への移植が行われたのは歴史的には事実なのだとしても、問題なのは、英語のなかの「ラテン語的要素」が、「敏捷さと明晰さ」を産み出すと評価している部分である。もちろんこれもある程度一般的に言える「事実」なのかもしれない。ただし、そのアーノルドが次のように言っているとしたら、その「事実性」に疑問符がつきはしないだろうか？

……科学を私たちのもとにもたらすべく、そして、傲慢さと身勝手さからわたしたちを解きはなつべく、自然（Nature）に対するドイツ（語）的な忠実さをもちいることもできよう。それと同時に、繊細さをもたらすために、冷酷さと俗物根性から解きはなつために、認識におけるケルト（語）的な敏捷さ（the Celtic quickness of perception）をもちいることもできよう。さらに同時に、明確で強烈な規則性をもたらすために、ぎこちなさと怠惰からわたしたちを解きはなつために、ラテン語的な明晰さ（Latin decisiveness）をもちいることもできよう。

(Qtd. in Daniel G. William 49)

ニューマンを論難する記述のなかでは、ラテン語的なものとされていた「敏捷さと明晰さ」のうち「敏捷さ（rapidity）」の方は、――"quickness"と言い換えられてはいるが――なんと上記の引用中ではケルト（諸語）的な要素とされてしまう。「敏捷さ」はときにラテン語からの、ときにケルト（諸）語からの移植形態なのだ。

となるとこれは歴史的な事実の記述というよりも、一種の価値操作だと考えた方が良さそうである。一瞥する限りでは厳格きわまりなく見える手続きの、その背後に透けて見えるのは価値の問題なのである。

ニューマンによるホメロスの「意図的に古風な翻訳」(Munday 47)は、古代ギリシア的なものと「サクソン-ノルマン的」なものとのあいだの共通性《コミュニティ》を強調するもの、言い換えると、英語のなかの「サクソン-ノルマン的」言語形態《フォーム》の価値を高める行為としてアーノルドの目には映ったのかもしれない。おそらくは、これこそがアーノルドの激しい批判を誘発したものであって、彼はニューマンに対し、そうした類縁性をきっぱり否定することで、つまり、「サクソン-ノルマン的」言語形態の価値を切り下げる行為で応じた、とも言えそうである――かわって密かに価値切り上げの「恩恵」をこうむっているのは、ラテン的なものとの共通性を有する「ケルト的」言語形態である。

翻訳がべつな翻訳を誘発する、という言い方をしても具体的にイメージしにくいかもしれない。しかし翻訳が、価値付け（valuation）の行為であるとしたら、その価値付けに納得のいかない自由《リベラル》な精神と思考の持ち主が、さらなる価値付けの行為を展開しても不思議はない。つまり、ある価値付け行為がべつなそれを触発する、という行為《アクション》の連鎖が生じたのであって、この連鎖的な価値付け行為としての翻訳こそが、アーノルド－ニューマン論争の隠された本質に他ならない。

ところで、いまアーノルドを「リベラル」と形容したが、そこにあるのは、もちろん「未成熟」な、すなわち、文化の、感情のリベラリズムである。シュライアマハーの翻訳論の背後に文化《クルトゥーア》の思想が透けて見えるように、アーノルドのそれにも「文化の思想」が見出される。"*Kultur*"にせよ、"culture"にせよ、そうした思想に依拠するのは、中間勢力の総体としての社会を、リベラリズムがその基盤とできないためなのだ。ただし一九世紀後半のイギリスで翻訳論を記述するアーノルドの場合、図Bの第二象限、第三象限の段階はすでに通過済みと言ってよいとしたら、つまり、アイザイア・バーリンの言う「消極的自由」の段階を通過済みであるとしたら、なおもアーノルドのリベラリズムが文化的なもの、感情的なものである理由は、第四象限の段階にその原因が求められる。

つまり、一九世紀後半のイギリスは、同じくバーリンの言う「積極的自由」の段階をいまだに通過していない。正確には、デ・ルッジェーロの議論を踏まえた上で、バーリンのそれを「翻訳」し直した（つまり再度の価値付けを行った）上での「積極的自由」を通過しきっていない。少なくとも、アーノルドが享受し得た「自由」は、その段階をくぐりぬけていないのだ。

ここで図Bを少し補足しておきたい。デ・ルッジェーロのリベラリズム論を踏まえると、バーリンの言う「消極的自由」は、じつのところ「積極的」に獲得された自由である。消極的自由とは、何らかの集団的な拘束「からの自由（freedom from）」であり、これに対して、積極的自由は、いまは存在していない可能性「への自由（freedom to）」であるとバーリンは説明する（178）。しかし、ファシズムが猛威を振るう、その確かな予感のなかでおそらくは出版された（一九二五年イタリア版、一九二七年英語翻訳）デ・ルッジェーロのリベラリズム論を踏まえると、王権や国家からの自由は、かつては存在していなかった可能性、すなわち、「王権や国家からの自由」への自由であることがわかってくる。[*6] ということは、ジェントリや産業資本家が王権や国家と集団的に交渉して消極的自由を積極的に拡張してきたように、ワーキングクラスも同様に、その集団的アクションによって、自由を拡張することが理論的には正当化されることになる（とはいえ、注記のようにこの理論的可能性を認めるためにはソーシャリズムの正負双方の遺産を相続する、つまりその悲劇的経験を継承する必要があるのだが、これについては第6章も参照）。

しかし繰りかえすと、アーノルドの視野にはこのリベラリズムの第四段階が（部分的にしか）入っておらず、そのために「文化」という言葉が連呼されることになる。この点を考察する上で、有効な補助線を引いてくれるのが、先の引用に着目するウェールズの批評家ダニエル・G・ウィリアムズである。「アーノルドにおける文化の思想（idea of culture）」にあって、「ケルティズム」すなわちケルト的な生の様式は――

> かつて過去の時点では生きたものだったのだが、現在の時点では、異種混交的なイギリス文化の一部へと昇華されてしまう。（*Ethnicity and Cultural Authority* 52）

ダニエル・G・ウィリアムズがあわせて指摘するように、ここに見られるのは、「アーノルドがケルト主義という用語をつかう際の特徴」なのだが、おどろくべきことに、そうした「ケルト人の表象は、ユダヤ人の表象と数多くの特徴を共有している」。ヘブライズムにせよケルティズムにせよ、歴史的な経験としてはアーノルドの多大な関心を引くのだけれど、「実際に現存している」民族的マイノリティの生の様式としては、彼は「ほとんど関心をもたないように見える」のだ。ケルティズムやヘブライズムは、たしかに「〈イギリス〉民族（the 'English' nation）」のなかに移植されたものである。ただし、その同化吸収のプロセスはすでに完了しており、イギリス文化の「異種混交」性をつくり出した遺産としては重要このうえない、という限定的評価が下されることになる（50–51, 65–66）。

こうしたダニエル・G・ウィリアムズによる（生産的な）多文化主義批判を、本章の趣旨にそって言い換えると、「実際に現存している」（例えば）ユダヤ人やウェールズの人びとがリベラリズムの担い手となりうる、つまり、彼らが大英帝国からの自由という消極的自由を、積極的に獲得しようとする「作用する組織体《ワーキング・クラス》」たりうる、という視点をとることができないからこそ、アーノルドのリベラリズムは「未成熟」なのであり、その文化の思想も、「生きた」ヘブライズムやケルティズムを扱えない、限定されたものになってしまうのである。もちろんこの構図《デザイン》が達成したものもある。ユダヤ人やウェールズの人びとを含め、ブリテン島に住まう人びとは、帝国の「多文化主義」の担い手としては、相互承認《レコグニッション》することになる──ただし、かなりいびつなかたちで。

それでは、この「いびつさ」を解消すべく、「作用する組織体《ワーキング・クラス》」がリベラリズムの担い手たりうる、という視点が獲得されるときなにが起こるのか。これを考えるためには、ソシュールの言語論を俎上に載せていかねばならない。デ・ルッジェーロによれば、リベラリズムの源泉のひとつはカルヴァン主義に求められる（de Ruggiero 13–16）のだが、その先祖がカルヴァンと密接な関係をもち、自身もまたカルヴァン主義の影響を受けていたとされるソシュール（Joseph 6–7）を、リベラリズムの拡張プロセスのなかに繰り込む、という作業を次章では行ってゆく。それは同時に、ことばのかたち《フォーム》（例えば接尾辞 "-tion"）というよりも、ことばの「価値」がまとうかたち《フォーム》──そこに絡みついている「漠たる意図」をときほぐしていく作業として、翻訳を位置づける作業ともなるだろう。

図 A

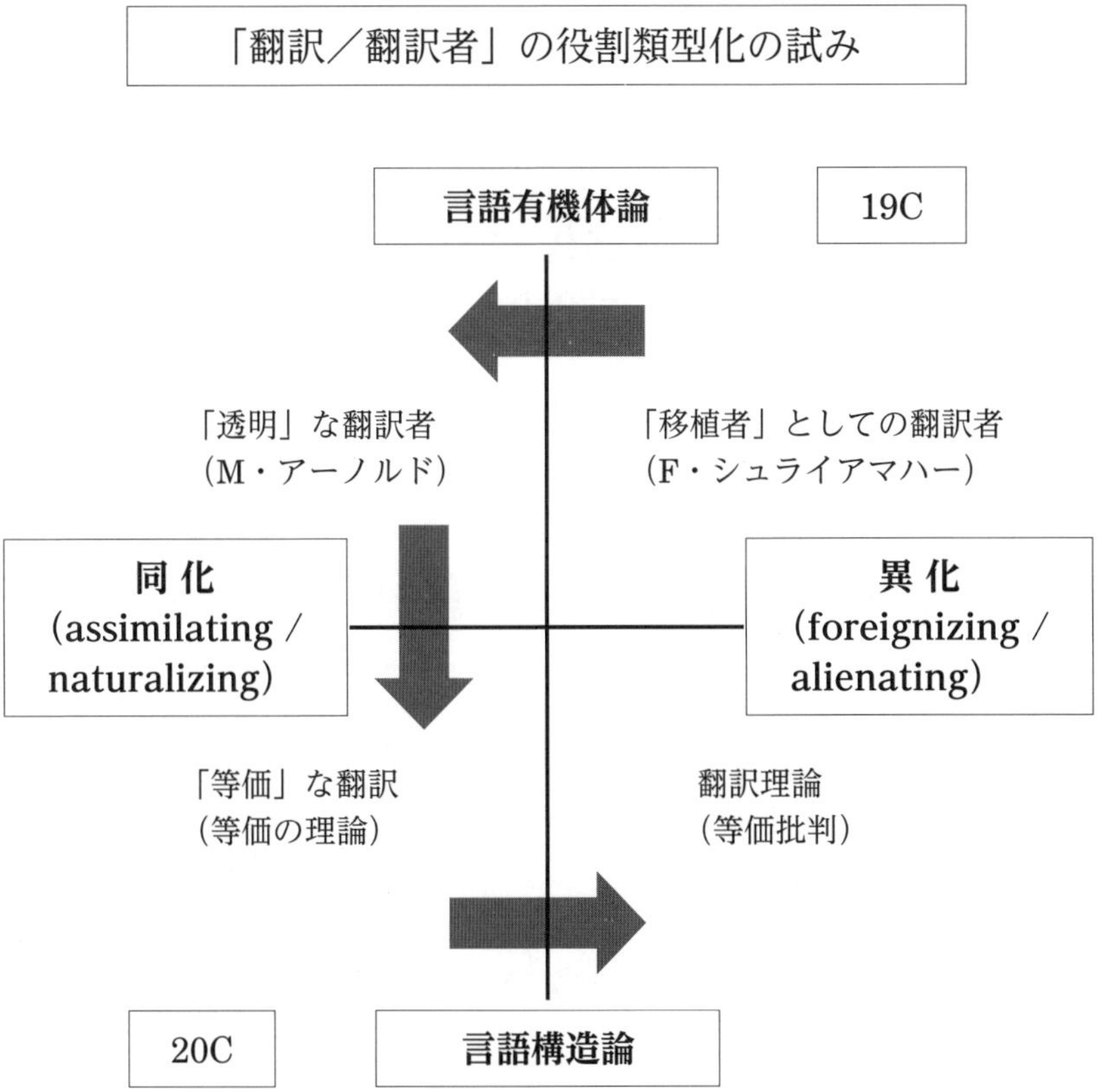
「翻訳／翻訳者」の役割類型化の試み
言語有機体論
19C
「透明」な翻訳者
（M・アーノルド）
「移植者」としての翻訳者
（F・シュライアマハー）
同 化
(assimilating / naturalizing)
異 化
(foreignizing / alienating)
「等価」な翻訳
（等価の理論）
翻訳理論
（等価批判）
20C
言語構造論

図B

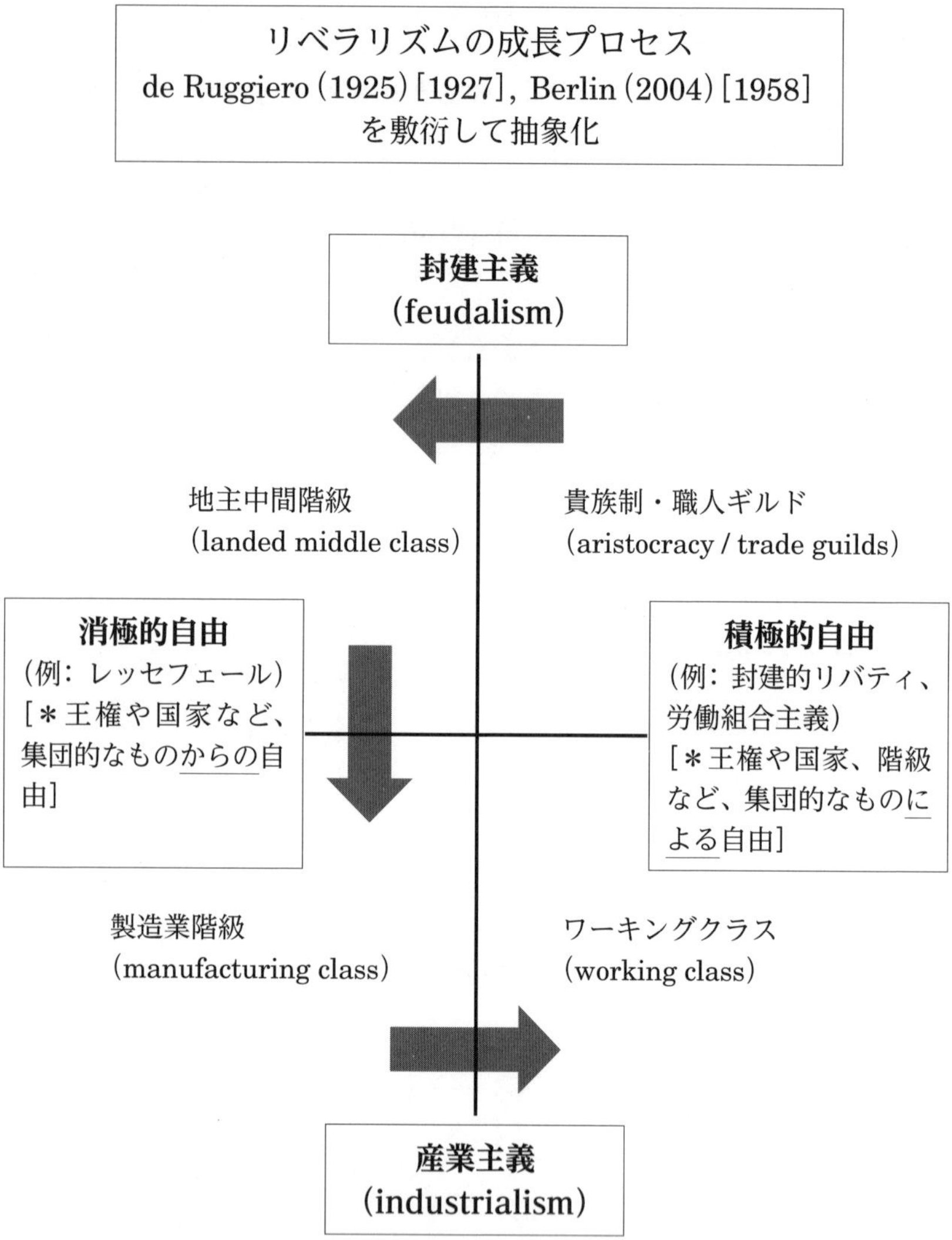
リベラリズムの成長プロセス
de Ruggiero (1925) [1927], Berlin (2004) [1958]
を敷衍して抽象化
封建主義
(feudalism)
地主中間階級
(landed middle class)
貴族制・職人ギルド
(aristocracy / trade guilds)
消極的自由
(例：レッセフェール)
[＊王権や国家など、集団的なものからの自由]
積極的自由
(例：封建的リバティ、労働組合主義)
[＊王権や国家、階級など、集団的なものによる自由]
製造業階級
(manufacturing class)
ワーキングクラス
(working class)
産業主義
(industrialism)

第2章　感情のリベラリズムから二重視へ
――漠たる〈意図〉をつなぐこと

……［一九五〇年代の］ある日、彼は新聞をとるのを止めたのです。彼は新聞を読まなかった、というのも、彼が［生の］実相《リアリティ》だと思っているものと比べると、あまりにも異質なものが新聞をとおしてやってくるからです――彼はこの事態に対処できなかった。彼はロンドンに行くことができなかった、というのも、地下鉄の広告を見ると、からだの調子がおかしくなってしまったからです。(Smith, "Crossing Borders" 86)

彼は一九四六年以降、ほかのなによりも小説（fiction）を書くことに時間をかけエネルギーを費やした。(Smith 2008, 1)

「彼」とは、レイモンド・ウィリアムズのことである。一九八〇年代にはそのソーシャリストとしての自己規定をはっきりと打ち出すことになるこの書き手は、（死後）刊行された七点のそれを含め小説を執筆することに、さらに敷衍して言えば、戯曲なども含めた創作《フィクション》を書くことに最大のリソースをそそいだ作家《ライター》であった――ウェールズの歴史家ダイ・スミスが二十年がかりで証明したこの事実は、イギリスにおいて、小規模だが示唆に富む論争を巻きおこした。スミスによる伝記が出版された直後の二〇〇八年、イギリスのレイモンド・ウィリアムズ協会発行の学会誌上に「討論《ディベート》」と冠された小論が二つ掲載された。そのうちの一篇は、ウィリアムズの「小説家(novelist)」としての才能に根底からの疑念を呈するものだった（ここでは“writer”と“novelist”とのあいだの、前章で触れた言語価値の差異は完全に無視されているのだが）。その主張の是非は置くとして、なんといっても興味深いのはその論拠である。

スウィフトに助言するドライデンを気取る批判者がウィリアムズに言いたかったのは、「ウィリアムズよ、きみは絶対に小説家にはならないほうがいいね」ということであり、その根拠のひとつは、ウィリアムズがケンブリッジ大学在学時に書いた「小説《フィクション》」の出来が悪いというものである。二十歳前後の、それも未刊行草稿に、「言葉、リズム、調子《ケイデンス》への興味関心という、作家が例外なく必要とする才能の一つ」が欠けていると非難される。あわせて「一九三〇年代に登場していた」クリストファー・コードウェルら「ラディカルな視座」をもった書き手たちによる小説論に、ウィリアムズが当時興味を持たなかったことも、非難の根拠となる(Lucas 18–19)。ウィリアムズの生年は一九二一年だから、十代の経験が問題になっているのだ。ウィリアムズが小説家たりえないのは、二十歳前後までにやっておくべきことを怠ったからなのだった。

スミスによる伝記が詳細に記述しているように、ウィリアムズは在学中に入隊することを決意し、ファシズムからの解放戦争に従軍しながら激しく煩悶し、同時に「戦時兵として、正規軍を尊重するあり方を学べた(As a wartime soldier, I have learned to respect the regular army)」とも書き、卒業後の職選び（成人教育のチューター）には次子の出産を目前にしてその年給の多寡が大きく関わり、予備役のままだったので朝鮮戦争に伴う召集がかかるが、これに良心的兵役拒否を表明して「逮捕され軍法会議にかけられる可能性」が生じ(Smith, *A Warrior's Tale* 147, 222–223, 326)、果ては冒頭に引用したように、「新聞」も「広告」もときに受け付けないほどになりながらもメディア研究のひとつのはじまりとなる著書『コミュニケーションズ』を後に上梓する。さらには小説『辺境』の原型となる草稿をいくども改稿しつづけ、[*1] その経験が『文化と社会』、すなわちいまや文化研究の古典となっている著述の執筆と切り離せないどころか密接に結びついている――「『文化と社会』を産んだのは［小説］『辺境』であって逆ではない」とさえスミスは言う（"Crossing Borders" 90）――、という、ごく複雑な成長プロセスの産物《プロダクト》がウィリアムズであること。さらには、そうしたプロセスとは、別言すれば、南ウェールズのワーキングクラスの生の営み、もしくはイングランドとウェールズの境界沿いのくに《ボーダーカントリー》のそれ、ということになるのだが、ウィリアムズはその産物《プロダクト》であると同時に、彼にはそうした営み自体を後になって変化させてしまう一種の「奇特《クワーキー》」さがあったこと。これがスミスによる伝記の主張の核心部に位置しているわけだが、こうした、潰されそうになる経験をもその資源《リソース》としうるような、したたかで《ディヴィアス》弾性《レジリエンス》に富むプロセスへの敬意を、さきの論難をおこなう著者（彼はスミスの伝記を読んだ上でそうしている）に求めるのはどうやら無理な相談らしい。

　この論争はなにを物語っているのだろうか？　ひとつには、社会というよりも文化に力点を置いた自由主義《リベラリズム》、自尊心や矜恃というものを集団的に育んでいくことにその強調点を置く、文化の、感情のリベラリズム――その出番はまだ続いているということかもしれない。文学的文化《リテラリー・カルチャー》の担い手である作家や小説家さらには批評家や研究者たちが、ひとつ中間勢力を形成し、「気まぐれな専制君主《デスポット》」としての市場そして政治と（つまり新自由主義《ネオリベラリズム》と）[*2] 対峙し交渉していくことがもしかりにできるのだとしたら、この中間勢力にかかわる人間同士の相互の「承認《レコグニッション》」が欠かせなくなるし、そのためには、個人と集団との境界線を先の評者のように自明視することは控えねばならない。そうではなく、スミスのように両者の境界をつねに書き換えていくことで、プロセスへの敬意を集団的に育んでいくことが必要になってくるだろう。

　そのとき、文化の、感情のリベラリズムと前章で名付けた歴史的流れ《フロウ》の、その形成プロセスを追っていくことも、やはり重要な作業となる。本章では、そうした流れを、前章に引き続き「翻訳と自由」という観点から記述し、感情というごく個人的で文化的に思える問題が、その社会的な基盤構造とでも呼ぶべきものへとたどり着く瞬間をソシュールに求めてゆく。

1　ソシュールと等価の理論——アーノルド批判

イギリスの支配的文化を俗物的《フィリスティン》なものとして却下するマシュー・アーノルドは、（前章の議論を振り返ると）この感情のリベラリズムという難問に直面したとき、かつて存在した民族の貢献は認めても「現に存在する」民族の関与は拒絶する、というべきいわば、いびつな相互承認《レコグニッション》をともなう、括弧付きの「多文化主義」を選択したのだった（Daniel G. Williams, 2006 を再度参照）。

こうした議論を踏まえると、アーノルドの翻訳論に加わっている歴史的制約の所在が見えてきそうである。アーノルドには、じつのところ前章で触れたバーリンとのあいだに共通性がある——積極的自由を（部分的にしか）認めることができない点において。後者は労働者階級の積極的行動（例えば労働組合主義《トレイドユニオニズム》）やソーシャリズムを、前者は諸民族による価値創造を、限定的にしか認めることができない。既述のように、アーノルドは過去に為された言語形態の移植を、あくまで選択的に認めるだけであり、彼にとって翻訳とは、ときにケルト的、ときにヘブライ的な言語形態の価値をいわば「復古」させる行為なのだ。

こうなると図Aを書きなおす必要が出てくるだろう。つまり、透明な翻訳者像《イメージ》とは、翻訳理論では「同化訳（「自然」な訳、意訳）を行うものと解される。しかし本章の趣旨に添って言いかえると、アーノルド的な同化訳とはシュライアマハー的な異化訳（「不自然」な訳、直訳）とおなじく、価値付けのアクションである。かつ両者とも、ある言語有機体の内部における移植しか想定していない。ちがいは、後者が未来における「接ぎ木」を、前者が過去における「接ぎ木」を想定しているという、移植の時制にしかないのである。[*3]

さて、図C（以降図はすべて章末に付す）は、翻訳の役割を「価値付け（valuation）」とみなした上で、（前章末の）図Aの横軸を「同化／異化」から「言語の成長プロセスの完了／未完」へと変更したものである。こうしてふたたび抽象化してみると見えてくるのが、第一象限と第二象限における十九世紀的な言語有機体論では、意味と価値がソシュール的な分離をこうむっていない（こう言ってよければ有機的に結合している）ことである。

アーノルドは、英語のなかに同化吸収されたラテン語的要素に「敏捷さ（rapidity）」という性質を与えている。しかし、ソシュール以降の「言語構造論」――これは言語を「構造」のようなものとして記述する、という一般的な特徴をもつ言語観を指すものとしたい*4――の観点からすると、アーノルドが言っているのは価値ではなく、基本的に「意味（作用）」の話に留まることになる。ソシュールはその講義録でこう告げている――

> ……その［語の］価値は、あれやこれやの概念と〈交換〉されうること、いいかえれば、こうした意味《シニフィカシオン》（作用）をもつ、ああした意味《シニフィカシオン》（作用）をもつということを、観察＝認証（*constater*）しただけで定まるものではない。
> （ソシュール『一般言語学講義』162）

言い換えると、アーノルドの（文化）批評は、ソシュールの目からすると「価値」判断たりえない。たとえば、アーノルドが好む“rapid”というラテン語から移植された語は、もちろん「敏捷」という意味をもちうる。しかし、“rapid”という語の「価値」となるとまたべつなのである。ソシュールが続けて言うように――

> ［価値を決定するためには］さらにその語を、類似する価値（*valeurs*）と、つまり、その語と対立するべつの語（*mots*）と比較する必要がある。（162）

これを踏まえると、“rapid”の価値を決定するためには、たとえば、“quick”という類似する価値をもつ語と比較せねばならない。あくまで一例だが「短気」を“a quick temper”と言い、“a rapid temper”とあまり言わないのだとしたら、ここに見られる“rapid”の「上品さ」がその価値に関わってくるのかもしれないし、同じような比較を“fast”に対して行う必要もすぐに出てくるだろう（ソシュールは「価値」や「語」を複数形で用いている）。

すぐに想像がつくように、価値の観察はかなり複雑な作業であり、価値は少なくとも発話や記述の際にはその実相が見えない。ある法則（「対立」）にしたがい事後的に観察されうるものが、ソシュール以降、価値と呼ばれるようになったと言ってもよい。これはピムも示唆するように（Pym 10）、ソシュールによって、価値から意味（作用）が分離された、ということでもある。翻訳の問題に話をもどせば、ある言語形態が新規に移植されようと（図C、第一象限）、復古的に用いられようと（同第二象限）、それはなんらかの意味を作用させるだろうが、その意味作用が価値体系にどういう影響を及ぼすのかは、翻訳者には前もっては分からないことになる――

> チェスの指し手は、意図をもってこまを動かし、［価値］体系のうえにアクションを作用させようとする。しかし言語《ラング》が、その意図を、あらかじめ汲もうとすること（*préméditer*/premeditation）はまったくない。
> （『一般言語学講義』125：強調原文）

まったく同様に、翻訳者は言語の価値体系に行為《アクション》の連鎖を及ぼそうとする。しかし言語《ラング》の方が、そこでの意図を斟酌しようと、前もってその準備をしているということは決してないのだ。

シュライアマハーもアーノルドも、こうやって価値を意味作用から決定的に分離させてはいない。言語の価値を創造するのも移植するのもリベラルな個人であり（シュライアマハー）、言語の価値を創造するのは（かつての）諸民族であり、それを同化ないしは復古させるのが翻訳者（アーノルド）だった。ところが、ソシュールがもたらした（おそらくは）革命的な変化によって、翻訳者は、みずからの翻訳がどういう価値をもつのか、前もって説明することができなくなってしまったのだ。これは、“quirky”を「突飛な」と自信を持って訳せない、ということである――前章で見たように、“quirky”が「奇抜で面白い《クワーキー》」という（悪くない）価値をもつ可能性があるのだから。そこで翻訳の理論家たちがとった手段が、ピムが言うように、「等価の理論」を構築することだった。翻訳とはソシュール的な意味での価値には関与せず、あくまで意味作用に関与するものだとされ、（混乱を招くことに）意味作用の共有が「等価」と呼ばれるようになった（Pym 10–11）。したがって、この場合の「価」とはまずは価値ではなく意味作用のことである（図Dを参照）。

本章冒頭で提起した議論にもどると、これは、プロセスとしての翻訳、行為《アクション》の連鎖としての翻訳の、その命脈がほとんど途絶えかけた、ということである。繰りかえして確認すると、シュライアマハーにせよアーノルドにせよ、翻訳は価値付け（valuation）の行為であり、そうであるからには、それは単発の行為ではなく行為《アクション》の連鎖でなくてはならなかった。ところが、翻訳が意味作用だけにかかわり、価値は括弧にくくられ続けるとなると話は別である（図C第三象限参照）。翻訳は一回行われるだけでよい、というイメージが出てきてしまわないだろうか。あわせて、英語から日本語への翻訳であれば、英語の価値体系と日本語の価値体系とが完全に別個なものである、というイメージも出てきやしまいか。なにせ、翻訳は価値の問題にはいっさい関与しないのだから。このイメージのなかでは、たとえば、英語の“quick”の価値、つまり乱暴に言い換えると、「速い」ということは良いことばかりではないという価値観は、日本語の価値体系には、なんら影響をおよぼすことがなくなる。ある場合には“quick”が「速い」にあたり、べつの場合には「短気な」にあたると、ただひたすら意味を正確にとっていくことだけが、翻訳者の役割である。意味の取り間違いが起きた場合のみ、再度翻訳を行えばよい。そしてそうした「誤訳」は、ないのが当然であって、あればただ翻訳者一人の責に帰せられる。

さて、ここがおそらくわたしたちの立っている地点である。一冊の本を翻訳するのであれ、本書のように引用や言い換え《パラフレーズ》のかたちで翻訳を行ったり使用したりするのであれ、翻訳にかかわる人びと――彼らすべてを「翻訳者」と名指すことは可能だろうか――の抱える困難がここにある。とはいえここで、翻訳などその労に見合わないと放り出してしまう前に、ソシュールによる――翻訳理論のそれというよりは――文化の、感情のリベラリズムをすこし考えてみる必要があるかもしれない。

前章で見たように、ワーキングクラスを含めたひとつの共通社会を実際には形成し得ないという歴史的制約をときほぐすべく、シュライアマハーは文化《クルトゥーア》の思想に近接し、アーノルドは（かなり限定された意味の）多文化主義の思想を実践したのだった。では、言語構造論の、ソシュールの、感情のリベラリズムはどうなるのだろうか？

2　ソシュールのリベラリズム──価値創造者としての「集団」

ある意味で二十世紀の歴史を変えてしまったとすら言えるこの言語学者は、一九〇七年から足かけ五年にもわたる、その（長い）革命的な講義において、こう述べる──

［言語の価値の］基盤を見出すには、つねに社会的な場《ミリュウ》の中に戻らなければならない。集団が価値の創造者で、価値はそれ以前にもその外側にも存在していない。（近藤「価値」における引用 90）

全三回にわたる講義において、ソシュールは「価値の創造者」を、「集団（*collectivité*）」、「社会的大衆（*masse sociale*）」、「話す大衆（*masse parlante*）」、「共同体（*communauté*）」と様々な言葉で名指している。[*5] こうした言い換えが何を意味するかは括弧にくくるとしても、ソシュールの「意図」を（後から）斟酌することは可能ではないだろうか。本章の議論に添って言えば、言語形態の生産者を、リベラルな（そして社会的に少数派《マイノリティ》の）諸個人に限定する（シュライアマハー）、あるいは、（過去の）諸民族に限定する（アーノルド）ことを、彼はやめたのだ。任意の言語を「話す」ものすべてから構成される「集団」こそが、言葉の「価値の創造者」であり、ということは、その「集団」とは、ワーキングクラスをそのうちに含むとしか考えられない「集団」である。ソシュールは、二〇世紀初頭のジュネーブにおいて、本章が記述してきた翻訳理論あるいは感情のリベラリズムに決定的な変化を与えた。あるいはこう言ってよければ、彼によって、感情のリベラリズムが複雑な成長を遂げたことになる。[*6]

ソシュールの構図《デザイン》において、ある言語を話すもの同士は、その階級的あるいは民族的背景にかかわらず、言語の価値を意図することなく創造し変化させている、という限りでは完全に同等なのであり、そこに上下関係を見出すのは困難になるのだから。ある言語集団の成員同士は、意図せざる言語の創造者として、相互に「承認《レコグニッション》」しうることになる。

「ことになる」というのは、ソシュールのデザインそのものを、科学者としての言語学者だけではなく、「集団」の成員が共有しない限り、上記の相互「承認」が実際には生じていかないためである。意図せずして行っていることを自覚するのが一般に困難である以上は、どうしても、ソシュールが変えようとしている「言語」という語そのものの「価値」——階層社会ではなく、ひとつの共通社会という「場《ミリュウ》」で生成されるものとしての「言語」——をみなで共有せねばならなくなる。

ところが、「言語は共同体の議論の対象にならない」（『ソシュール一般言語学講義——コンスタンタンのノート』123）。つまり、集団の成員の個人個人がそれぞれ「意図」をもって、そしてたとえば話し合って、「言語」という語の「価値」を積極的に変えていく自由《リバティ》を彼の理論のなかに探すのは困難なのだ。集団は、為すところを知らないがゆえに価値を創造し、その創造プロセスを「観察＝認証（*constater*）」することができるのは科学を為すもの（言語学者）だけである。この感情のリベラリズムは、言語の創造者として相互「承認」しうるのはソシュール的言語学集団の成員だけである、という限界を抱えることになってしまわないだろうか。

ただし、前節で俎上にのせたソシュールの議論が基本的に、言語の「進化」を見出すために、あくまで方法的に抽出された「静態的」な断面《スライス》に過ぎないこと、あるいは、これが足かけ五年にもわたる講義録の記述であることを考えると、ある疑念が浮かんでくる。

ソシュールの考える言語創造プロセスに、その社会的なプロセスの全体に、「意図《インテンション》」が介在する余地は、本当にないのだろうか？　講義を行うソシュールその人も、「話す大衆」の一員としては「意図をもってこまを動かし、［価値］体系のうえにアクションを作用させようとする」打ち手だったはずである。もちろん、「言語《ラング》が、その意図を、あらかじめ汲もうとすること」はないわけだから、言語学者がその持てるリソースを傾注すべき対象が「言語《ラング》」の変化である以上、やはり、彼の言う「社会的な場《ミリュウ》」から、「意図」というものは除外されているように見えてしまう。

しかし、「構造主義」が「自明なもの」とされるまでに人口に膾炙し（内田 17）、このプロセスにもちろんソシュールが深く関与しているとき、価値の体系というチェスの盤上にソシュールが及ぼした行為《アクション》の連鎖は、じつのところ大いに功を奏したことになる。そして、盤上に複数の手を打ったときのソシュールには、なんらかの意図があったはずである。そのとき、彼の意図は本当に、構造主義が「常識」化（同 19）するにいたる「社会的な場《ミリュウ》」の変化にあずかっていないのだろうか。

ここで、「意図」というものを、最初から明確で輪郭のはっきりとしたものだけだと考えてしまうと、議論はとても厄介なものになる。そうなると、ソシュールが「言語」という語の、その価値のかたち《フォーム》が被る変化をほぼ完全に予示し予測した――つまり、ソシュールに限っては「ラング」がその意図をほぼ完全に汲んだ――という脱構築が生じてしまうからだ。「言語は共同体の議論にならない」はずなのに、同じく共同体の一員であるはずのソシュールだけは、意図をもって価値体系にアクションを及ぼしてしまった、という言い方もできるだろう。*7

しかし、「意図」というものは一般に、明確なものとしてあるというよりは、いわば「もやっと」したものなのではないだろうか。あるいは、はじまりの時点では漠たるもので、あとになってからようやく、その向かおうとしていた先がわかる――そういうものこそが、意図なのではないだろうか。

そうだとしたら、講壇に立つソシュールの、その「もやっと」した意図の、その輪郭を定めてみると、以下のように言えないか。「言語は共同体の議論にならない」のは、その「議論」が、デモクラティックなものにならない恐れがあるし、もしデモクラティックなものになるとしても、言語を短時間《ショートスパン》で変化させてしまう恐れがあると、ソシュールが危惧したからではないか。数多《あまた》の世代によって形成され変化してきた「進化的」性質をもつものを、かりに民主的なものであれ、短い時間軸《ショートスパン》のもと議論し変化させてしまうことの危険性を、彼が漠とではあれ深慮したからこそ、「意図」というものを言語の創造と変化をめぐるデザインから除外したのではないか（これは「ニュースピーク」を想像するジョージ・オーウェルの危惧を連想させる）。そして本章の議論に添ってさらに踏み込んで言うと、この「もやっと」した危惧は、ソシュールの、感情のリベラリストとしての側面を物語るものではないだろうか。集団の成員たちが、言語の創造者として相互に承認《レコグニッション》しあうためにこそ、「意図」や「議論」は、そのデザインへの繰り込みをあえて保留されたのではないか。

3　感情の自由主義《リベラリズム》から二重視へ――漠《ばく》たる〈意図〉をつなぐこと

ということは、かりに世代間のデモクラティックな対話が可能になるとしたら、話はだいぶ変わってくることになる。ソシュールの、はじまりの時点では「もやっと」した意図の、その輪郭を以下引き直してみたい。言語を作り出しているのは――ソシュールが何度かおこなった換言《パラフレーズ》のひとつを使えば――共同体である。ところがその創造プロセスは、共同体の内部からは見えない。価値の体系が変化するプロセスを視野におさめようとするのであれば、共同体から距離をとらねばならない、ということである。共同体の営みを、事後的に観察するものこそが、価値体系の変化を記述しうる。あるいは、そうした観察者とは、共同体からのエグザイルの謂《い》いともなろう。ただし彼ら観察者たちは、人びとによる価値体系への介入《アクション》のその背後に、漠たるものとして絡みついている「意図」を、外側からそして事後的に記述していく役割をになう、奇妙な異郷生活者《エグザイル》たちのことでもある。観察することが関与することともなる観察者。*8 あるいは「帰郷する移住者」（Daniel G. Williams, "The Return of the Native" xviii）と言い換えた方がそのイメージをつかみやすいかもしれない。

さらにソシュールにおける感情のリベラリズムを、そのデザイン上少し組みかえて、鍵語を「言語」というよりも「文化」とすることが許されるとしたら——つまり「社会的な場《ミリュウ》」という基盤構造が制約を加える対象を、言語だけではなく、ものの見方《アイ》なども含んだ広範な「文化」へと拡張しうるならば——、それは本書第Ⅱ部で集中的に扱う「二重視」あるいは「複雑視」のことになる。コミュニティとしての労働者階級の文化にせよ（第3章）、ブレヒトらの前衛劇の客席に集う「わたしたち」の文化にせよ（第4、5章）、本書が焦点を絞りたいのは、そこから距離をとることが、同時に関与することになるような、漠とした意図をつなぐことになるような、そういう行為《アクション》の連鎖である。もちろんそれは、ソシュールが暗黙の教訓としてわたしたちに伝えているように、数多の世代をつなぐデモクラティックな対話のプロセスとして記述されねばならないのだが、研究や批評をそのうちに含む文学的文化《リテラリー・カルチャー》の役割とはまさにそこにあったはずだし、さらにそうした世代間対話の記述は、ほとんどそのまま、ここまで論じてきた感情のリベラリズムの、その（複雑な）成長プロセスを記述していくことにもなるはずだ。それは、意図をもって文化を変容させようとするリベラルな諸個人（科学者、作家、批評家、研究者、そして翻訳者*9）と、意図せずそれを変えてしまう「盲目」の「大衆」という、ひとつの共通社会を構成するはずの人間たち相互の、その承認《レコグニッション》をはばむ「尾根《リッジ》」のごときもの——その踏破の記録ともなるのだから。

図 C

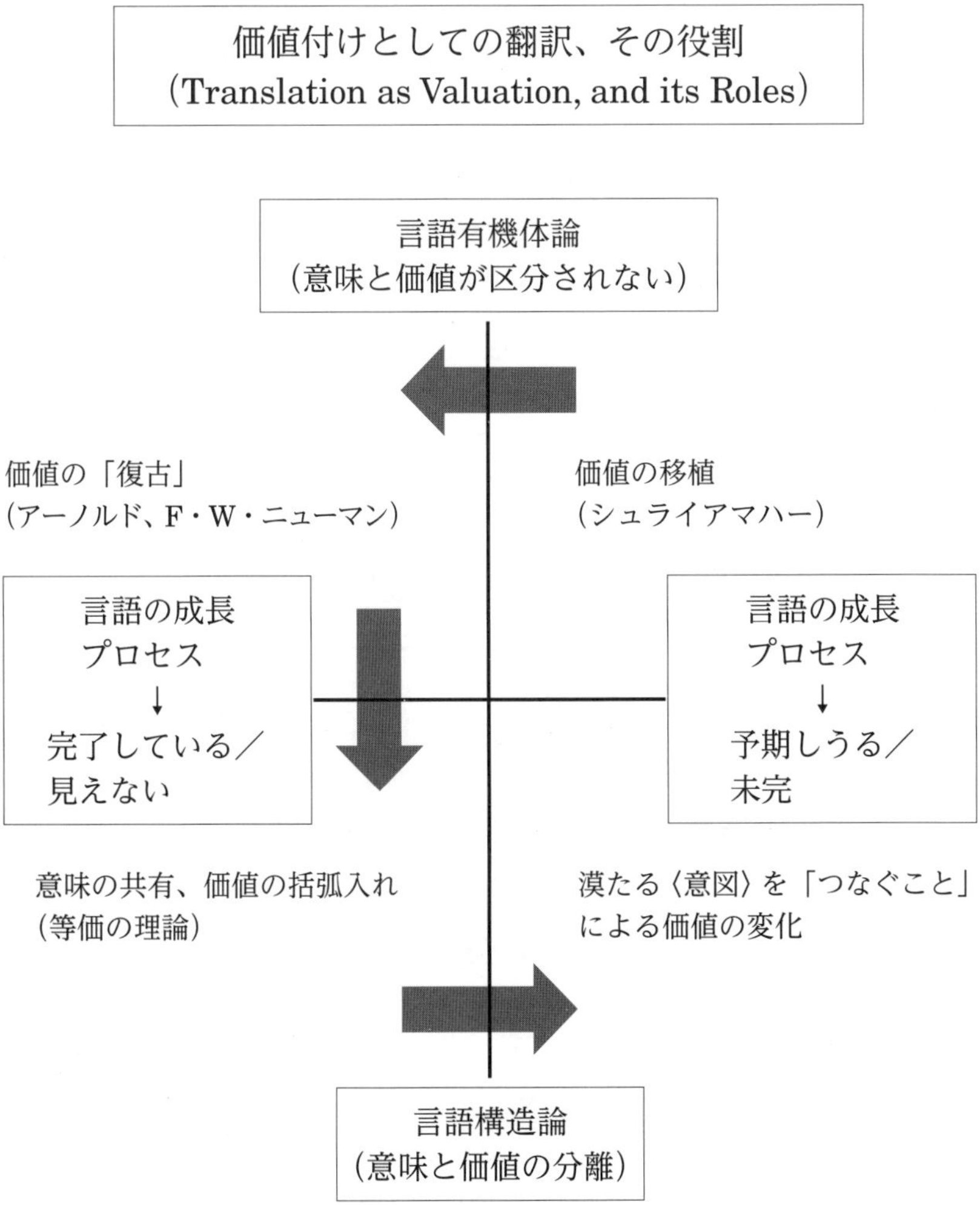
価値付けとしての翻訳、その役割
(Translation as Valuation, and its Roles)
言語有機体論
(意味と価値が区分されない)
価値の「復古」
(アーノルド、F・W・ニューマン)
価値の移植
(シュライアマハー)
言語の成長
プロセス
↓
完了している／
見えない
言語の成長
プロセス
↓
予期しうる／
未完
意味の共有、価値の括弧入れ
(等価の理論)
漠たる〈意図〉を「つなぐこと」
による価値の変化
言語構造論
(意味と価値の分離)

図 D

シュライアマハー	価値と意味が区分されない	
	↓	
アーノルド	価値と意味が区分されない	
	↓	
ソシュール	価値の体系 (value system)	意味作用 (signification)
	↓	↓
等価の理論家たち	括弧入れ	意味作用の共有⇒ 等価 (equivalence)

第Ⅱ部　二重視の諸相

第3章　ロンドン・アイからダブル・アイへ
——一九五〇年代の若者たち、そして労働者たち

ベルリンの壁崩壊の約一年九ヶ月前、レイモンド・ウィリアムズがある対談のなかで使った「わたしのソーシャリズム」——この奇妙でなじみのないフレーズに、漠たるものとして絡みついている「意図」とはどのようなものか。これを探るために用意したのが、自由主義《リベラリズム》（第I部）、二重視（第II部）、ネイション／ナショナリズム（第III部）という三つの問題系である。

「わたしのソーシャリズム」という場合の「わたし」と、リベラリズムの言う「個人」とのあいだに、どういう違いがありどういう共通点があるのか。この問いは、第III部以降で具体的に考えていくことになるのだが、両者の重複と差異について少しだけ示唆しておきたい。それは、第I部で触れたリベラリズムの諸思想がその身を浸している流れ《フロウ》の、速度にかかわっている。個人の解放と集団の解放がいわばないまぜになりながら、かつ、右へ左へと蛇行しながらも、徐々にその川幅を増していくという、初期近代もしくは産業革命以降の歴史的な流れそしてそのイメージ。このリベラルで性急な流れ《フロウ》にレイモンド・ウィリアムズがその身をまかせたことがまったくなかったと想像することはむずかしい——少なくとも表面上はどれだけリベラリズムに距離感があったとしてもである（序章参照）。しかし、なおも両者には相違があるのだ。

そこで、「わたしのソーシャリズム」が「わたしのリベラリズム」の言い換えだったと結論を出してしまう前にまず考えてみたいのが、文化の、感情のリベラリズムの実践としての「二重視」——その二〇世紀イギリスにおける展開である。コミュニティから外に出るもの《エグザイル》が当のコミュニティの成長に資する実践、あるいはコミュニティを外から観察することが、関与することともなる奇妙な実践——この問題を、以下第Ⅱ部において、ウィリアムズが実際に生きた時代（とりわけ彼が第二次世界大戦、つまりファシズムからの解放戦争より帰還してのちの時代）の背景と絡めながら記述していきたい。本章では、この二重視という——思想というよりは——実践について、とくに一九五〇年代の、コミュニティとしての労働者階級に焦点をしぼりながらその輪郭をたどる。

1　ロンドン・アイとEDFエネルギー

ロンドン・アイ（London Eye）、という言葉から論をはじめたい。これはロンドンにある観覧車のことで、正確には、一九九九年に完成、二〇〇〇年に一般公開された、テムズ川沿いに位置する観覧車の名が、ロンドン・アイである。しかし“eye”に「観覧車」という意味はなく、辞書をいくら引いてもそういう語義は出てこない。実際、ロンドン・アイという名称はなかなか定着しなかったようで、公式ウェブサイトにも「二〇〇〇年あたりにさかのぼってみると、ロンドン・アイは、ミレニアム・ホイールという名で知られていた」という記述がある（「観覧車」を“Ferris wheel”と呼ぶところからそうなったのだろう）。

なぜこの観覧車をロンドン・アイと呼ぼうとしたのだろうか？　命名の由来を推測してみたい。ロンドン・アイの写真を見てみると、観覧車というものはたしかに「眼」のようにもみえるので、この巨大な観覧車を、それも、新しい千年紀を迎えるロンドンの象徴となる観覧車を、「ロンドン・アイ」と呼ぼう——おそらくはこういった具合に命名したものと推測される。

気の利いたネーミングである。なにしろ、この「目《アイ》」に乗れば、ロンドンを、それもテムズ川を挟んで北に南にひろがるロンドンを、一望のもとに見渡すことができるのだから。それだけではない。ロンドン・アイの（かつての）冠《スポンサー》企業からすると「夜景」の方がおすすめなのかもしれない――

> ＥＤＦエネルギー社とロンドン・アイの提携がもたらすのは、ロンドンのすばらしい眺め、さらには、あたらしい理想像《ヴィジョン》です。……ＥＤＦエネルギー社は、その理想像《ヴィジョン》を実現すべく尽力しております。それは、よりクリーンで、より低炭素な生活を目指す都市という理想像《ヴィジョン》です。……低炭素のロンドンを、みなさんの目でお楽しみ下さい。
>
> （同社公式サイトから／傍点は引用者による）

ロンドン・アイ、（二〇一五年までの）正式名称「ＥＤＦエネルギー・ロンドン・アイ」は、イギリス最大規模の電力会社ＥＤＦエネルギー社の[*1]「宣伝観覧車」の役割も兼ねていたのだった。これを踏まえて引用した文言を解釈するとこんな感じになるだろうか。

ロンドン・アイから一望できる、大都市ロンドンの夜景。この見事な夜景を可能にしているのは、確かに大量の電力です。しかし、それをつくり出しているのは、二酸化炭素を大量排出する発電技術ではありません。「よりクリーンで、より低炭素な」な発電技術によって、環境に配慮した夜景が実現しつつあるのです。ロンドン・アイからは、その「低炭素のロンドン」を一望できます、そして、それに一役も二役も買っているのが、弊社です。「よりクリーンで、より低炭素な」な発電技術によって、あくなき経済成長を目指すイギリスの首都ロンドン。それを一望できる「目《アイ》」。これに乗れば、そうした「理想像《ヴィジョン》」の実現を「目指す」人びと、さらには、そうした人びとの「生活」が、一望できます、それがロンドン・アイです、是非のご来場を……。

この願望それ自体が、二〇一〇年代前半のイギリスで、人びとによって、どのように受けとめられていたのか、この点を論じる準備を本章はもたないのだが、ロンドン・アイではなく、ダブル・アイを持たねばならない――

こういう突飛なメッセージを発していた書き手《ライター》がいたとしたらどうだろうか？　人びとの生活をシンプルに眺める「目《アイ》」では駄目だ、もっと複雑な「目《アイ》」を持たねばならない。社会をすっきりと一望するようなロンドン・「視点《アイ》」はまずい、もっと複雑に見るための二重の視点《ダブル・アイ》を持とうとすることが肝心なのだと。このような主張をしていた、ふたりの書き手について、一九五〇年代後半のイギリスの時代背景もからめながら、以下考察してゆくことにしたい。最初に取りあげてみたいのが、労働者階級コミュニティからの逃亡と、そこへの（ある種の）帰還をはたす主人公を描いた小説で、一九五〇年代後半のロンドン、つまり、電気はどの家庭にもほぼ引かれていたが、その「配電状態はしばしば不安定で、配線にさわると危険なことさえあった」(Sandbrook 2005, 104) 時代のロンドンがその舞台となる。

2　小説家コリン・マッキネスと一九五〇年代のロンドン

その書き手《ライター》とはコリン・マッキネスのことなのだが、ただし先回りして言っておくと、彼自身は「二重の視点《ダブル・アイ》」というフレーズを用いていない。しかし、このフレーズを使わないと、うまく説明できないような筋立《アクション》てをマッキネスは書いているように思う。

伝記作者トニー・グールドによると、マッキネスが生まれたのは第一次大戦が勃発した一九一四年のことで、彼の母親は、作家ラドヤード・キプリングや首相スタンリー・ボールドウィンを輩出した、かなりの名門一族の出身だった (Gould 3)。しかしマッキネスは、そうした上層階級的な生活とは、根本的に違うものに惹かれるようになる。彼は、一九五〇年代に登場してきた若者たちの暮らしぶりの方に興味をもつようになってゆくのだが、なかでもとくに惹きつけられたのが、ワーキングクラス出身の若者たちだった。つまりマッキネスは、確かにエグザイルなのだけれど、かつて属していた（上層の）共同体ではなく、まずは縁もゆかりもない労働者階級のコミュニティをその観察対象とし、かつそこに関与するという、いっそう奇妙なエグザイルなのだ（その意味で、前章末の注記で触れた「翻訳者」とじつは共通点がある）。

そしてそうした若者たちの生活を鮮やかに描くのが、彼の小説『アブソリュート・ビギナーズ』である。一九五九年に発表されたこの小説は、当時のロンドンの詳細な記録でもあるのだが、まずはその舞台となっているふたつの場所を確認しておきたい。一つ目は、約半世紀後に大観覧車ロンドン・アイが建設される場所から、北北西約一・六キロにある地区ソーホーであり、二つ目が、西北西約六キロ付近にあるノッティングヒルである。一九五〇年代中葉のソーホーは、売春婦やごろつきが闊歩する「悪場所」とされていた場所だった（Gould 110）。ただし、そういう地区だからこそ、商業開発の手を逃れ、なんとも自由な雰囲気のある場所でもあったことをマッキネスは巧みに描き出す。

ソーホーに出入りする若者たちの服装は実に多彩である。『アブソリュート・ビギナーズ』には、よく知られたテディボーイももちろん登場する。しかし、当時四〇代前半のマッキネスが心惹かれたのは、トラッド風の、そしてモダニスト風（後のモッズ）のファッションであり、彼らのファッションはとくに念入りに描かれている（それだけ衝撃的だったのだろう）。まず前者のトラッド風は――

長くてぼさぼさの髪、固く糊付けされた襟（やや汚れている）、ストライプのシャツ、無地のネクタイ（今日は赤だが、ロイヤルブルーかネイビーであってもいい）、短めだが古いジャケット（誰かが乗馬用につかったツイード地のお古にちがいない）、太縞の入った相当きつめのスラックス、靴下は穿かず、短めのブーツ（62）

と描写され、後者は――

念入りに整えられ、分け目がピッと入っている大学生風の短髪、丸襟のイタリアン・シャツ、念入りに仕立てられた短めのローマン・ジャケット（短いスリットが二つ、三つボタン）、……折り返しのない細いスラックス、先のとんがった靴……　(62)

といった具合に、くどいほど事細かに記述される。果ては、傘を使うかレインコートを使うかどうかにまで、彼らのこだわりが及んでいることも記録される（ちなみにトラッドは傘でモダニストはレインコートと分かれる。なお当時の若者たちの暮らしぶりについてはロバート・クロスを参照）。

二〇一〇年代の現在、つまり、服装にある程度のこだわりをもつことが、それほど奇異には映らない現在からしてみると、マッキネスがなぜここまで興奮しているか、よくわからない部分がある。この時代に何が起きていたのかと言えば、ひとつには、経済の面で劇的な変化が生じつつあったということになるだろう。統計的な事実を見てみると、一九三一年の時点とくらべて、一九六一年には、肉体労働者の全体に占める割合は七割から六割弱へ、数自体も七〇万人ほど減少したのだった。さらに同時期に、肉体労働者の実質賃金が平均して約五倍に増えたとされる。もちろん物価も上昇していたのだが、それは約二・七倍にとどまったので、可処分所得は実質的に相当の伸びをみせたわけである（Laign 23）。

一九五〇年代中盤の「ゆたかな時代」以前、ワーキングクラスの若者たちが稼ぐお金は、家族の財布に入るものだった。ところが、先に述べた平均賃金の上昇によって、父親など稼ぎ手の収入が大幅に増加したことで、その必要性が減少したのだった。これによって、多くの若者が自分自身の財布をもつようになる（Judt）。彼らは洋服や出回り始めたばかりのLPレコードを熱心に買い求める重要な消費の担い手ともなった。「ティーンエイジャー」という言葉が流通し始めたのも、実はこの時期のことである（Sandbrook, *Never Had It So Good*, 435）。消費社会の進展にともない服装や髪型が「個性」を表示するようになった状況を、マッキネスはじつに巧みに描き出している。微細な違い（襟や靴の形など）にこだわる若者たちは、この上ない消費の担い手なのだから。雨露をしのげれば傘かレインコートかは関係がない、色や形にこだわるのには意味がない、という世代から、それこそが大問題だ、という世代への交代（あるいは断絶）が生じつつあるという重大な変化を、マッキネスは巧みに浮かび上がらせたのだった。

3　解放区ソーホー——若者たちの視点《アイ》

とはいえマッキネスが描きだすのは、消費社会の申し子としての「ティーンエイジャー」だけではない。彼の関心は、実際には若者たちの視点《アイ》の方にあった。この作品を書いている時点ですでに四〇代だったマッキネスだが、彼らのものの見方《アイ》の発する強烈な磁力にさからえなかった、と言い換えてもよいだろう。

ところで、『アブソリュート・ビギナーズ』の主人公は最後まで名前を明かされることがない。彼は普通の若者であり、当時の若者たちを代表する存在だから名前を付ける必要すらない。つまり、主人公の視点《アイ》は一九五〇年代の若者たちの典型的なものの見方《アイ》である、という意味合いがそこにはあるのかもしれない。それはどんな視点《アイ》だったのだろうか？　たとえば、主人公はソーホーのジャズ・クラブについてこう語っている——

……階級がなにか、人種がなにか、収入がいくらか、少年なのか少女なのか、おかまか、両刀使いか、そんなことは誰も気にしない——ジャズクラブのドアを開けてなかに入ったときに、このたまり場が気に入って、ちゃんとふるまえて、これまで経験してきたクソみたいなものを、全部捨ててきているなら、そいつが何者かなんて、ひとりたりとも気にするやつはいない。　(61)

階級、人種、収入、年齢、性別、セクシュアリティ……。こういうものは、「クソみたいなもの」と主人公には見える。それはいわば垣根なのであって、さっさと取っぱらってしまえばよい、彼は、そんなものの見方《アイ》をしている。この視点《アイ》は、家族と話す（というよりは口論している）ときにも手放されることはない。彼の父親、そして兄は、自分たちが労働者階級の一員である、ということに誇りをもっている。そんな兄から「お前は、労働者階級の裏切りものだ！」とののしられたときですら、主人公はこうやり返す――

俺は労働者階級の連中を拒否してなんかないし、上流階級の一員なんかじゃない、それがどうしてかって言えば、まったく同じ理由だ。俺は、どっちの連中にも、毛ほども関心がないし、これまでもいっぺんもなかったし、これからも一度たりともないだろうよ。わかんないか？　階級なんていう、あほらしいことにはまったく興味がないだけだ、俺は。階級は、お前みたいな税金を払ってる連中《タックス・ペイヤー》を釘付けにしてるんじゃないか？労働者か上流か、どっちの人生を生きるにしても、階級がお前らを全部しばりつけてる。わかってんだろ？（38）

さらに彼は政治にも経済にも関心をもたない。自分の生き方を「しばりつける」ありとあらゆる仕組みに彼は無関心である。というよりも、そうした仕組みが自分たちティーンエイジャーに影響をおよぼさない、というごく単純なものの見方《アイ》をしているのだ。

4　ロンドンの「ナポリ」へ――若者たちと人種暴動

しかしそういうものの見方《アイ》が、ぐらぐらと揺さぶられるような出来事を主人公は経験することになる。その出来事とはなにか？　それが起きるのは、作品中で解放区とされるソーホーから西北西約三・五キロの地点にあるノッティングデール地区である。*2　当時のロンドン案内とも言える『アブソリュート・ビギナーズ』によると、俗にロンドンの「ナポリ」とも呼ばれていたらしい。治安の悪さを強調するため、そう呼称されたと理解すべきだろうし、ある種の「距離感」を表現するための呼称でもあったのかもしれない——

俺がすんでいる地区を説明しておこう、というのも、それがかなりめずらしい場所、福祉の時代と資産家連中、その両方から置きざりにされた数すくない場所のひとつで、ありていにいうと、よどんだスラム以外のなにものでもないからだ。（45）

この「スラム」には、テディボーイ、放浪者、娼婦といった人びとに混じって、カリブ系を中心に数多くの移民が生活している。そして主人公は、移民たちを「黒人たち《スペイド》」と呼ぶ。[*3] 労働者階級の家庭から逃亡し、いまはこの「スラム」に暮らす主人公はあるとき不吉な噂を耳にする。その噂とは、驚くべきことに、テディボーイの集団が「黒人たち《スペイド》」を襲撃する計画を立てているというものだった。この噂によって、主人公のものの見方《アイ》は、激しくゆさぶられることになる。小説『アブソリュート・ビギナーズ』がその山場を迎えるのは、この「スラム」における悲劇（ノッティングヒル人種暴動）が描かれるときである。一九五八年、テディボーイたちは「黒人たち《スペイド》」を襲撃しはじめる。暴動に荷担するのは、テディボーイたちだけではない。「あいつを捕まえろ」と叫んで「黒人《スペイド》」少年を追いかけるのは、「少なくとも百人近い若者」なのだ。しかし、その若者たちを追いかける「数百人の少女、少年、大人たち」もまた、「リンチしちまえ」と大声を上げる。

主人公、そしてさきに言及した「モダニスト」、「トラッド」は、移民たちへの暴力を阻止する側に回る。ところが、主人公がもっとも信頼を寄せる友人にして、ウィザードとあだ名される若者が、こともあろうに、移民を排斥する側に回るのだ。ここは作品中、もっとも衝撃的な場面だろう——

……そして彼［ウィザード］は、手をまっすぐあげ叫んだ、あたかも断末魔の叫びのように、「白人のイング

ランドを守れ！（Keep England white!)」と。　(191)

このウィザードの変節は、主人公の目《アイ》に、まったく理解できないものに映る。「粗野」なテディボーイたちが暴動に走るのはまだ理解できる、しかし、人種という垣根を「クソみたいなもの」だと思っていたはずの親友ウィザードまで、なぜ暴動に加わるのか？　ウィザードが移民排斥を叫ぶ理由、あるいはウィザードにそう叫ばせる理由。主人公のシンプルなものの見方《アイ》では、これが、どうしてもわからない――

俺はそこで一瞬たちつくしてしまい、その間、暴徒たちもわめいていた。その後、俺は、ウィザードの首根っこをありったけの力でつかみ、いきなりあたりを引きずりまわし、めいっぱいなぐった、すると奴はよろめいた。そしてあたりをサッとみまわし、様子を確かめ、俺は走りだした。　(191–192)

彼は反射的にウィザードを殴りつけることしかできない。そして、「ナポリ」にもロンドンにもイングランドにも愛想をつかし、飛行機に乗って海外に逃げだそうとするのである（最終的には翻意して国にとどまるのだが）。

5　ダブル・アイへ――「まったくの素人たち」の成長物語

そして、主人公は結局どうするのだろうか？　この疑問は後で触れることにして、本章の主題である「ダブル・アイ」を先に考えてみることにしたい。

一九五〇年代ロンドン紀行とも評せそうな『アブソリュート・ビギナーズ』は、念のため確認しておくと小説である。つまり、ある出来事（人種暴動）を読者に報告することだけが、その目的ではないはずである。

確かに、『アブソリュート・ビギナーズ』の主人公は、人種暴動の顛末を詳細に報告している。しかしそれだけではないのだ。その悲劇が起こってしまったあと、自分の視点《アイ》に、ある変化が生じたこと。これを主人公は読者に伝えたいのである。それも、たんなる変化ではなく、読者に伝える価値のある変化が彼のもの《ア》の見方《イ》に生じた——彼はそう伝えたいのである。

具体的にはこうなるだろうか。人種暴動という悲劇を経験するまで、主人公は、非常にシンプルなもの《ア》の見方《イ》しかもっていなかった。人種や階級というのは垣根であって、そんなものがなくなれば、みんな自由になる。こういう、いわば単純なもの《ア》の見方《イ》しかできていなかった。ところが、この悲劇を経験したことで、そして、それを書いてわたしたちに伝えようとすることで、彼のもの《ア》の見方《イ》は、価値ある変化をとげている。

だからこそ主人公は、みずからが経験したことのなかで、こういう会話を、わざわざ選んで読者に伝えているのではないか——


「……いいか、ここはロンドンなんだぞ、首都だ、ローマ人このかた、あらゆる人種が暮らしてきた偉大な大都市なんだ！」

「ああ、そうなんだろうな」とクールは言った。

「そんなことは絶対にゆるされない！」俺は声を張り上げた。

「誰がゆるさないんだい？」

「大人たちだよ！　男たち！　女たち！　警察とか役所とか！　法と秩序ってやつがイングランドの取り柄なのに！」　(136)

カリブ系移民の友人クールから、人種暴動の噂を聞きつけた主人公は、激しく動揺している。なぜか？　主人公は、階級や人種といった垣根に区切られた世界に住む大人たちを、心底軽蔑していた。ところが、そういう大人たちがいないと、あるいは、「法と秩序」という垣根がないと、ティーンエイジャーたちの垣根なき楽園、解放区は維持できないかもしれない――こんな感じに、自分のものの見方《アイ》が、いわば、ぐらついたためである。彼はこれを、素直に読者に伝える。

こういう言い方もできるだろう。階級、人種、収入、年齢、性別、セクシュアリティ。こういう垣根の仕組み、社会の仕組みについて、自分はまるで「ど素人《アブソリュート・ビギナー》」だったと主人公は気づいた。そして、それに気付いた経験は、読者に伝える価値のあるものだと考えたのである。だからこそ、彼は先の会話を「報告」しているのだろう。自分はそんな「ど素人」じゃない、そんな風に見られたくない、と思えば、先の会話は忘れたことにしてしまえばよかったのだから。ところが主人公はそうしない。自分が、社会の仕組み、人びとの生活について「まったくの素人」だ、でも、それに気付いたことが成長の証なんだと伝えたいのである。さらには、主人公だけではなく、若者たちも、同じような成長をとげている、と作者マッキネスは示唆したいのかもしれない。タイトルが「ど素人」ではなく『ど素人たち』であることの意味を考えてみてもよいだろう。その意味でこの作品は、ワーキングクラスの若者集団の成長物語とも読める。

6　ダブル・アイとはなにか？――リチャード・ホガートと労働者たち

これが二重《ダブル》の視点《アイ》である。“A double eye”とは、二つのものを別々に見ることではない。同じものを二つに見る。正確には、そう見ようとする視点《アイ》のことである。『アブソリュート・ビギナーズ』でいえば、様々な垣根、つまり社会の仕組みを、二重《ダブル》に見ようとするものの見方《アイ》のことになる。そんなものなければいい、社会の仕組みなんてなければいい、という見方（悲劇を経験する前の主人公）。そして、社会の仕組みがなければ、大変なことになるかもしれない、という見方（悲劇を経験した後の主人公）。この二つの見方を、『アブソリュート・ビギナーズ』は伝えようとする。どちらの見方が正しいという話ではない。社会の仕組みが、解放区ソーホーのような楽園の実現をはばんでいる、という見方も正しい。それと同時に、社会の仕組みがないと、そうした楽園自体維持できない、という見方も正しい。普通に考えると同居がむずかしいような、そんな二つの見方を同時にもとうとすること、それが、ダブル・アイをもつ、ということになるだろう。

ところで、この二重の見方《ダブル・アイ》をもつと、どうなるのだろうか？　『アブソリュート・ビギナーズ』の場合だと、社会の仕組みを良い方向に変えよう、という意識が生じてくるかもしれない。つまり、いまの社会では楽園は目指せない。けれど、社会がなくなってしまうと、秩序が崩壊してしまうかもしれない。ならば、社会から逃亡せずに、社会をいわば成長させればよい、ということになる。『アブソリュート・ビギナーズ』の主人公は、最後、イングランドという社会から逃げだすのをやめる。その後の主人公がどうしたか、これは読者にはわからない。しかし、主人公とともに、ものの見方《アイ》を成長させたであろうマッキネスが、人種暴動を防ぐための社会運動を始めたことが（Gould 137）、この意識の証左となるかもしれない。名門一族からのいわば家出息子であるマッキネスは、ワーキングクラス出身の若者集団という異郷に「出戻った」のだ。本来は異郷であるはずのその場所で、つなぐべき「漠たる意図」を見出した、つまり、若者集団という後発世代を先行世代とする、じつに突飛《クワーキー》な養子縁組的関係《アフィリエーション》を見いだした、という言い方をしてもよい。その意味でアラン・シリトーら「労働者階級からの逃亡小説」（Williams, *Politics and Letters* 272）、という一九五〇年代イングランドに見られた支配的な構図《デザイン》からの、興味深い逸脱がマッキネスにはある。[*4]

ともあれ、最初に述べたように、「ダブル・アイ」という言葉をつかったのはマッキネスではない。ロンドンではなく、イングランド北部に生まれたリチャード・ホガートが、この言葉を実際につかった書き手である。文化研究（カルチュラル・スタディーズ）の創設者のひとりとされるホガートは、一九一四年生まれのマッキネスとほぼ同世代である。

そのホガートが、『読み書き能力の効用』という記念碑的著作を発表するのが、一九五七年、『アブソリュート・

ビギナーズ』発表の二年前のことになる。ホガートは、故郷リーズで経験した、労働者の人びとの暮らしを、まるで失われてしまったものをいつくしむかのように丁寧に描いている。ホガートが子どもの頃の話だから、おおよそ一九二〇年代から三〇年代の話になると思われる。

現金ではなく「ツケ」での買い物、ご近所同士でお金を積み立て分配する無尽講、社交場であるクラブやパブ、日曜大工、家庭菜園、さらには、合唱、ハイキング、サイクリング、鳩レース……。これは、「趣味」にとどまるものではない。文化なのである。それは、ものの《ア》見方《イ》とおおきく関係している。ホガートは、当時の労働者たちの「お金」に対する、典型的なものの《ア》見方《イ》を、こんな風に愛情込めて描き出す――

> 「ほんと」のものは、人間的なもの、親しみぶかく楽しいもの、つまりそれは、家庭と家族への愛情であり、友情と「ゆっくりくつろげよ」と友達に言えることなのだ。「金はほんとのものじゃない」、「いつでも余分な金ほしさに汗水たらしてたんじゃ、生きてる甲斐がねえや」と彼らは言う。（70）

「余分な金ほしさに」寸暇を惜しんで働くのは、「やつら」すなわちミドルクラスの考え方であって、「おれたち」労働者階級は、それよりも「愛情」と「友情」を重んじる。英語にすると“them and us”という言い方になるが、これが、じつにつよく作用していた、ホガートはそう回顧する。なぜ、このような文化を労働者たちは作りだしてきたのだろうか？　ホガートの見るところ、それは生きるため、である。

どういうことだろうか？　自らの労働力しか売るものをもたない人びと（労働者たち）は、一八世紀後半以降、今日までつづく都市化（農村とちがい、都市では貨幣がないと生きるのが困難だ）の波を生きぬいてゆくために、お互いのあいだの繋がりを紡ぎださねばならなかった。そのために、「やつらとおれたち」というものの《ア》見方《イ》をあみ出していった、とも言えるだろう。

しかし、一九五七年のホガートは、こういうものの《ア》見方《イ》だけでは駄目なんだ、と言う。愛情と哀切を込めつつ、やはり駄目なんだと言うのである。そして、こう言うのだった――

誰もがダブル・アイ (a double eye) をもたねばならない……。　(65)

「やつらとおれたち」という区分で考えてみよう。既述のごとくこれは、労働者と労働者のあいだに強いつながりを作り出す、という意味では良いものに見える。ただし同時に、階級と階級のあいだの分断をもたらす、という意味では、あまり良くないものに見える。この二つのものの見方《アイ》は、普通に考えると、やはり同居させるのがむずかしい視点のように思える。では、なぜホガートはこういうことを言うのか？　それはおそらく、『アブソリュート・ビギナーズ』の主人公とおなじような事が、ホガートにも起きているためである。つまり、自分の親世代の視点を書き記す、という作業のなかで、ホガート自身の視点と意識が変化を遂げているのである。

彼の親世代は、おなじ社会にすまう人びとを、「やつらとおれたち」と切り分ける視点をもっていた。ただし、その良い面悪い面を、同時に見て（つまりダブル・アイをもって）言葉にしてゆくと、階級なんて垣根はなくしてしまえ、という乱暴な話は出てこない。そうではなく、「やつら」という敵を作って結束をつよめないと生き残れないような、そんな仕組みの方を変えるべきだという意識が、ホガートのなかに生じてくる。

その仕組みに、ホガートは「デモクラシー（a democracy）」という名前を与えているように思う。彼が不定冠詞を使っていることに注意すれば、それは、いまだ形の定まっていないデモクラシーとも言える。この未完成のデモクラシーが成長をとげるとき、ホガートの親世代の視点は、根こそぎ否定されるものではなくなる。それどころか、成長のための資源《リソース》のようなものにさえなるかもしれない。それは、おなじ社会にすまう人びとを、「デモクラシーにおける市民」として意識するための基礎になりうる。だからこそホガートは、ダブル・アイを、「わたしたちが現在痛切に意識している」問題だと言うのだろう。この意味で『読み書き能力の効用』は、「わたしたち」市民集団を成長させよう、という願いが込められた、そんな物語とも読めることになる。

7　ふたたびロンドン・アイへ

さてこうしてみると、ロンドン・アイというヴィジョンのシンプルさと、ダブル・アイのそれの複雑さが、はっきり区分できるように思う。前者が喧伝するのは、「低炭素ロンドン」、つまり、「よりクリーンで、より低炭素な」発電技術によって終わりなき経済発展を目指す、滑らかな流れ《フロウ》である。その一方で、二重視《ダブル・アイ》が目指すのは、より複雑な流れ《フロウ》である。自由《リバティ》をもとめる個人が、属する共同体の外部に出る。しかし、そのリベラルな個人たちは、故郷か異郷かを問わず、「帰還」するのだった。彼らリベラルな諸個人たちは、いわばエグザイルである自分と、労働者階級コミュニティの人びとが、同じ成長の流れ《フロウ》に身を浸していることを知る。ホガートであればその流れは「デモクラシー」ということになるだろうし、マッキネスであれば（彼が人種的マイノリティの擁護運動をしたことを考えれば、いまで言う）「多文化主義」ということになるかもしれない。しかし、この複雑な成長の流れ《フロウ》は、一度、コミュニティの外側に出ないと、見ることができない。

しかし問題は、二重視によってあらたに見出された流れ《フロウ》が、その動きを止めてしまうことがある、ということなのだ。デモクラシーにせよ、多文化主義にせよ、その流れは、たやすく氷結してしまう。しかしそれと同時に、『ブラック・マウンテンズの人びと』を書く一九七〇年代以降のレイモンド・ウィリアムズ（とくに旧石器時代の営みを記述するウィリアムズ）がイメージするように、凍り付いた流れ《フロウ》も、それが「氷河」の大きさともなれば地形を大きく変えてしまうほどの力をもつのだった(39)。次章では、そうした不活性化した二重視のもつ、いわば、無視しがたいエネルギーの問題について探る。同時にそれは、本章がかなり性急なかたちでその価値切り下げを図ってしまった「ロンドン・アイ」という（やはりなおポピュラーな）視線の、ひとつのはじまりを探る作業ともなるだろう。

第4章　ふたつの二重視

——ポピュラー・ポリティクスとブレヒト再発見

1　ふたつの二重視

「やつらとおれたち」ということばのかたち《フォーム》を、二重のまなざし《ダブル・アイ》をもって見ること——その実践が要求されているとリチャード・ホガートが述べたのが、一九五七年のことだった(65)。

このダブル・アイにあたるものを、レイモンド・ウィリアムズは——(本当に) 時折だが——二重視《ダブル・ヴィジョン》、あるいは複雑視《コンプレックス・シーイング》と呼ぶことがある。たとえば『イングランド小説』には、トマス・ハーディが、故郷の人びとの経験を二重のまなざしによって、つまり「観察する者であると同時にかかわり合う者として、見ている」という一節が出てくる (qtd. in Daniel G. Williams, Introduction xv)。この二重のまなざしによって故郷の経験は、動きを欠いたものではなく、「いまだに活発《アクティヴ》な経験」としてわたしたちの前に出てくることになるとレイモンド・ウィリアムズは付言する (*English Novel* 99)[*1]。

ここで言う「活発《アクティヴ》な経験」とはどのようなものか。ひとつには、そこに込められた漠たる意図をつかみうるほどに活発な経験ということになるだろうか。ホガートが記述した「やつらとおれたち」という経験に話を戻してみよう。「おれたち」労働者階級は、「やつら」すなわちミドルクラスの連中とは違う、金を稼ぐことより家族への愛情や仲間との友情を重んじる、という感情のあり方を、たんに客観的に観察してしまい、その動きを奪って封じ込めてしまうのは簡単なことである。それは、労働者階級とミドルクラスのあいだの分断という、悪しき経験の記述に過ぎないものになってしまう。

しかし、「観察する者《オブザーバー》」であるだけではなく、「かかわり合う者《パーティシパント》」としても見るとき、その経験は活性化する。あるいは、『長い革命』のウィリアムズに倣えば、「やつらとおれたち」という一見ふるびた経験が、「あたらしい経験」として共有されるという言い方も可能だろう (43)。「やつらとおれたち」という経験を、距離をとって観察し、その難点を見てとると同時に、自身にかかわるものとしても見るとき、その奥深くにいわば「もやっとした」ものとして漂う漠とした意図に、あらたに触れることになる。それは、「やつらとおれたち」という分断などなくても生きていけるような、そんな仕組みをつくり出したい、というものなのかもしれない。ともあれ、前章の議論を踏まえると、その故郷リーズのコミュニティの外側に出ることで、あらたな成長の流れ《フロウ》(未完のデモクラシー) をホガートは見出した、ということは言えそうである。

その一方で、同様の言葉をつかいながらも、その意味合いと価値付けが異なってくる二重視がある。この二重視は、戦間期におけるヨーロッパそしてアメリカの都市文化《モダニズム》に、そのひとつのはじまりを持っているようだ。批評家マルカム・カウリーは、スコット・フィッツジェラルドを論じながら、こう述べている——

この二重性がもっとも巧みに表現されているのが、『グレート・ギャツビー』の第二章かもしれない。語り手のニック・キャラウェイは、金持ちのトム・ブキャナンが愛人を囲っているマンションへと連れて行かれてしまう。……ニックは「だけど、くれなずむ街路からなにげなく眺めている者からすれば、この都市の空高くにつらなる黄色い窓も、人間の秘密をなにがしかは告げていたに違いないのであって、そうやって街路から眺める者が、窓を見上げて物思いにふけっているところも、わたしは見ていたのだった。わたしは、［部屋の］内側と外側にいた……」と言う。
(“Fitzgerald: The Double Man” 9–10)

カウリーの見るところ、都市の享楽的な生活を、「内側と外側」から見ようとしていたのは、語り手のニックだけではない。フィッツジェラルドその人もまた――

観察する者《オブザーバー》であると同時にかかわり合う者《パーティシパント》だったのであり、その役割のどちらにあっても、彼は魅惑されると同時に反発を覚えていた。(同 10)

引用したのはカウリーによる一九五一年発表の文章だが、ほぼ同じ趣旨のものが一九三四年に公表されており、そこでのカウリーはこう述べている。フィッツジェラルドは「アメリカの上層ブルジョワジー」や「アメリカ社会」を、その内側と外側から、同時に描こうとしたのだと(“Breakdown” 324–325)。

この、フィッツジェラルドからカウリーにいたる二重視は、いわば不活性化してしまっていると筆者は解するのだが、この凍り付いてしまった流れ《フロウ》の、動きを止めたからこそ発生させうるエネルギーの大きさ――たとえば「氷河」の浸食作用をイメージするとよいかもしれない――を測定するためには、やはり戦間期のことになるが、この時期にヨーロッパで活躍した演劇人であり文学者であるベルトルト・ブレヒトの影響を考察することが必要になる。*2

本章では、一九五〇年代のイギリスを対象としながら、まず、ベルトルト・ブレヒトの「再発見」ブームに潜む力学を明らかにする。この力学は、一九五〇年代に展開した「ポピュラー・ポリティクス」と深い関係をもつものだが、その考察が、この二重視にひそむ意味と価値を理解する鍵となるだろう。

後のスター的演劇批評家ケネス・タイナン、[*3]後のブレヒト翻訳者にして著名なゲルマニストとなるジョン・ウィレット、後に『不条理の演劇』（一九六一年）で名声を博することになるBBCプロデューサー、マーティン・エスリン。彼らは一九五〇年代イギリスにおいて、ブレヒトを「再発見」したキーパースンたちである。

2　ブレヒト再発見

そのウィレットが、一九七七年にナショナル・シアターで開催された「イギリスのベルトルト・ブレヒト（*Bertolt Brecht in Britain*）」展のパンフレットで指摘するように、一九五六年はブレヒト「再発見」の年である。一九三四年にはブレヒトとハンス・アイスラーがロンドンに滞在していた。一九三〇年代にはブレヒトの作品が上演されてすらいる。また一九四〇年代には、（生まれはイギリスだが）アメリカのエリック・ベントリーによるブレヒト論がイギリスにも入ってきていた（Willett, Introduction 13–17）。しかし、イギリスの演劇シーンのなかにブレヒトを本格的に導入したのは、ケネス・タイナンである。彼はパリで観た『肝っ玉おっ母』上演について、『オブザーヴァー』誌に寄稿する（一九五四年）。これが再発見のはじまりだった。これ以降、ブレヒト作品の上演が活発化してゆくことになる（Willett, "Ups and Downs of British Brecht" 77）。

なぜタイナンは、ブレヒトをイギリスに持ちこんだのだろうか。いくつかの理由が考えられるが、ひとまず、文化の社会学を図式的に当てはめてしまうことにしよう。前衛演劇に精通していることの価値とはなにか？

古典演劇についての豊かな知識といっても、それを前衛演劇やブルヴァール演劇［一般大衆向けの通俗劇］についての豊かな知識と結びつけているパリの上級管理職の子弟と、同じくらい古典演劇には通じてはいても、前衛演劇やブルヴァール演劇についてはまったく知らないリールやクレルモン＝フェラン［いずれもフランスの地方都市］の生産労働者の子弟とでは、その意味するところは同じではない。純粋な学校的な文化は、部分的な文化あるいは文化の一部分であるばかりか、劣った文化でもあるということが、明らかに見てとれよう。

（ブルデュー&パスロン35）

たとえばタイナンはシェイクスピア劇について劇評をいくつも書いており、ブレヒト劇をシェイクスピア劇と結びつけて評価してもいる（*Tynan on Theatre* 229）。双方ともアッパー・ミドルクラス出身であるタイナンとウィレットにとって、[*4]前衛劇についての知識は、自らの有する文化資本の高さを表示するものでもあった、というわけだ。ハンガリーのユダヤ系の家庭に生まれた、亡命知識人エスリンについても事情はあまり変わりがないものと推測される。というのも、端的に言って、ブルデュー的な図式にしたがう限り、古典演劇だけを知っていることはあっても、前衛演劇だけを知っていることは、少なくとも一九五〇年代のイギリスにおいては、ほぼありえないためだ。ブレヒトはおろか、イプセン以降の近代演劇すら、大学の内部での教育に入りこむことが当時は困難だった。[*5]

ブレヒトを論じることは、「純粋な学校的な文化」に対する卓越性を意味する場合があった。ところが、この文化の社会学では理解できない点もある。それは、タイナンが同じく前衛演劇であるイヨネスコを手厳しく批判しながら、それと同時に、ブレヒトを高く評価していたことである。これも今からすると、つまり、ブレヒトをモダニズム演劇の頂点に位置づける観点からすると（Innes 152）、じつに不思議に見えることかもしれない。タイナンはイヨネスコと論争を繰りひろげるに至り、ニューレフト系の小説家や演劇人、映画人が寄稿した著名なアンソロジー『宣言（*Declaration*）』においても、イヨネスコを揶揄している（Tynan, "Theatre and Living" 111）。

もちろん、タイナンの伝記を著した演劇学者ドミニク・シェラルドが言うように、東西の冷戦対立の影響をここに見るのは難しいことではない（90）。ブレヒト対イヨネスコという対立が生じてしまうのは、ニューレフト系知識人の東側陣営びいき（当時ブレヒトは東独で、イヨネスコはフランスで仕事をしていた）が作用しているというわけだ。

しかし、上述のシェラルドのような解釈は、ある決定的な問題を抱えてしまう。タイナンは、ブレヒトの「政治」それ自体を評価していないのだ。暗黙の東側びいきということであれば、ブレヒトの「政治」こそが高評価の対象になるはずだ。しかし――

3 「政治」の変容、あるいは「政治＝経済」という短絡《ショートカット》

その政治において、ブレヒトが東側に傾いていることはよく知られている。であればわたしたちはこう想像せねばならないのだろうか？――肝っ玉おっ母の家族は、悪逆非道のファシストどもによって弾圧され虐げられた百姓たちであると。まったくそんなことはない。(Tynan, *Tynan on Thetre* 228–229)

この傾向、すなわちブレヒトの「政治」を忌避する傾向は、ブレヒト翻訳の権威ジョン・ウィレットにも共有されている。そして、このブレヒトの共産主義問題は、ウィレットによるマーティン・エスリン批判を考察してみることでさらにわかりやすくなるだろう。エスリンは、『ブレヒト――悪の選択』という本を一九五九年に公刊し、ブレヒトの共産主義問題に焦点を絞る。「悪の選択（A Choice of Evils）」というセンセーショナルな副題が選ばれた背景にあるのは、一九五六年のフルシチョフによるスターリン批判である。これによって、一九四八年以降のブレヒトが東独で作業をしていたことが、ブレヒトを論じる上で避けがたい難所となったのだった。こうした状況を背景に、エスリンはブレヒトの詩人としての才能を評価しつつも、彼が東独政府に協力したことを非難する。そしてブレヒトの人生を、自らの才能を取るのか、自らをとりまく環境を取るのか、というジレンマに引き裂かれたものだったと結論付ける。たとえば、『ガリレオの生涯』のガリレオは、自由はあるが資金的援助の

ないヴェニスか、危険はあるが援助の期待できるフィレンツェか、というジレンマに苦しむが、ブレヒト自身もおなじく、自由のあるスカンディナヴィアか危険のあるソ連かで悩んだ、とエスリンは論じる（*Brecht: A Choice of Evils*）。

これにたいしウィレットは、伝記的事実の誤認についても逐一反論しつつ（ソ連への定住招待には伝記的証拠がない、等々）、こう主張する——

……しかし、彼の［ブレヒトの］数多くの側面を、ふたつの「弁証法的に」対立する側面——そして、ジレンマの連続へと結実する側面——へと縮小還元することから始めるのは、まったくの間違いであることに疑いはない。

（"Martin Esslin on Bertolt Brecht" 596）

エスリンは政治と芸術という二つの側面しか見ていないけれど、ウィレットの見るところ、ブレヒトにはいくつもの側面がある、というわけだ。事実ウィレットは、ブレヒトの劇作家活動、詩、音楽、演出家活動、等々、いくつもの側面を、世界的にみても先駆的に研究していたことに、異論をはさむ余地はないだろう。

とはいえ、そのウィレットも、タイナン同様、ブレヒトの政治的経験を重視していないのである——

ブレヒトの仕事のうち、政治的ならびに理論的側面を最後まで残しておいたのは、これらの側面が、よく言われるほどには重要ではないためである。

（*The Theatre of Bertolt Brecht* 216）

論点を戻す。タイナン、エスリン、ウィレットたちは、なぜ一九五〇年代にブレヒト評価に向かったのか。ひとつには、前衛演劇を論じることによる卓越化の戦略、文化資本の蓄積があるだろう。ただし、それではなぜイヨネスコでは駄目だったのか。

この問いに答えるためには、東西対立という時代背景の直接的影響を考えるだけでは不十分そうである。あわせて、東西対立を背景としたドメスティックな「政治」の変容を考察する必要が出てくる。「政治」とわざわざ括弧にくくっているのには訳がある。支配政党の交代や、政策の変更という意味の「変容」を言いたいわけではない。「政治」それ自体が変容したのだ。この変容を利用しつつ、タイナンとウィレットは、文化と社会という、ロマン派以降の境界線をあらためて引きなおそうとした、そのときにいわば「ダシにされた」のがエスリンだった――こう考えた方が理解しやすい。

ここで一九五〇年代とはどのような時代か、前章に引き続きもう一度確認しておきたい。一九四五年の労働党の地滑り的勝利を経て福祉国家化が進展、一九五〇年代初頭には食糧配給も終了し、一九五〇年代中葉には「ゆたかな社会(affluent society)」が誕生した、という理解は、近年修正をこうむりつつある。こうした動きの先鞭を付けた論集『モダニティの節目――イギリスの再建一九四五～一九六四年』の編者たちはこう指摘する――

> 戦後期に、あらたな関心をもつ有権者たちを動員すべく政党が演じた役割……これによって、形式的な政治と選挙民のあいだの関係が再考に付されたのであって、あわせて、「政治的なもの」ということの意味それ自体に対する理解のあり方が変容したのだった。 (Conekin et al. 8)

「政治的なもの」の変容、というとき、彼ら編者の念頭にあるのは、時代区分変更の必要性である。戦後期で重要なのは、反抗の季節とされる一九五六年ではなく、保守党が勝利する一九五一年だと考える研究の登場を彼らは念頭に入れている。こうした研究は次のように言う。まず社会主義《ソーシャリズム》が政治の主要な争点のひとつだったことを思い出しておこう。その社会主義《ソーシャリズム》が、伝統的に保持してきた倫理や道徳との結びつきを徐々にうしない、経済問題解決の処方箋とほぼ同義のものになってしまう時期――これが一九四五年から一九五一年なのだ。この時期の労働党は、ソーシャリズムという複雑な政治的理想を、配給制度や国有化という経済問題に縮小還元してしまう(Francis 234)[*6]。その一方で、保守党はそうした政治=経済という短絡《ショートカット》を巧みに利用し、さらに、そこへの不満(配給制度への不満)をも利用して、一九五一年の勝利に向け周到に準備を進めてゆく。*7『モダニティの節目』の編者たちが示唆する政治の変容とは何か。政治が、経済以外とのつながりを喪失しはじめるのが一九四五年から一九五一年の時期なのだ。あるいは少なくとも、そうした喪失が実際的なものになりはじめたのが一九五〇年代なのである。歴史家ニック・ティラツーは後者の現象を「ポピュラー・ポリティクス」の浮上と呼称しているが、一九五〇年代前半の配給制度解除、そして消費(買うものを選べるようになる)機会増大によって、経済(あくまで消費に力点を置いた経済)とのみ結合した政治が浮上するようになったのである("Popular Politics, Affluence, and the Labour Party in the 1950s")。

4　社会主義とマルクス主義、あるいは政治と芸術の分離

「その政治において、ブレヒトが東側に傾いている」とケネス・タイナンが言い捨て、ブレヒトの「政治的側面」は「それほど重要ではない」とジョン・ウィレットが断言したのは、一体なぜか。じつのところ彼らは、東西冷戦というよりも、むしろポピュラー・ポリティクスの方に応答していたのではないか。

つまり、タイナンとウィレットが批判するブレヒトの「政治」とは、実は社会主義《ソーシャリズム》のことなのだ。より正確には、東側か西側かを問わず現実に存在する(存在しうる)社会主義への関与こそが、ブレヒトの「政治」だった。ただしその社会主義は、くりかえせば、少なくともイギリス国内では、経済問題として解されるのが支配的な傾向になってしまっていた。ことは重大である。こうなると、演劇人や演劇批評家は、政治(=社会主義=経済問題)を語る言葉をほとんど持たなくなってしまうのだから。タイナンとウィレットはなんとしても、この経済問題と等号で結ばれる社会主義を、ブレヒトから切り離さねばならなかったのではないか。

そこで彼らが打った手が、社会主義とマルクス主義という一般に混同されやすい二者を、明確に分離すること

だった。ウィレットはブレヒトの「政治」を論じた章で、ブレヒトのコミュニズムや社会主義運動への関与を包括的に論じつつ、その結語部分で言う――

ブレヒトのスタイルにおける際だった明晰さと距離化《ディタッチメント》は、マルクス主義へのたかまりゆく関心と同時に、彼の仕事に入ってくるのであり、これらのスタイルの変容とマルクス主義への関心が相互にむすびついていることは、一九二九年と一九三〇年におけるブレヒトの出版物を精査するだけでわかることだ。この時期における、教訓的様式、無韻無定型詩、アイスラーとの共同作業、あたらしい演劇理論の着手といったことを考えてみれば良い。……これは興味深い事例であって、以降の［一九三〇年以降の］約三〇年にわたる、ブレヒトにおける方法論の模索は、公式的なマルクス主義美学にはっきりと背を向けつつも、なおもマルクス主義的なものなのだ。……ブレヒトは、彼のマルクス主義を、あたらしい美学的形式という近現代の西洋的経験と結びつけたがゆえに、東と西に同様に、なにかを伝達しうる言語をあみだしたのである。

（*The Theatre of Bertolt Brecht* 211–212：傍点は引用者による）

ウィレットの挙げる事実に間違いがあると言いたいわけではない。そうではなく、ここで問題にしたいのはウィレットの言葉づかい《ワーディング》の方だ。驚くべきことに、ウィレットの見るところ、ブレヒトにおけるマルクス主義とは政治的なものではない。ブレヒトのマルクス主義は、現実に存在する（存在した）コミュニズム運動や社会主義運動から、きっぱりと切断されている。「東と西に同様に」、つまり東側か西側かを問わず通用するのが、ブレヒトのマルクス主義なのであって、スタリーニズム（フルシチョフによる批判は一九五六年）や、イギリス労働党の社会主義路線の変更といった政治問題とは次元が違う、というわけだ。にもかかわらず、マーティン・エスリンは、ブレヒトの芸術と政治が、「弁証法的」に影響しあっている、と記述してしまう。ウィレットが許せなかったのは、事実関係の誤りというよりも、この芸術と政治の堅固な結びつきという論点だったのではないか。ウィレットはエスリンを徹底的に批判することで、芸術（マルクス主義）と政治（社会主義）が、表裏一体のものではなく、あくまで別々のもので分離可能だと主張していたとも言えそうである。

では、ブレヒトのマルクス主義的な言語、言い換えると、「東と西に同様に、なにかを伝達しうる言語」とはどのようなものだったのか。手がかりとなるのが、先のウィレットの言葉づかいのなかにあった「距離化《ディタッチメント》」である。マルクス主義とは、抽象化して言えば、個人の意識では把握できない社会的なプロセスがつねに作動している、という考え方のことである。個人が「自分のことをどう考えていてなにを言うか」と「自分が実際にはなにものであり、なにをするか」は、明確に区別されねばならない（Marx 174）。個人は、あるシステムのなかで発言し行動しているのだが、そのシステムの内部にいる限りシステムの内実を理解できない。ウィレットの言う「距離化」とは、そうしたシステムに没入してしまうのではなく、そこから距離をとってシステムの働きを眺める、というものと解して良さそうだ。社会主義含め現実に生じている出来事から適切な距離をとり、それを「明晰」に観察しうるような言語。これを生みだしたのがブレヒトのマルクス主義だ、とウィレットは言っているように見える。この言語は、「東と西」という区分に、つまり、社会主義陣営かそうでないか、という区分にとらわれない。なぜなら、それは現実の出来事から距離をとるものなのだから。

この「距離化」という考え方に興奮を隠そうとしないのが、タイナンである。[*8] ブレヒトによる「ドラマ的演劇（dramatic theatre）」と「叙事的演劇（epic theatre）」の区分を紹介しつつタイナンは言う——

ロンドンやニューヨークで「偉大なる芸術」として認められているものに親しんでいる批評的な知性の持ち主であれば、この簡明でわすれがたいおどろくべき区分、つまり、［舞台に］没頭している観客と、知識と観察によって感情を制御している観客という区分に、拍手をおくらずにはいられないだろう。

（*Tynan on Theatre* 256）

観客には二種類ある。一方に、舞台上の「人間の苦しみ」を距離をとって観察しうる観客。もう一方に、舞台に「没頭」してしまい、その人間が苦しんでいるのは何故なのか見通すことのできない観客。この区分をタイナンに教えてくれたのがブレヒトだった。

　重大なのは、この区分が、演劇の観客の話に限られなくなるということだ。タイナンはこの区分をより一般的なものへと拡張してしまう——

> [記号論的な哲学のおかげで]わたしたちは、かつてより騙されることが少なくなった。しかし、わたしたちとは誰か？　おそらくは知識人のことである。そして、ここに難所がある。新しい哲学[記号論的な哲学]がわたしたちに教えるのは、道徳的な観点からの断言を避けて、「～すべき」という語を使え、ということなのだが、この哲学は、人々の大多数(the great mass of people)には、なんの影響も与えていない。彼らは、いぜんと変わらず、曖昧でレトリカルな物言いにとらわれたままである。……一九五七年春の世論調査があきらかにしたのは、イギリスの成人中七一パーセントの人々がイエス・キリストは神の息子だと信じている、ということだ。[キリストは]偉大な人間であるだけではなく、造物主がじかに生みだした子どもであると。
>
> (Tynan, "Theatre and Living" 115)

ここに見られる抽象化された記号論あるいは構造主義もまた、同じく抽象化されたマルクス主義と共通した部分をもっており——ただし次節で触れるように「抽象化」とは不可欠のものでもある——それは、不可視のシステムによってわたしたちは動かされていて、その内部にいるものは、システムの仕組みを意識することができない、という考え方《アイデア》のことである。ただし「知識人」は、その仕組みを学ぶ(距離をとる)ことで、つまり「知識と観察によって」、システムを冷静に眺めることができる。その一方で、一般大衆《マッシズ》にはそれができない。ウィレットにとっては、あくまで文学上の方法論に過ぎなかった「距離化」を、ひろく文化の問題、つまり、生活の様式全般の問題へとタイナンは変えようとした。「距離化」を生活の習慣としている「知識人」たちと、そういった習慣を持たない一般大衆、という区分を、そして思想《アイデア》をタイナンは採用し実践したのだった。*9

ここまでの議論をまとめておく。ウィレットは、社会主義とマルクス主義をきっぱりと分離し、現実の出来事から適切な距離をとりうる言語を、ブレヒト的な（マルクス主義的な）言語として名指した。タイナンはそれをひろく文化の問題へと拡張することで、わたしたちがとり込まれているシステムの仕組みを見通せる知識人と、それができない一般大衆という区分を記述した。こうなると知識人（あるいは批評家）の使命は重大である。現実の出来事への直接的なかかわりを断念することと引きかえに、現実の出来事を生じさせているシステムの仕組みを知りそれを一般大衆へと啓蒙する、という重大な役割を知識人＝批評家は獲得することになるのだから。この役割を具体的にイメージするために、ブレヒトが欠かせなかったのだった。

とはいえ急いで補足すると、このブレヒト的な知識人＝批評家には、もちろん、一般大衆の存在が不可欠である。システムの仕組みにいわば「盲目」である人々の存在がないと、システムがもたらす悲劇の所在が感知できないのだから。「盲目的」な一般大衆は、システムの内部に没入しているがゆえに苦しみの声を上げること出来る。ブレヒト的な知識人＝批評家にはそれができない。というのも、彼らは定義上、それを外側から観察する者であるためだ。

ブレヒト的な知識人＝批評家は、システムの仕組みを充分に理解するために、二重の視点を必要としている。内部からの視線と、外部からの視線。一般大衆から提供される前者と、知識人＝批評家のみがまずは保持しうる後者――この二つを同時にもつこと、つまり二重視を、ブレヒト（再発見者たち）のマルクス主義は提供したのである。この二重視こそが本章の冒頭で示唆した、動きをとめた二重視、あるいは、その実践がその身を浸している流れ《フロウ》が凍り付いてしまった二重視である（ということはやはり、直接現実に関与したくても身体《からだ》が動かないことになる）。そして、この氷結した流れ《フロウ》は、「氷河」のごとき大きさともなれば、その浸食作用により新たな「尾根《リッジ》」

すら削り出す、つまり、新たな境界線《ボーダー》すらつくり出してしまうことになる。

5　抽象と実質のあいだの二重視――自然主義とロマン主義

こうしてみると、二〇世紀イギリス、とりわけ対ファシズム解放戦争（第二次大戦）終結以降のイギリスにおける二重視にはどうやら、自然主義《ナチュラリズム》とロマン主義のあいだを、その実践上おおきくゆれ動く傾向がある。もしくはそこには、「抽象」と「実質」という二つの流れ《フロウ》が交わりあう部分がある、とも言えそうである。ウィリアムズがコールリッジを引きながら示唆するように、論じる対象には自分自身も含まれているというスタイルをとるとき、その知識は「実質的」なものとなり、自分自身を括弧にくくるとき、それは「抽象化」する。もちろん、この双方の「様式《スタイル》」は実際には重なり合うものであるし、抽象化を忌避しすぎると「……全般《ジェネラル》のコミュニケーション」（*Culture and Society* 69）に支障をきたすことになる。「実質」を求める余り自己反省してばかりいると、一歩も前に進めなくなる、いわば「凍り付いて」しまう。

ともあれ、この「抽象」と「実質」という二つの流れ《フロウ》において、共同体の営みというものはそれぞれ、「実験や操作を行う観察対象」（自然主義）もしくは「成長させるため関与する対象」（ロマン主義）とみなされるとしよう。前章のホガートやマッキネスに見た二重視は、そのとき後者のロマン主義的な流れに属すことになる（共通文化の成長に資するものとしての二重視）。ところが『文化と社会』のウィリアムズが示唆するように、ロマン派とは（その総体としては）芸術家と「大衆《パブリック》」という、いまなおポピュラーな分離をデザインしてしまった集団のことでもあるのだった。そして、前者の芸術家、すなわち「才能《ジーニアス》」ある少数者は、「一八二〇年代以降、『知識人』と呼称されることになる、特別な種類の人々」の同類と化してゆく（34–35）。彼らは自分達のことを棚に上げた――つまりその知識は「抽象化」したのだった。

その一方で、本章で見てきたブレヒト再発見者たちの実践する二重視は、そうした「抽象」に重きを置く自然主義《ナチュラリズム》的な流れに属すように思われる。そして、彼らの依拠したマルクス主義とは、「科学」という語の価値を暗に活用することになるマルクス主義（次章参照）のことでもあるのだが、科学的マルクス主義のイギリスにおける、いわば先触れであるウィレットやタイナンらに、さきのロマン派的な（鼻持ちならない）「特別」さへの、介入行為《アクション》を見ることができるかもしれない。なにより、「科学」的な知識人とは、なんら「特別な種類の人々」ではないのだから。学ぶ機会を獲得できさえすれば、あくまで構図上の話だが、だれでも知識人たりうるのであって、その意味ではロマン派とは比較しえないほどに、解放的《リベラル》で魅力的なデザインを科学的マルクス主義は提供したことになる――それは自分達自身を「関与」させる「実質的」なアクションだった。

しかしその代償は少なくなかった。本章で見てきたように、彼らの科学的な二重視は、観察対象である人びとの営みから、切り離されたものになってしまったのだった。反発したはずのロマン派的な境界線を、引き直しつつも線自体をより太いものにしてしまった、とでも言えようか。

こうした一八世紀末以降の（つまり産業革命以降の）歴史的分離、つまり、リベラルな少数者たちと、共同体の人びととの分離という、読み書きにかかわる文化《リテラリー・カルチャー》に絡みついてしまっている問題は、もちろんそう簡単にときほぐせるものではないだろう。しかし、そうした分離を克服しようとする試みを、いくつかたどってみることは可能だろう。次章ではやはりブレヒトを素材に、それも彼の盛期自然主義《ハイ・ナチュラリズム》演劇に、そのひとつを探る。

第5章　ゆがめられる記憶、幻視される過去

——デヴィッド・ヘア『プレンティ』とブレヒト的あるいは残滓的〈経験〉の問題

ある分離が、ものを書く《ライティング》ことアクションとのあいだに生じた……［この分離をもたらした］もうひとつのはじまり《ソース》は、しかもより深刻な類《たぐい》のはじまり《ソース》は、アクションというものの価値付けが変わってしまったことにもとめられる。ドラマを書くときの「再現的《レプリゼンタティヴ》」諸様式のなかには——政治的なアクションならびに決定をおこなうための諸制度の——その「代議的《レプリゼンタティヴ》」諸様式の一部と互いに手を取りあいながら発展してきたものがあるように思えるのだ。

（*Drama in Performance*, rev. ed. 185）

ウェールズを代弁《スピーク・フォー》するものはいるのだろうか？　そう、だれもいない。これは問題であると同時に、希望《エンカレッジメント》でもある。希望であるというのは、ウェールズの文化のなかで、いちばん重要で、いちばん強調されるのが、だれもが語《スピーク》るべきであり、だれもが語《スピーク》る権利をもつ、ということだからだ。

（"Who Speaks for Wales?" 3）

1　はじめに

「表象」ということばのかたち《フォーム》が、変わりつつあるのかもしれない。表象をめぐるポリティクスの源流のひとりであるエドワード・サイードはかつて、「代行＝代理と再現＝描写の共犯関係（The complicity of *Vertreten* and *Darstellen*）」（Spivak 277）にいそしむ「脱政治化」した文学研究の浮上という現象を、「レーガン主義が先導した歴史的変化の、その不可欠な一端」（"Opponents, Audiences, Constituencies and Community" 153）であると述べ、その議論に歴史的限定を加えていたのだった。彼が鋭く反応していたのは、一九八〇年代のアメリカ、つまり象牙の塔における伝統的知の自律性が明確に揺るぎだし、知と権力をめぐる政治学が激化しはじめた場所だったのである。この歴史的限定に加えて、サイードがその死を迎える七ヶ月前のインタヴューにおいて「代議制民主主義の失敗」（*Culture and Resistance* 190）を明言していたことは——スピヴァクも念を押して確認しているように代行＝代理《フェアトレーテン》と再現＝描写《ダーシュテレン》が相互に関連しあっていること（276）を踏まえるのであれば——、八〇年代的な代行＝再現《レプリゼンテーション》批判の「外側」とは何か、つまり、代行＝再現批判と問題意識を同じくしつつもその力点を異《こと》にする、歴史的な流れ《フロウ》はないのか、という問いを提起するものとなる。そして、この問いをめぐる考察を開始するときその導きの糸となるのが、大西洋を隔て同じくレーガニズム的なものの浸透を迎えつつあった八〇年代イギリスにおいて、ソーシャリストとしての自己規定を公然とおこなうレイモンド・ウィリアムズである。「実際に存在するソーシャリズムを越えて」と題された論考においてウィリアムズは、"the direct *presentation*" が、つまり間接的ではない形の「現前的」政治形式が、すなわち直接民主主義が必要であると主張する（266: 強調原文）。

「代行＝再現《レプリゼンテーション》」を鍵語とする研究は、コミュニティの経験を再現＝描写《ダーシュテレン》する書き手《ライター》が、当のコミュニティから分離してしまう、という歴史的な事態、つまり、前章で見たような自然主義のロマン主義化にそのはじまり《ソース》のひとつを求めることができる。リベラルな知識人たちが、科学的に観察すると言いながら、その実いわば「勝手」に人びとの営みを代行=代理《フェアトレーテン》して語ってしまっているではないか。こう批判するのが、表象研究ということになるように思う。そしてそこでは、前章で触れたリベラルな諸個人とコミュニティの人びとを分かつ境界線——その所在を指摘するだけではなく、そうした「尾根《リッジ》」をどう越えるのか、というごく実践的な問いかけがはじまっているのかもしれない。翻訳すれば、表象《レプリゼンテーション》から（冒頭のウィリアムズからの引用にみた直接民主主義的な）表象《スピーキング・フォー》へと、ことばのかたち《フォーム》が変わりつつあるのかもしれない、ということである。

そこで本章が以下注目していきたいのが、ウィリアムズによる盛期自然主義《ハイ・ナチュラリズム》演劇論であり、さらには、ウィリアムズと奇妙な師弟関係を結ぶことになる劇作家デヴィッド・ヘアの代表作である。一九七八年というサッチャー政権開幕前夜に上演されたヘアの『プレンティ（*Plenty*）』には、「支配的」なものをたんに批判する作品という切り口はもとより、メディア「表象」批判という角度の方も拒絶してしまうような、とりあえずウィリアムズ的と呼称するほかない、かなり独特のかたち《フォーム》が見出されてくる。本章ではまず、『プレンティ』解釈をめぐるコンセンサスを再検討することで、「叙事的演劇」と一括りにされてきたこの形式《フォーム》のなかに、二つ（あるいは二人）のブレヒトがせめぎ合っていることを明らかにしてゆく。イギリスにおけるブレヒト「崇拝《カルト》」と関わり合う、いってみれば「バルト-アルチュセール的」ブレヒトと、こうした「ポスト構造主義の先駆者ブレヒト」から区分した方がよさそうな「ウィリアムズ的」ブレヒト。この二つの流れ《フロウ》が合流している場所が『プレンティ』ではないか。そして双方のブレヒトとの交渉を試みるヘアは、戦争の「記憶」に幻惑されつつもそれに抗い、「共同性《コミュニティ》」を新たな経験として提示しようとする。この困難な様相を記述するプロセスは同時に、かつて残滓《リジデュアル》としてかえりみられなかったウィリアムズの演劇論と、ほかならぬ「わたしたち」が交渉を試行するプロセスともなるのだ。

2　反映論から技法論へ――『プレンティ』解釈のコンセンサス

『プレンティ』の「物語」を、ごく簡潔にまとめると次のようになる。ナチスへの抵抗運動を支援していたイギリス人スーザンが、占領下のフランスで諜報員ラザールと出会い、忘れがたいひとときを過ごす。戦後イギリスに戻ったスーザンは、この失われた思い出の「再現」を求めつつ、またそれを糧にしつつ妥協することなく生きて、その結果破滅していく。こうなると、実にメロドラマ的な物語にも見えてくるのも事実だが、劇の細部を見るとどうか。

まず場面構成の問題が出てくるだろう。第一場が一九六二年と設定され、スーザンと夫ブロックとの関係が破綻したこと、さらにはイギリスが呪詛すべき国と化したことが示される一方で、続く第二場から第一〇場は、一九四三年一一月から一九六二年のイースターと設定され、第一場の直前に至る出来事を描いている。この「シュジェット（*sjužet*）」的技法は時系列の組みかえを行うものだが、ここでは、小説的技巧の借用という自然主義演劇的「慣習《コンヴェンション》」を示唆するものである、ということを確認するにとどめる（この「慣習」問題については後に詳述する）。ただしピーター・アンソージに代表されるような「反映論者」にとってこの技法は、なぜ夫妻の関係が失敗するに至ったのか、さらにはなぜイギリスが唾棄すべき国になったのか、という問いの答えを探すよう観客を促すためのものと映る。スーザンの結婚生活、仕事、ブロックの外交官としてのキャリア、これら全てが失調状態へと追い込まれていく背景には、「イングランドの二〇年」があったのだ。つまり、支配階層が見せる狡猾きわまりない欺瞞《ディセプション》によって、劇のタイトルでもある物質的豊かさ《プレンティ》が「浪費」され、彼女が抱いていた理想（戦時の記憶）までもが破壊されてしまう年月が存在したのだ。だからこそ一九六二年のイングランドは呪詛され、スーザンは夫の元を離れるのだと、アンソージは解説する（16）。

一九七八年の初演時から今に至るまでの『プレンティ』解釈の流れをたどってみると、支配階層の欺瞞性という内容面を強調するこうした「反映論的」論調と、時系列の構成などの技法的側面を重視する「モダニズム的」論調とに大別されることが判明してくる。後者はウィリアムズ的ブレヒトの問題と密接に関わってくることになるが、まずは前者の問題点を明らかにしておくべきだろう。この流れは、先にみたアンソージ的論点をさらに進めて、キャサリン・イッツィンに見られるように、『プレンティ』を戦後の豊かさ《プレンティ》を奪われた「ミドルクラス」の「寓意」とみていくことになる（Itzin 334）。とはいえ、この解釈も、八〇年代中盤以降盛んになるモダニズム的解釈の前ではその説得力を減じてしまう。例えば、「ノスタルジア」という言葉を用いるリチャード・アレン・ケイヴは、『プレンティ』に単純な現状批判を求めることができないと指摘しているし（Cave 203）、「類型学（typology）」を掲げるスコット・フレイザーに至ると、（『プレンティ』に限らず）ヘア作品全般に「特定の外的イデオロギーを押し付けること」はしない、とまで宣言されてしまう（Fraser 8）。言い方を変えれば、特定の外的状況の「反映」を見出すのが困難なほどの形式的複雑性が、フレイザーにとってはある、ということにもなろうか。

とはいえ、（九〇年代に入ってなお）「記号学（semiology）」という言葉に大きく依拠するフレイザーが、形式の歴史性を完全に括弧に入れてしまうのを見るとき、反映論的解釈同様このモダニズム的解釈の流れにも、行き過ぎた還元・縮小化の危険性がつきまとっていることに気付く。そこで重要になってくるのが、戦後イギリス演劇におけるブレヒト的影響を問題化するジャネル・ライネルトであり、彼女による「叙事的演劇（epic theatre）」としての『プレンティ』という論点なのである。

３　戦争に幻惑されるヘア——「共同性《コミュニティ》」の問題

ヘアの叙事演劇性を探求するライネルトが、『プレンティ』の場面構成を表現するとき用いるのが、"knotted scenes"（129）という言葉である。「演劇のための小思考原理（"A Short Organum for the Theatre"）」におけるブレヒトは、出来事の「結び目」、つまり因果関係を前景化する必要性を説いているが（194, 201）、この「結ぶこと《ノッティング》」という技法に着目する彼女の『プレンティ』論が有益な視点を提供してくれる。作品内の「結び目」の存在を強調するということは、そこで提示される因果関係の「人工性」を際だたせることを意味するが、ここから「バルトーアルチュセール的」ブレヒトに飛躍することは難しいことではない。「盲目の肝っ玉おっ母（"Mother Courage Blind"）」のバルトは肝っ玉おっ母《マザー・カリッジ》を評して次のようにいう。武器商人たる彼女はたくましく戦争を利用しつつも、実のところ戦争の犠牲となっている。彼女は戦争の仕組みに「盲目」なのだ。しかしその「盲目」を「観客」は見通せるようになっている。ブレヒトは「二重視（a double vision）」を「観客」に提供しているのだ、と（33–36）。登場人物は「結び目」を感知できないのだけれど、観客は見通せるようになっている、という言い方もできるだろう。

本節の出発点としたライネルトの議論は、このバルト的系譜に連なるものといってよい。「結び目」が人工的なものである以上は、別な結び方（別な「因果」）が可能だろう。であれば、「なにか別なことができたかもしれない（what else could be done?）」という疑問の生起を『プレンティ』にみても良いはずだ、と彼女は考えるのである。ライネルトは、その問いに対する解答が劇中示されないと述べつつも、「共同性の感覚《コミュニティ》、共同の営為の感覚、あるいは、運動《ムーヴメント》をかすかにでも示唆するような感覚が不在であること——これがかえって目立ってしまっている」とその論を補足する（132）。これから見ていくように、確かに「共同性」をめぐるアクションはことごとく挫折に追い込まれるのだが、逆説的なことに、それゆえに「共同性の感覚」が「不在」という形式をとって「顕著」なものになっている、ということである。「挫折」をめぐる結び目の人工性が強調されているといっても良い。

ライネルトはこの点を追求せず、叙事的演劇と心理学が最上の形で融合している、と述べてその論を終えてしまう。しかし、こうした「共同性の感覚」は本当に「不在」なのだろうか。結び目の人工性が最大限に前景化される、この代表作の最も有名な場面である最終場（一九四四年八月のサン・ブノワ）に収斂する形で、実のところ共同性の感覚は「不在なもの」を媒介としつつ提示されてゆくことになる。そして、これを論じる作業は、本作品に流れ込んでいるバルトーアルチュセール的ブレヒトの臨界点を見極める作業ともなるだろう。

ただしこの議論を進める前に、ヘア自身が述べている作品執筆時の状況について触れておかねばならない。彼は、『プレンティ』や『ヒトラーをたたく（*Licking Hitler*）』といった作品を執筆した時期を次のように回想している――

アンガス・コールダーが『人びとの戦争』で証明した事実、つまり、一九四五年の労働党の大勝利に向け、労働者階級を教育したのは、ほかならぬ第二次世界大戦そのものだった、という事実にわたしは興奮をおぼえた。とはいえ正直に言うのなら、戦争について書こうという衝動の源泉はコールダーだけではなかった。戦争期の秘密めいた雰囲気、さらにはなんといっても、そのセクシュアリティにたいするロマンティックな感情も、おなじぐらい重要な源泉だったのだ。（"Now Think This Time" 77）

歴史家ジェフ・エリーが示唆するように、第二次大戦の記憶は左翼的文脈にあっても、労働党の地滑り的大勝利（一九四五年）に結実する人びとの戦争《ピープルズ・ウォー》の記憶として度々召還されるものであり、ヘアもまたその例外ではない（Eley 829–33）。コールダーに「興奮した」と語るヘアは、戦時の共同性に幻惑されていたといって良いだろうし、さらには、そのセクシュアリティにも魅惑されていたのである。

となれば、ライネルトが不在とみなした「共同性《コミュニティ》の感覚」が実は劇中に描かれているのではないか、という疑問は検討に値するものとなる。その手がかりとなるのが、戦地で出会った人々を法外なほどに賞賛するスーザンの言葉である。「めったに出会えない人たちだった。彼らとは一、二時間しか話したことがない。だけど、驚くほどの優しさがあった。勇敢さもあった」（33）。ここに見られるスーザンの、失われた戦時の共同性への渇望に加え、友人アリスによる第一〇場の「未婚の母たち」のためのシェルター開設という企ては、「社会運動的」共同性の契機を示唆するものとみなしうる。とはいえ、この二つの共同性が実に曖昧な形で提示されていることも事実である。先に引用したスーザンの台詞は、ブロックを非難するためのものなのだが、その言葉は第二場における彼女の姿と大きく食い違ってくる。スーザンは、味方のはずのフランス人レジスタンスに銃を向けるほど怯えるのであって、少なくとも第二場の「人びと」は「慈悲深く」もなければ「勇敢」でもない。スーザンは、戦時の記憶をゆがめることによってブロックを欺いているのであり、クリストファー・イネスも指摘しているように、スーザン自身が非常に欺瞞的ということになるだろう（Innes 222）。そしてボヘミアン的な雰囲気を終始漂わせるアリスも、肯定的に提示されているとは断言しえない人物である。

確かにスーザンやアリスといった個々の登場人物のみを見ると、二つの共同性《コミュニティ》は曖昧に描かれていると言う他ない。しかし、それと同時に、劇に登場する人物の関係性を見るとどうなるだろうか。戦時的共同性につきまとう欺瞞性、社会運動的共同性にまとわりつくプチブル的世界といった「否定的なもの」が切り離されながら、物語が構成されている可能性はないだろうか。

この可能性を検証してみるために、フレドリック・ジェイムソンに倣ってグレマスの四角形を使用することが有効になってくる（図E参照）。この図の利点は、「物語」が上部の二項（Sと$-S$）を理想的な形で融合しようと試みる際に、それに附随して生じてくる登場人物（四角形の残り三辺）を否定的なものとして利用する運動を説明できることにある。*1『プレンティ』であれば、戦争や社会運動という「好ましい」素材が単純に合成されてしまうのではなく、その双方に分かちがたい形で結びついているように見える「好ましくない」素材が物語の運動によって消化される作業が平行することになる。つまり、戦争（S）であれば欺瞞的な国家／外交（$-S$）、社会的運動（$-S$）であればプチブル的なもの（$\bar{S}$）といった、否定的な「意味素《フォーム》」が理想的な複合項を呼び寄せる媒介となってゆく。そして、この四角形を使って登場人物とその関係性を、包括的に説明しうるのであれば、先に述べた可

図 E

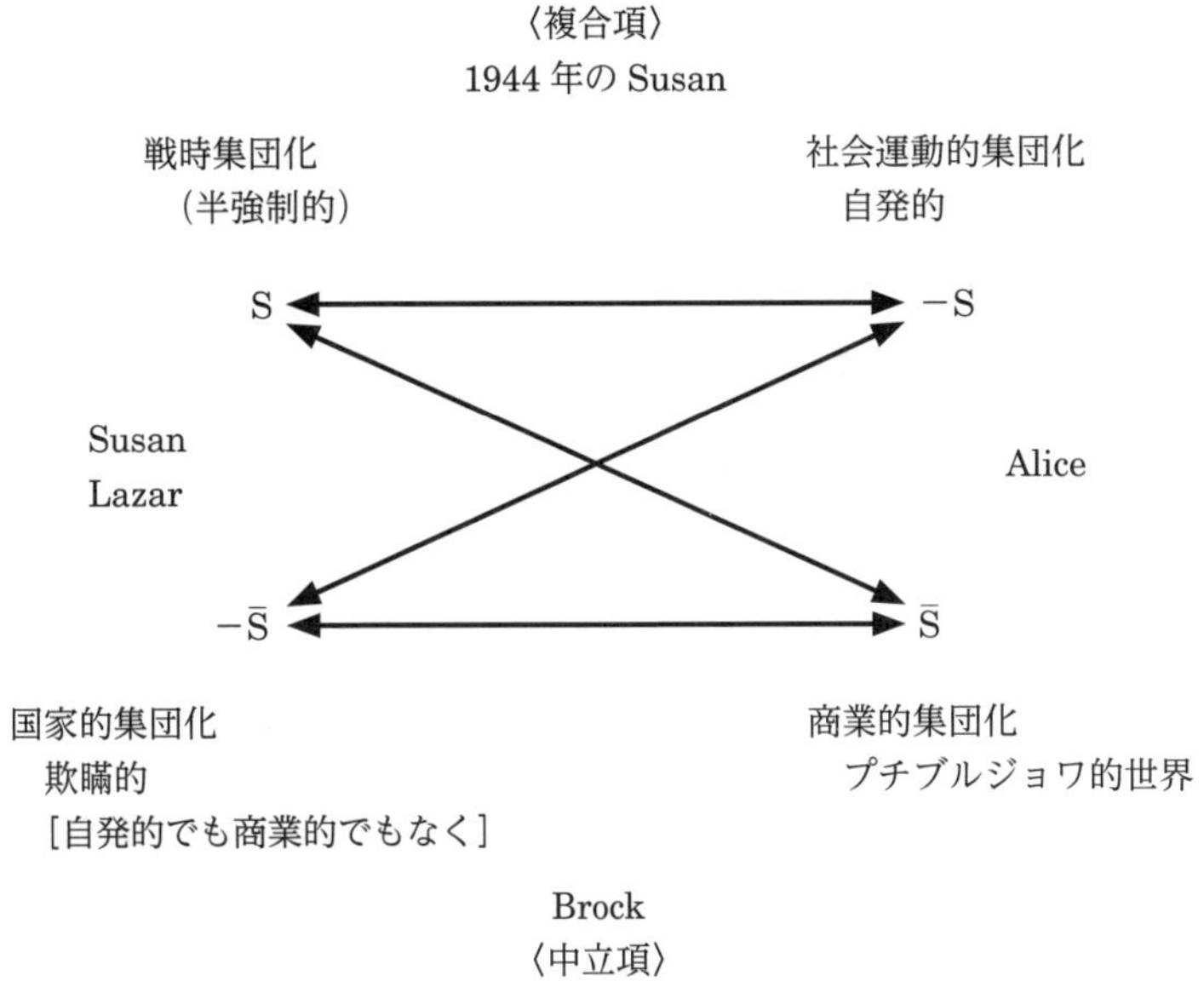

能性——理想的共同性《コミュニティ》の感覚の提示——は現実的なものとなってくるだろう。

　先述したように、スーザンは自らもまた欺瞞的形象と化してしまう曖昧な人物として描かれている。この曖昧さは彼女を肯定的に見るべきか否か、という解釈上の難問をもたらしてきたわけだが、Sと$-\bar{S}$から生成される登場人物（左辺）と考えれば、肯定的かつ否定的——戦時の記憶を理想化しつつも同時に欺瞞的——な登場人物として、ある意味素直に提示されていることが見えてくる。また、アリスは、プチブル的な空気を持ちつつも、後半になって「未婚の母たち」のためのシェルターを運営しようとするわけだが、−S及び$\bar{S}$を組合せた人物として理解することが可能になってくる（右辺）。ブロックも、外交の場で欺瞞的行為に従事し、辞職後、保険の仕事をしつつも外交官時代を懐かしむ（第三及び一〇場）のであり、$\bar{S}$と$-\bar{S}$の組合せ（中立項・底辺）に該当し、複合項の矛盾や否定的なものを吸収する役割を担っているものと見

図F

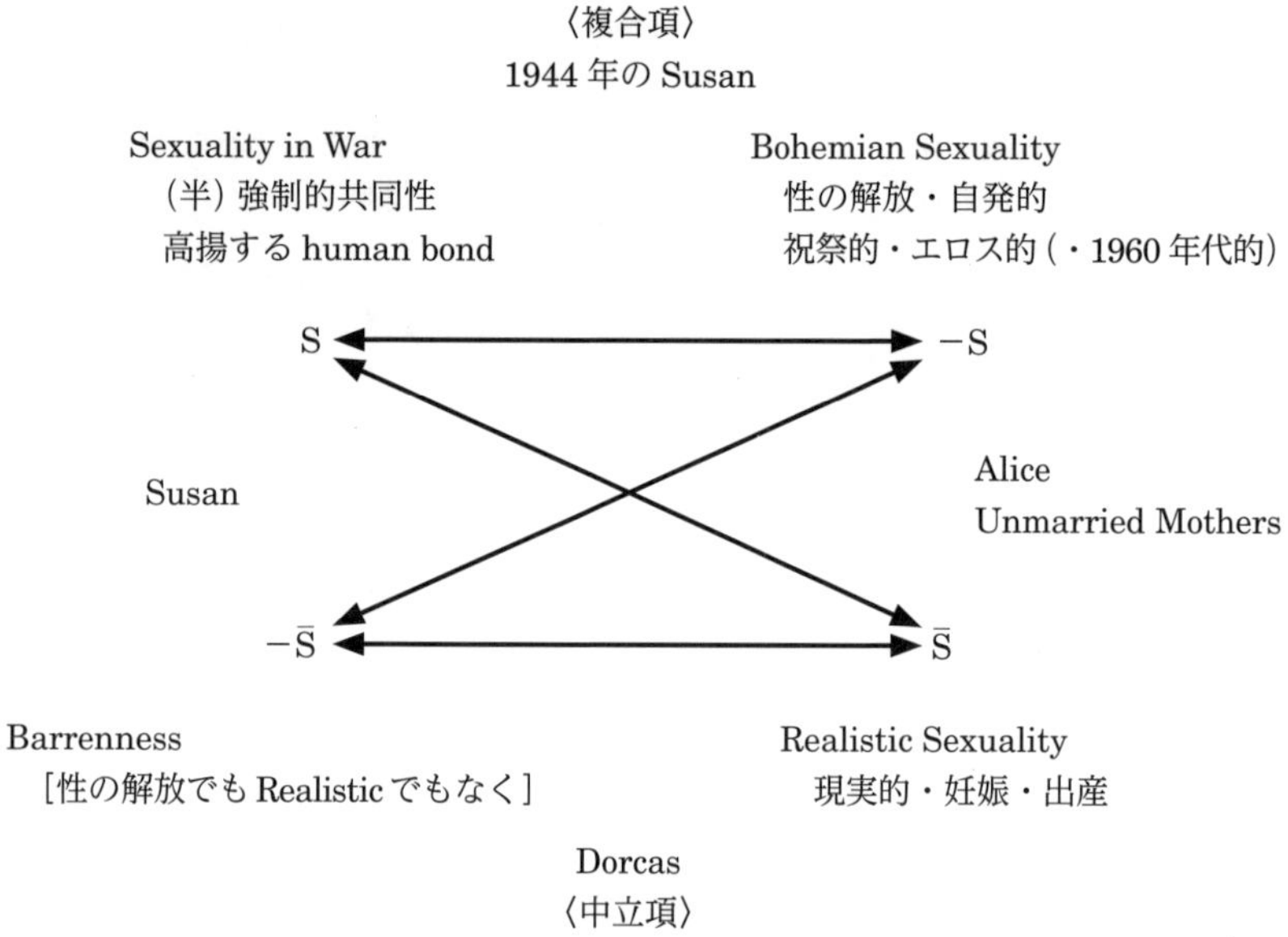

なせるだろう。

　そして、ライネルトが不在と見なした理想的共同性《コミュニティ》の感覚は、最終場一九四四年のスーザンによって体現されていると、留保を付けつつではあるが、考えることができる。彼女は解放直後のフランスにおいて戦争の余韻にひたりつつ世界が良くなっていくことを明るく語り、当初警戒心を隠さなかった「フランス人農夫(Another Frenchman)」と、最終的に食事の約束をする。ここから、「フランス人レジスタンス(Frenchman)」と諍《いさか》いを起こす第二場のスーザンとは、対照的な姿が見出される。戦時の経験を糧に、異なる立場の人々(フランス人農夫)と協力し合っていくかのように見える一九四四年のスーザンは、先の図で示した残りの登場人物達を媒介に物語の理想を提示していると、とりあえず見なせるのだ。

　また、妊娠を求めるが失敗するスーザンによって繰りかえし浮上する「不妊・不毛(barrenness)」というテーマ(Sc. 5, 6)、そして劇中の「未婚の母たち」の存在を説明しうる、戦時のセクシュアリティをめぐる対立を見ても、ほぼ同じことがいえるだろう（図F参照）。図Eが集団レベルの共同性の問題をあぶり出すものだとすれば、ヘアの言う戦時のセクシュアリティとは、『プレンティ』においては（問題含みながら）戦時に高揚する「二者間」の共同性あるいは人間的絆《ヒューマン・ボンド》を意味する符号であることがわかってくる。*2 解放後のフランスという祝祭的な雰囲気の中、農夫と和解を遂げる一九四四年のスーザンは、この図においても複合項に入るかのように見える。

とすれば、『プレンティ』にかかわる歴史的状況、つまり、二つの四角形が矛盾を解消しようと運動する背後に（実体ではなく）蜃気楼のごとく浮かびあがる二律背反的状況も了解されてくるだろう。それは、アリスの存在によって暗示される、（ニューレフトではなく）「新しい社会運動」が、停滞したイギリスの現状に変化をもたらせない一方で、戦時の共同性そしてセクシュアリティには、現状を変容させうる力があるのに、戦争を正面から肯定することができない（「核時代の想像力」がそれを許さない）、という苛立ちに満ちた状況なのである。

4　Susan Traherne Blind

ただしこう結論付ける前に、また、グレマス的な「物語」分析がこの「演劇」作品にあまりにも滑らかに当てはまってしまうことに不安を覚えながら、複合項が提示される際の形式、つまり、「結び目」の強調具合を検討してゆこう。一九四四年のスーザンをこの作品はどういった形式で提示しているのか。重要なのは、この作品が幻覚という形式を利用している点だろう。理想的場面たるべき最終場は、マリファナ（九二頁に“joint”を吸うという指示がある）の作用によってスーザンの幻視した場面なのだ。

最初はぎこちない空気がスーザンとフランス人農夫との間に漂いながらも、前述したように、最後には食事の約束という形である種の「和解」が為されているように見える。しかし、これが偽りのものではないのか、という疑いが同時に呼び起こされる仕掛けになっていることに注意が必要だろう。フランス人農夫は「不自然なほどに憂鬱な雰囲気」(94) を持つとヘアによって指示されるが、これは、幻視された場面という前提を利用することによって、その沈鬱とした様子を誇張しているものだろう。そして、この不自然な憂鬱さが意味しているのは、「働かなきゃ飢えるだけさ、フランス人は」(94–95) という台詞にしめされる——占領が終わっても何も変わらない——農夫の物質的問題であることがわかってくるが、この農夫の姿は、同様に不自然なほど明るいスーザンの姿と好対照をなしていくことになる。すると、彼女が最後に放つ「こんな日がずっとずっとずっと続いていく (There will be days and days and days like this)」という台詞 (96) は、二人の和解を意味する言葉であると同時に、実にアイロニカルな表現ともなってゆく。つまり、物質的問題に「盲目」なまま理想を振りかざし周囲を欺いていく戦後のスーザンがそこに暗示されてくることになるのだ。

観客は、幻想の中に和解を求めるスーザンに感情移入しつつ、彼女の「盲目」をも同時に凝視する、ということになるだろうし、先にみたバルト的図式に従うのであれば、“Mother Courage Blind” ならぬ “Susan Traherne Blind” ということにもなるだろう。ただし前者が登場人物の「盲目」のみを問うていたのに比して、後者は登場人物の激しい情動に巻き込まれながら想像的解決を求めてしまう観客自身の「盲目」(つまりグレマスの四角形に表されるような「イデオロギー的閉止」)をも同時に問うような仕掛けを持っている。先の歴史的状況の話に戻るのであれば、そしてリン・チュンの図式に従い一九七八年という年がニューレフトの終焉を迎え (女性運動に代表される)「新しい社会運動」の始まりを迎える年だとみなすのであれば (Chun 190–195)、『プレンティ』とは、その状況に苛立ちつつ、その苛立ちの解消をニューレフト的な演劇人にとっても栄光の記憶であった「第二次大戦」に求める、という「イデオロギー的閉止」を鮮やかな「物語」運動によって提示し、かつそれを自己言及的な仕掛けによって「異化」してみせる作品ということにもなる。また、前節の「結び目」という論点に戻るのであれば、「別の因果 (what else could be done?)」という疑問は、いわば「疑似餌」のようなものとして本作に仕掛けられている、ということにもなる（この意味では、「解答が示されることがない」とするライネルトの主張は正しい）。

しかし、「わたしたち」は決定的な契機を見落としている。スーザンは本当に「盲目」なのだろうか。いやむしろこう問うべきだろうか。バルト的ブレヒトを理論的に洗練させ、登場人物の「疎外化された意識」と、そうした意識を超越する「諸関係」を、あくまで登場人物の「疎外＝盲目」を媒介としつつ提示するアルチュセール的ブレヒト（Althusser 142–151）のみを体現した作品として、『プレンティ』を見てしまってよいのだろうかと。

ここまで、ライネルトが「叙事的演劇」と「心理学」の融合という形で終えていた議論に、グレマス的「物語」運動と、バルト-アルチュセール的ブレヒトという視点を流し込みつつ、『プレンティ』と（ジェイムソン的）状況《サブテクスト》との関係を浮かびあがらせるべく試みてきた。しかし、イギリスにおける「ブレヒト的影響」を包括的に論じるライネルトが触れていない問題がある。それがブレヒト「崇拝《カルト》」である。トニー・ピンクニーによれば、一九五六年のベルリーナー・アンサンブルによるロンドン上演に端を発するこの「崇拝《カルト》」[*3]は、一九六〇年代後半から七〇年代における、バルトとアルチュセールの理論的解説によってその熱を増し、ブレヒトをポスト構造主義的文化理論の先駆者ないしは上演技巧の革命家へと還元していくことになる（Pinkney 19–21）。この事実は「わたしたち」に不安をもたらす。ここまでの議論は、『プレンティ』解釈から素朴な反映論を排し、ジェイムソンに依拠しつつ「不在の歴史」がもたらす効果（グレマス的四角形の「歪み」）を探ってきたはずである。にもかかわらず、先に暫定的に得た結論は、ブレヒト崇拝《カルト》という現象の（素朴な）「再現」をこの作品に見てしまってはいないか。

しかし、それと同時に確実に言えるのは、バルト-アルチュセール的観点をとって、登場人物の「心理」や「意識」に焦点を合わせてスーザンを「盲目」とみなす限りは、この劇で提示されている「経験」を部分的にしか理解できない、ということなのである。では、そこで取りこぼされる〈残滓的〉経験とは何なのか。[*4]

5　ウィリアムズあるいは残滓的ブレヒトとの交渉

「慣習《コンヴェンション》」という言葉をここまで特に断りなく用いてきたのだが、これを「感情構造（structure of feeling）」と対比させながら論じる『イプセンからブレヒトまでのドラマ（*Drama from Ibsen to Brecht*）』（以降 *DIB*）のウィリアムズを参照しておくことが、前節の疑問を考察するとき必要になってくる。[*5] ごく簡潔にその議論をまとめておく。ウィリアムズは、慣習として理解できる部分、例えば、自然主義的演劇においては第四の壁が存在していて、そこから観客は舞台を覗き見るといったような約束事《コンヴェンション》を分節化するよう促す。その上で次のように述べるのだ。「……［作品中の］分離可能な部分を尺度としながら作品を考察してみたとき、外的な対応物を完全に欠いている、何らかの要素がなお残る。わたしが感情構造という言葉で意味しているのは、まずこのことである」（*DIB* 18）。慣習と対応する部分を記述して、その上でなお残る部分こそが、まず感情構造なのである。では『プレンティ』における慣習とは何か。それは、バルト-アルチュセール的ブレヒト、つまり、「登場人物の盲目」をその核としつつイデオロギー的閉止を批判するブレヒトである。この七〇年代的「慣習」の「再現」を引いてなお残る要素に、感情構造を求めねばならない。

ただしその前に、ブレヒト崇拝《カルト》からは除外されてしまっていたウィリアムズ的ブレヒト、[*6] 別言すれば残滓的ブレヒトを参照しておきたい。*DIB* におけるウィリアムズは、肝っ玉おっ母《マザー・カレッジ》の、いわば生の条件のようなものを、*Mother Courage “and Her Children”* という完全なタイトルを想起するよう促しつつ、次のように記述している。確かに彼女の「子どもたち」はみな戦争の犠牲となる。しかし、その子どもたちは戦争のなかで生まれ育った子どもたち、つまり、彼女が戦争への協力を止めていたら生き続けられなかった子どもたちなのだ。彼女が最終場面で再びカートを引いて戦争へと向かうのは、この激しい矛盾にさらされつつのことである。彼女のアクションは見るものを巻き込む、いや正確には、「わたしたち」自身が「破壊的」な社会のもとに生を送り、かつそれを

「黙諾（acquiescence）」している、という認めがたい事実を認めるために、わたしたちの方が肝っ玉おっ母《マザー・カレッジ》と彼女のアクションを必要とする、とウィリアムズは述べているのである（*DIB* 285–287）。

ブレヒト崇拝《カルト》との、微細だが決定的な力点の違いに留意したい。前者は肝っ玉おっ母《マザー・カレッジ》への感情移入を要求し、かつそれを自己批判することを要請する。テリー・イーグルトンによる簡潔にして鮮やかすぎるブレヒト論（"Brecht and Rhetoric"）を用いれば、それは、何らかの事象の再現と、その再現に潜む社会的コンテクストを明らかにする営為ということにもなろう。ただし、『現代の悲劇』のウィリアムズに依拠するのであれば、この「複雑視（complex seeing）」はあくまで「理論上」のものに過ぎない（230）。その科学的とすら見えるマルクス主義の理論は、肝っ玉おっ母《マザー・カレッジ》の悲劇が提示する「失敗の重み」（240）を完全に見落としてしまっている。

この「重み」に耐えかねて、理論ではなく、あるいは意識ではなく、行為《アクション》の連鎖の次元におけるブレヒトの複雑視は、再現とその解説という囲いからあふれ出してゆく。『上演のなかのドラマ（*Drama in Performance*, rev. ed.）』（以降 *DIPr*）のウィリアムズは、出来事の「再現」を（第四の壁の手前から）眺めているのだと観客が否応なく感じてしまうのは、慣習のもたらす効果のためなのだと、幾度となく確認する。自然主義的演劇はこの慣習を利用しつつ「小説」的技巧を繰りだして出来事の描写にいそしむのだが（*DIPr* 129）、本章第二節冒頭で触れたように、シュジェット（*sjužet*）という「モダニスト」的技巧を用いる『プレンティ』も、この意味で「自然主義的」なのであり、より正確にはウィリアムズのいう「ハイ・ナチュラリズム（high naturalism）」として位置付けられることになる。自然主義にも盛期自然主義《ハイ・ナチュラリズム》にも、「第四の壁」という演劇的約束事《シアトリカル・コンヴェンション》が見出される。ただし前者がこの慣習にべったりと寄り添ってしまうのに対して、後者の場合、イプセンからブレヒトに至るまで、作品から慣習を引いた場合に必ず残るものがある（*DIPr* 128, 130–133）。この残余、すなわち〈感情構造〉は、「わたしたち」が理解したり説明を施したりするものではない。既述のように、「わたしたち」の方が肝っ玉おっ母《マザー・カレッジ》と彼女のアクションを必要とするわけだが、そのときの「わたしたち」は、ブレヒト劇のかたち《フォーム》の周囲に漂っている「漠たる意図」をすでにつかんでいる——「再現的」な形式《フォーム》から「現前的」なそれへ、という変化を、流れ《フロウ》をつかんでいるのだ。

ブレヒト崇拝《カルト》はこの「ウィリアムズ的」ブレヒトを除外してしまうのだが、この崇拝《カルト》に一九七八年のヘアは危険なほどに近接する。演劇とは「作者が言っていることと、観客が考えていることの相互行為《インタラクション》」と断言し（Lecture 63）、『プレンティ』は「曖昧」であることが意図されていると彼は語る（“A Note on Performance” 97）。そこで強調される曖昧性は、舞台と観客との相互関係を呼び起こし、前節までの議論でみたように、観客を幻想の水準での和解を求めるよう駆りたて、最終場のスーザンにおける「盲目」の開示によるイデオロギー的想像力批判へと、彼らを導いてゆくことだろう。

しかし、一九四四年のスーザンが「盲目」であることを支える「約束事」とは何だろうか。あるいは、「盲目」が提示される前提、つまり最終場のスーザンは「和解」を求めているのだ、という前提を支える「約束事」とは何だろうか。それは、「イングランドの二〇年」によって全てを破壊された女性が、「ゆがめられる記憶、幻視される過去」のなかに「和解」を求めているのだ、劇場《シアター》＝演劇はこれを「現実（reality）」として提示しようとしているのだ、という「約束事」のことである。ただし最終場の舞台について、「舞台背景には、幕を一枚ずつ継いでいくこと」（94）——こうヘアは指示を与えるのだが、一九七八年のナショナル・シアター公演における最終場では、背景に吊されていると思しき幕の「継ぎ目」が強調されるような形になっていることに注意が必要だろう。*7 この場面についてはその「人工性」が特に際だたせられている、と言えるのだが、ブレヒト崇拝《カルト》が歓喜するようにも思えるこの仕掛けは、その実あまりに過剰なものであり、先に見たスーザンの「盲目」という約束事までも危うくしてしまう。「慣習的」ブレヒトであれば、最終場は「ゆがめられた」意識を提示する場面で充分なのだ。しかし二つの演劇《シアター／ドラマ》を区分する *DIPr* のウィリアムズ（131）に再び依拠するのであれば、こう考えることができるだろう。（登場人物の意識に拘泥する）劇場《シアター》＝演劇が、「現実（reality）」として提示しようとするものを、演劇《ドラマ》は

「限定された現実(limited reality)」として提示しようとする、つまり、そこで「語られることも、行われることも、未だできないもの(what can not yet be said or done)」を解き放とうと苦闘しているのだ、と。

とすれば、「こんな日がずっとずっとずっと続いていく(There will be days and days and days like this)」という、既に引用した彼女の言葉は、ある「限定《リミット》」を被った言葉として解さねばならない。この言葉は、彼女が「盲目」であるという「限定」のもとに拘束されている一方で、同時にそこから逃れようと、いわば蠢《うごめ》いている。生き「続け」ることそれ自体が他者に犠牲を強いていくこと。これを「わたしたち」は自覚しつつも生き「続け」ねばならない、という、受けいれがたい生の現実を受けいれるために、劇場《シアター》＝演劇の観客ではなく他ならぬ「わたしたち」自身が、曖昧ではなく過剰《プレンティ》かつ余剰《リジデュアル》なスーザンのアクションを、あるいはその〈残滓的〉経験を、「いまここで」必要としているのである。

＊＊＊

そのときの「わたしたち」は、つまり肝っ玉おっ母《マザー・カリッジ》やスーザン・トラハーンの行為の連鎖《アクション》に——劇場《シアター》の客席に座るどうかにかかわらず——巻きこまれる「わたしたち」は、彼女たちの「漠たる意図」を、はっきりとしたかたちでつないでしまっている。「再現的」形式から「現前的」なそれへ、さらには、間接的な政治形式から直接的なそれへの変化が意図されていたのだと、明確につないでしまっている。本章冒頭の問いに戻れば、表象《レプリゼンテーション》から表象《スピーキング・フォー》へという流れ《フロウ》に「わたしたち」はその身を任せていることになるのだが、問題は、それがデモクラティックなものなのか(直接的な政治形式のすべてが民主的なものではない)、さらには、その流れ《フロウ》がいかなる速度をもつものなのか、という点にある。

これは、「わたしたち」とは誰なのか、という問題のことでもある。肝っ玉おっ母やスーザン・トラハーンたち

「盲目の大衆」と、明察の批評家とのあいだに削り出された「尾根《リッジ》」――これを踏破し俯瞰し両者のちがいをつないでいるように見える「わたしたち」とは、いったい誰なのだろうか。それはなお、本書の言うリベラルな諸個人のことなのか。つまり、先回りして言えば、試行錯誤しながらも最終的には制約そのものの解消を願ってしまう、ある種の性急さを帯びたリベラルな諸個人のことなのだろうか。

この問いを探るべく、ウィリアムズと、ナショナリズム／ネイションという問題系を第Ⅲ部で論じることになるのだが、その準備段階となる次章では、一九六〇年代イギリス（Britain）の時代背景をあわせながら、ウィリアムズ自身の言う「わたしたち（we）」の、その構造とでも言うべきものについて議論してゆく。つまり、ウィリアムズが「ウェールズ系ヨーロッパ人」と自己規定する時期――本人がふり返ってそう形容する「一九六〇年代後半」を概観することになる。

第Ⅲ部　ラディカルなネイションへ

第6章　社会の〈消失〉とモダニゼイション
——トリリング、ウィルソン、ウィリアムズ

［ヴァラーンが、叫び、我が子の未来を念じ、へその糸《バース・コード》を投げすてたのは］あの川だ！　視界をさえぎるものはなにもない。漠とした意識のなかグリンは、尾根のうえから周囲をみわたした。［ただし］最古の痕跡は記憶ではない。石にきざまれたいくつものしるしは、人の手の存在を物語る。骨［南ウェールズで発見された旧石器時代の埋葬人骨のこと］に塗られた黄土《オークル》は、みとられた命の存在を物語る。しかし、石にせよ黄土《オークル》にせよ、その数としてはなきに等しい。見つかった場所も、互いにあまりにも隔たっている。人間の生の営み——その痕跡の数も、見つかる場所も増えるようになるまで、歴史《ザ・ヒストリー》は、大地の歴史《ア・ヒストリー・オヴ・アース》でしかない。ただしその歴史は、やろうと思えばたどりうるものだと、グリンは知っていた。

(*People of the Black Mountains* I 37)

ものごとの因果関係が見えない「大衆」と、それを見通す目をもつ批評家——この分離をもたらす、いわば「尾根《リッジ》」を越えようとする行為《アクション》の連鎖が生じていたのが、前章でみたウィリアムズのブレヒト論であり、ヘアの『プレンティ』だった。ただしその「尾根」とは、二重視の諸実践がその身を浸す流れ《フロウ》がときに凍り付いてしま

い、その動きを止めたがゆえに生じる力《エネルギー》によって、さながら旧石器時代の「氷河」のごとく削り出した「尾根」のことだった。少数のリベラルな諸個人と、多数の「盲目の大衆」を分かつ境界線《ボーダー》、ロマン主義と自然主義《ナチュラリズム》の双方が消すことのかなわなかった境界線の正体がこれなのだった。

さて、（少し脱線するようだが）そもそも実際に、流れ《フロウ》が「氷結」するほどの気候変動とは、どのようなものなのだろうか。地球史《ヒストリー・オヴ・アース》をひもとくと、どうやら、紀元前約一五〇〇〇年、現在の大西洋北部における海水循環がほぼ停止する状態に至り、それによって現在のヨーロッパにあたる場所が寒冷化、その結果、同じく現在のウェールズにあたる場所もそのほとんどが氷に覆われてしまったのだった。

エピグラフに引いたのは、序章末尾で言及し、本第Ⅲ部最終章で論じることになるウィリアムズ『ブラック・マウンテンズの人びと』からの一節である。ウィリアムズがおそらくここで含意しているのは、大地の歴史《ヒストリー・オヴ・アース》とは近代以降の自然科学者によってのみ記述されるものではない、ということである。（遅くとも）新石器時代の観察者ダール・メレドから現代の「素人的かつ専門家的」な観察者グリンにいたる（両者の詳細は第8章参照）、数多の突飛《クワーキー》な観察者たち。彼らもまた、先行世代の「漠たる意図」をつなぐことによって、（不定冠詞の付された）未完の大地の歴史《ア・ヒストリー・オヴ・アース》をイメージしてきた。そしてその「地（質）学的想像力《ジオロジカル・イマジネーション》」とでも呼称すべき経験の蓄積は、希望の資源《リソーシズ・オヴ・ホープ》として発掘されるのをつねに待ち受けている――これが上記の一節を書くウィリアムズの、その漠たる意図ではないのか。つまり、石器時代であれローマ帝国占領期であれ、サクソン人やデーン人の来訪期であれ、ブラック・マウンテンズの人びとのなかには、日常的な地形観察から導き出した知識を、（本書のように）比喩や類比《アナロジー》として使用した突飛《クワーキー》な観察者たちが、少なからずいたはずだ――考古学者もそこに裏書きする「資料を渉猟した想像力」（Evans 197）をもちいて、ウィリアムズはそうイメージしたのではないか。

ともあれ、リベラルな諸個人と「盲目の大衆」を分かつ「尾根《リッジ》」、これがつくり出された要因は、ひょっとすると、ブリテン島の出来事だけに限られない――「氷結する流れ《フロウ》」とのアナロジーから、こう言えてくるかもしれない。旧石器時代の地形形成の要因が、遠く離れた北大西洋の海洋変動にもあったように、二〇世紀イギリスにおける「尾根《リッジ》」のごときものの生成事由もまた、ひょっとすると、環大西洋《トランスアトランティック》的な変容にかかわっているのかもしれないのだ。

本章では、一九六〇年代イギリスにおける、〈社会の消失〉とでも呼ぶべき感情構造の問題を、同時期のウィリアムズを対象としながら論じていくことになる。そのときの彼にとって、仮想敵のひとりが、大西洋を挟んだアメリカで「リベラルな想像力」を唱道する友人ライオネル・トリリングであり、もうひとりが、労働党きっての「現代派《モダナイザー》」ハロルド・ウィルソン、経済的にも軍事的にも「アメリカの世紀」としての二〇世紀を終結させることなどおそらく露程《つゆほど》も念頭にない男だったのではないか。以下この問いを考察してゆく。

また、ウィリアムズがナショナリズム論を本格的に論じ始めるのは一九七〇年代後半のことだが、それ以前の時期、つまり山田雄三が示唆する「閉塞」感の時期である一九六〇年代後半に（『ニューレフトと呼ばれたモダニストたち』108）、ウィリアムズがおそらく必死に模索していた、「わたしたち」をいわば拡張させる試み――そしてそれと不可分なものとしてある「社会」の問題。さきの仮想敵についての議論は、同時にこの問題への考察ともなる。そのとき、ウィリアムズの生きた時代の、その息づかいを知る手がかりになるのが、逆説的ながら、社会の〈消失〉という観点かもしれない。

1　社会の「消失」？

社会の「消失」とは、かなり違和感のある言い回しだろう。世の中には「社会」科学者が数多く存在するし、「社会」保険制度もかまびすしく議論されているし、「社会」の厳しさといったような言い回しも、まったく不自然なものではない。こうなってくると、社会は「消失」などしておらず、確固たる存在感をもったものだと考えた方が良さそうにも思える。しかし、社会とは何かと聞かれて即答できる人は少ないだろう。また、社会とはどのようなものか、実感をともなった言葉で説明できる人も多くはないだろう。ということは、社会とはよくわからないもので、よく見えないものであること――これはどうやら間違いのないことらしい。

社会は確かに存在する。けれど、どういうものかはよくわからない。ましてや、社会を変える方法ともなると、皆目見当がつかない。社会はどうやら縁遠いものである、ということになろうか。社会は、具体的に手触りを確かめつつ、みなで変化をもたらす対象ではなくなっている。そういう社会は、どうやらはるか昔に消失したらしい。

本章がまず取り組みたいのは、こうした社会の消失という感情構造の「はじまり」を探ること、いまの「わたしたち」を縛り付けている感情構造の形成プロセスを、さかのぼって探っていくことである。

この作業を進める上で主たる対象となるのが、ウィリアムズ『現代の悲劇』（一九六六年）である。この本は、確かに表面的には、ギリシア悲劇からブレヒト劇までを論じる狭義の演劇論にも見える。

しかし、ギリシア悲劇を論じていようと、この本のタイトルには“Modern”という言葉が入っている。これは徹頭徹尾「近現代的なもの（the modern）」を論じた著述なのである。題材の選択に際して、「わたしたちが知り理解する必要が、いま現在もっとも大きい」（*Drama in Performance*, rev. ed. 3）ものを選択すると、ウィリアムズが公言してはばからないことを思いだしてみてもよい。なんらかの危機的状況に直面して書く、というのがウィリアムズの変わらぬスタイルだとしたら、その危機的状況とは、社会の消失という感情構造にあったのではないか、というのが本章の仮説となる。

2　ウィリアムズの仮想敵（一）——ライオネル・トリリング

そこでまず焦点を絞りたいのが『現代の悲劇』のキーワード「モダン」である。議論を展開するには、あまりに射程の広く長すぎる言葉かもしれない。しかし議論を限定して、ウィリアムズが標的あるいは仮想敵とした「モダン」という言葉の用法を明らかにすることはできそうである。

ウィリアムズが標的とした「モダン」の用法のひとつは、近年「冷戦リベラリズム」の源流として批判的あるいは批評的な再評価が進みつつある、ライオネル・トリリングである。[*1]『文化を越えて』（一九六五年）を書評するウィリアムズはこう述べている——

「近現代的なもの（the modern）」に対する北大西洋《ノースアトランティック》的な定義、そして「近現代的なもの」の北大西洋《ノースアトランティック》的な構造のひとつについて、その源泉の所在を知ってからというもの、何年ものあいだ、わたしは困惑してきたのだった。文学研究者が列をなして、向こうでその定義を学び、こちらに戻ってくるわけだから、何度となくその定義や構造をわたしは目にしてきた。いったい誰が、あの奇妙な系譜を構成し、かくも強力に構築してしまったのか——わたしはずっと知りたかった……フレイザー『金枝編』からニーチェ『悲劇の誕生』と『道徳の系譜』へ、そしてフロイト『文化とその不満』へという系譜。コンラッド『闇の奥』、トーマス・マン『ヴェニスに死す』、ドストエフスキー『地下室の手記』、トルストイ『イヴァン・イリッチの死』があいだに挟まれることもあれば、これらが終着点となることもある系譜。この構造と、わたしは何年ものあいだ戦ってきたのだった。この構造のなかでは、相互の関係はあらかじめ構築済みであり、その厄介な結論もはじめから織り込み済みである。個々の作品を見てみれば、そういう関係を必然的にもったり、そういう結論に必然的に向かったりするはずがない——もちろん、ほかの疑いなく近現代的《モダン》な作品をその根拠として一緒に論じれば、それらの作品は、べつの方向には向かいうるものである。この論考［トリリング「近代文学の教授法について」］を読んで、この長期間ずっとわたしが格闘してきたのは、トリリング教授であり、ニューヨークのコロンビア大学での近代文学講義であることを発見し、わたしは、安堵すると同時に、彼の名声と彼との交誼を思って困惑を覚えたのだった。

（"Beyond Liberalism" 270）

この書評自体は『現代の悲劇』執筆完了後に書かれたものとみなして良さそうである。しかし、ウィリアムズが本書を執筆中に考えていたことが良く現れている文章でもあるだろう。

一九六〇年代のウィリアムズが「闘争してきた」のは、ひとつには、トリリングによって記述された「モダン」ということになるわけだが、それはどのようなものだったのだろうか？　一例として、トリリングの「近代文学の教授法について」から、『闇の奥』についての評価を引用してみることにしよう――

これ［クルツが死の間際にこの叫びをあげうるという事実］こそが芸術家の本質についての現代的《モダン》な信条の、その核心にあるものではないだろうか。芸術家とは、すなわち、人間の魂のはじまりの場所としての地獄へと降ってゆく人間のことである……文明という精彩を欠いた偽りの営みよりも、この地獄という現実を好むのだ。

（*Beyond Culture* 18）。

これはいまやひどく古臭い道徳的な批評に見えてしまうかもしれない。しかし、トリリングを「リベラル・ヒューマニスト」として非歴史的に捨て去ることは、どうやらあまり得策ではない。ウィリアムズが闘争対象としたトリリングをきちんと歴史化することが必要だろう。

上記の引用部分に現れているのは次のような対比である。「文明」がもたらす「地獄」のような状況を直視する人間と、そこから目をそらす人間。つまり、「芸術家（artist）」的人間と、（そうとは直接書かれていないが）大衆的人間。あるいは『リベラルな想像力（*The Liberal Imagination*）』（一九五〇）におけるトリリングの言葉づかいを使うのであればこうなるだろうか——

> ……文学とは、人間的な活動のなかでも、多様さ、可能性、複雑さ、困難について、もっとも深くそしてもっとも正確に解説しうる活動のことである。
>
> （*Liberal Imagination* xxi）

文明の引きおこす地獄、すなわち「多様さ、可能性、複雑さ、困難」に満ちた状況、こういう「実相《リアリティ》」に直面する人間こそが、芸術家である。そういう芸術家こそ、トリリングにとって「近代的人間」の典型となる。「近代文学の教授法について」の結論部を参照してみよう——

> わたしがあえて言いたいのはこういうことである。自己を破壊する地点にまで自分を喪失すること、すなわち、自己の利益や出来合いの道徳などかまうことなく自分を経験へとゆずりわたすこと、社会的な紐帯から完全に逃走すること——これが、現代《モダン》の人間、すなわち、「精神の完全な成就」と……アーノルドが呼んだものをあえて考えようとする人間であれば、だれでもどこかで抱いている「基本原則《エレメンツ》」なのである。
>
> （*Beyond Culture* 26–27）

文明の実相《リアリティ》を直視するためには、およそありとあらゆる制約から、とりわけ、集団的な制約から逃れねばならない。そのとき、『闇の奥』のクルツが体現したような「自己破壊」が生じることだろう。しかし、自己を破壊するほどに実相《リアリティ》に直面した人間こそ、アーノルド的な「精神の完全な成就」を得ることができる。

ここでもっとも注意すべきは、トリリングにとって「モダン」とは、誰にでも当てはまる与件ではなく、批評的な達成条件であることだ。トリリングは“modern person”という言い方をしているのだが、彼の論をたどる限り、ここに含意されているのは、「モダンな人間」と「モダンではない人間」の二種類が存在するということである。集団的なつながり、とりわけ、「社会的つながり」から逃れて、「多様さ、可能性、複雑さ、困難」にみちた実相《リアリティ》を直視できる人間、すなわちモダンな人間。そして、それができず「社会的つながり」あるいは社会的な価値に縛られた人間、すなわちモダンではない人間、さらには大衆的人間。近代文学とは、後者のマス・マン（大衆的人間）から、モダンな人間を作りだすことを使命としている——トリリングはこう述べている、と解しても差し支えないだろう。

3　ウィリアムズの仮想敵（二）——ハロルド・ウィルソン

ところで、こうした文学観、そしてモダンについての考え方は、じつのところ「悲劇的」なものだ。それもウィリアムズが記述する悲劇と深く関係する意味で「悲劇的」なものである。にもかかわらず、二人の間に対立が生じるのはなぜなのだろうか？　それを理解するために、いま見てきたトリリング的モダン、とりあえずこれを、「リベラルなモダン（The Liberal Modern）」と呼称することにしておこう。そしてこれと、コインの裏表的な関係をなしているものを参照しておくと話がしやすくなる。コインの裏とは何か？　意外なことだが、それは、同時代の労働党リーダー、ハロルド・ウィルソンが唱道したような〝modernization〟（近代化／現代化）のことである。

以下に引用するのは、ウィリアムズが一九六四年に書いた、イギリス総選挙についての文章である。ここでウィリアムズは、この総選挙で勝利をおさめることになる労働党首ハロルド・ウィルソンと、彼が掲げる「モダニゼイション」の問題について、次のように指摘する——

イギリス労働党の強みと弱みは、それが最終的には、伝統的な生活様式に依拠するもの、つまり、ほとんど前政治的な絆と価値をもつ生活様式にその土台をもつものだ、という点にある。……もっともわかりやすい例は、イギリスを「現代化する（modernizing）」という共通スローガンである。……古典的な観点からすると、現代化《モダニゼイション》計画というものは総じて、市場という貪欲であり自己拡張的でもあるシステムを、制約したり妨害したりする制度および習慣的心情を、例外なく攻撃しようとするものであり、ブルジョワ的なものである。……現在よくつかわれるレトリックを見てみると、ほかならぬ労働党が「現代化《モダニゼイション》」を、申し分のない社会政策として採用するようになっており、そのとき労働党は、労働者階級の政党ではなく、ミドルクラスを再組織化する運動の、その最終段階を体現する政党になるのだ。

（"The British Elections" 154–155）

ここに見られる「モダニゼイション」のレトリックは、いまやなじみ深いものだろう。ここでは、政治と経済が身も蓋もないかたちでショートカットする。マーケットの成長のみ、ナショナルな経済成長のみが政治的な目標となる。「モダニゼイション」とは、そうした成長を「制約ないしは妨害」するようなものを取りのぞくことに他ならない。労働党が体現していた「ほとんど前政治的《プレポリティカル》な紐帯と価値」とは、別言すれば、「社会的なもの」ということになるのだが、これを除去して、経済と政治を直結していく運動（第4章の「ポピュラー・ポリティクス」の別名でもある）、これが「モダニゼイション」ということになろう。

　トリリングとウィルソン、この二人が唱える「モダン／モダニゼイション」には、重要な共通点がある。トリリングは嫌がるかもしれないが、「社会的なもの」を避けようとする点において、トリリングとウィルソンは同一平面上にいる。トリリングの「リベラル・モダン」は、集団的なつながりを「精神の完全な成就」の障害物とみなす。ウィルソンの「モダニゼイション」は、集団的な紐帯を経済成長の障害物とみなす。一九六〇年代中葉、見かけ上の結論は違っていても、二人の議論は、社会的なつながりを忌避する点で、ひどく似かよっている。

いや、ひどく似かよっているだけではなく、コインの裏表と先ほど述べたが、じつは両者は相互に補完し合っている議論なのだろう。ウィルソンの「モダニゼイション」は社会の解体という与件をさらに進行させよう、というスローガンである。その一方、トリリングによる、社会からの逃走というスローガンは、逆説的なことに、社会の解体が進行しつつあるのに、あたかもそうした社会が無傷のまま残存している、という幻想を生じさせてしまう。トリリングの「モダン」は、複雑極まりない実相《リアリティ》を覆いかくしてしまう社会的紐帯から逃れて、そうした困難極まる実相《リアリティ》を直視する個人のみが達成できる目標だった。こうした議論は、社会的紐帯からの逃走が、批評的達成では既になくなってしまい、だれにでも当てはまるジェネラルな条件、つまり与件になってしまっている、という状況を見えなくしてしまう。

4　自由主義《リベラリズム》の終焉

一九六〇年代中葉、ウィリアムズが標的とした「モダン」の用法はこうしたものだった。これに対して、ウィリアムズはどのような「モダン」を描きだそうとしたのだろうか？　これはウィリアムズの批評的戦略として、ほぼ一貫していると言ってよいと思われるが、彼は、トリリングやウィルソンの「モダン／モダニゼイション」に対し、本当の「モダン」を対置させるというやり方をしない。トリリングやウィルソンの「モダン」も「モダン」である、ただし、「モダン」の一部でしかない、という論じ方をする。『現代の悲劇』（とりわけその第一部）が応答しようとしているのは、ひとつには、トリリングやウィルソンの「モダン」であり、これをウィリアムズは、正しく価値付けようとする。両者は「自由主義《リベラリズム》」の系譜に位置していて、それも、「リベラリズムの終焉」に至ってなおリベラリズムにしがみつこうとする「モダン」の思想だ、とウィリアムズは考えているようだ。

少し補足する。『現代の悲劇』第一部第四章のウィリアムズは、自然主義とロマン主義を、リベラリズムの落とし子と見なす。確かに、リベラリズムは中世的な「神の秩序」から人間を解きはなつ、という肯定的な側面を持っていた。しかし、リベラリズムが進展するにつれ、そこには否応なく否定的な面も浮上してくる。その一つが自然主義的な思想と実践であって、そこでは、人間が動物と同じような存在とされてしまう。その帰結は、社会の消失と環境の登場とでも言うべきものだ。社会が人間の意志と行動で変えうるものだとしたら、この場合の環境とはそういう意志や行動とあまり関わりをもたない。そこでは、あらゆる変化は、人間の意志から離れたものとされる。そして、もう一方の落とし子であるロマン主義は、個人を絶対的なものへと変容させることになる——

前者［自然主義］にとって、社会は機械であり、そこでの機械とは、それ自身の時間性のなかで定められた道筋を進むものである。後者［ロマン主義］にとって、社会とは人間の解放をはばむ敵である。社会を拒否するかそこから逃亡することによってのみ、そして、自分自身の深遠な諸活動を、愛のなかに、自然のなかに見ることで、それらの活動を、非社会的でときに反社会的ですらあるものとして見ることで、人間は自己を解放しうるのだ。（*Modern Tragedy* 97）

自然主義の思想と実践は、社会——ここでの社会とは、人間の意志や行動で変化させうる仕組みのことである——を除外していく。ロマン主義は、機械と化した社会から逃亡せよと人びとに告げる。自然主義もロマン主義も、社会を忌避する点で共通している。さらに、ブレヒト再発見者ら同様、リベラルな少数者と多数派「大衆」とを分かつ境界線（第3章参照）を、ウィルソンはむろんのこと、トリリング（そして彼の教え子たち）も、より太くなぞったのだった。

さて以下は第一部第四章「悲劇と革命」の、「リベラズムの終焉」と題されたセクションからの引用である。

西洋の社会では、これらの立場［自然主義とロマン主義］を総計したものが全体であると、いまは一般的には解されており、こうなると、そのいずれか一方を選択せねばならないと考えてしまう。政治において提示されるのは、革命でもなければ、実質的な変化ですらなく、現代化《モダニゼイション》といまや広範に呼称されるものである。それは、価値から変化を分離するものなのだ。……あるいは、別の選択肢もあるのだが、そこでのわたしたちは政治を拒否し、人間の解放の実相《リアリティ》を、内的で私的な、そして非政治的なものとみなすことになる……。(98)

ウィルソンの名前こそ出ていないが、「モダニゼイション」というスローガンが自然主義的思想という流れ《フロウ》に位置づけられる、とウィリアムズが考えていることは明白だろう。経済の成長、マーケットの活性化は、自然に生じるものであって、これを邪魔するような社会的価値やつながり（例えば労働組合）は除去されねばならない、というわけだ。他方、「人間の解放」を社会からの逃走に見るトリリングは、少なくともこの点においては、疑いなくロマン主義の流れ《フロウ》に位置づけられることになろう。

ウィリアムズは、ウィルソンやトリリングをリベラリズムの末裔に位置づけ、かつ、あくまで「モダン」の一局面として歴史化しようとする。社会が環境と化し、環境を制御する科学や技術だけが価値をもっていくことだけが、「モダン」の運動ではない。同じく、そうした環境から逃亡して個人のなかにのみ「解放」をもとめることだけが「モダン」の運動ではない。この二つのいずれかを選択せねばならない、というとき、そこには、悲劇が足りない、正確には、「悲劇的視点（tragic perspective）」が不足している。これがウィリアムズの言いたいことである。

5　悲劇的視点と革命の経験

悲劇的視点が欠けるとき、一九一七年の革命（第二次ロシア革命）が「モダン」の経験から除外されてしまうことになる。ウィリアムズの言葉づかいを借りると、「わたしたち自身に直接的にかかわる活動」として、一九一七年の革命を見ることも、さらには、連綿とつづく社会主義運動を見ることもできなくなる。だからこそ、ハロルド・ウィルソンは、「現代化《モダニゼイション》」という、一局面に過ぎないものを、こともあろうに、「革命」と呼称することができたのだった――

彼［ハロルド・ウィルソン］は言う。ソーシャリズムは「科学革命という観点をもって」刷新されるだろうと。

> ただし、わたしたちの社会全体のシステムに染みこんでいる経済的・社会的姿勢を、大きく変化させる準備をしない限り、その［科学］革命は現実のものになりません。この革命が帯びる白熱《ホワイトヒート》のなか、イギリスは鋳造しなおされることになるでしょうし、労働者のそれであろうと経営者のそれであろうと、産業に制約を加える実践や、時代遅れの方法は、消え去ることでしょう。……閣議室でも重役会議室でも、あらたなかたちで管理をおこなっていく人間は、この科学の時代の言葉づかいで考え話さねばなりません。
>
> 民主的で科学的な専門家集団がもたらす未来をたずさえることで、「ホワイトヒート」演説は、労働党でのウィルソンの主導権をつくり出す雰囲気をかもしだし、時代の雰囲気もつかんだのだった。
>
> (Sandbrook 4)

歴史家サンドブルックが引用しているのは、一九六四年の有名な「ホワイトヒート演説」である。一九六〇年代中盤という時代、変化といえば、自然主義的な「進化（evolution）」（経済的成長）か、ないしは、個人の内面的変化（内面的成長）のいずれかに限られてしまっていた時代だとも言える。そこでは、社会主義的な革命は、進化に道を譲ってしまうことになる。ウィルソンの言う科学革命、つまり、社会ではなく環境の仕組みを解明することによる経済成長へと、道を譲ることになったのだった。興味深いのは、ウィルソンの認識が本書第Ⅱ部で繰りかえし言及した科学的マルクス主義のそれと、共通点を持っていることだ――いずれも、社会全体のデザインから「意図」を除いている点で[*2]。

トリリング的な「リベラル・モダン」の観点からすると、一九一七年の革命は、合理主義の暴走として拒絶されることになるだろう。ウィルソン的な「モダニゼイション」の観点からすると、自然な経済成長に人為的に介入する愚かな振る舞い、ということになるだろうか。しかし、繰りかえすと、こう見てしまうのは、「モダン」をリベラリズムの経験のみに縮小還元しているためだ――

> わたしたちの経験、その経験のことごとくが教えるのは、現実に生きる人間たちのあいだで展開する、このじつに複雑な行為《アクション》の連鎖は、わたしたちが予期しうる限りはつづいてゆく、ということであり、このやむことのない闘争のなかで、苦しみも残酷なものたりつづける、ということである。これを精神のなかに受け入れるのは、じつにむずかしいことであるし、わたしたちは誰もが、かくも悲劇的な認識を拒絶すべく防壁を築いてしまう。しかしわたしが信じているのは、そうした悲劇的認識は不可避《イネヴィタブル》のものであり、その認識に圧倒されてしまわないためには、その認識について語らねばならない、ということである
>
> (*Modern Tragedy* 103)

ウィリアムズが言うように、一九一七年以降の革命的社会が経験してきた「恐ろしい」闘争、「悲惨なまでの」闘

争を、モダンの経験に含めることは難しい。ただし重要なのは、この難しさが、誰にとって難しいか、ということをきちんと限定することだ。他ならぬ「わたしたち」にとって、その認識を受け容れることが難しいのである。世界のあちら側で、わたしたちと関係のないところで、変化をもとめて悲惨な闘争が行われている、と言うことはある意味容易い。しかし、そうした苦難に満ちた闘争が、他ならぬ「わたしたち」の経験でもある、という認識をもつことはごく困難である。だからこそ、悲劇的視点が必要だということとなる。悲劇的視点を持つとき、わたしたちの経験、モダンの経験は、一挙に拡大する。

注意すべきは、苦難に満ちた闘争を肯定するために悲劇的パースペクティヴが必要だ、とウィリアムズが言っているわけでは決してないことだ。一九一七年以降の革命的社会を肯定するために悲劇的パースペクティヴが必要となる、ということでは決してない。そうではなく悲劇的パースペクティヴをとる、ということは、一九一七年以降の革命的社会を肯定すべきか否定すべきか、という議論の組み方をしない、ということなのだ――

> わたしたちがいまだに注視せねばならないのは、そうした行為《アクション》の連鎖の全体である――解放《リベレイション》の実際とは、わたしたちを圧倒してしまう恐怖《テラー》と表裏一体のプロセスの一部である、と認識せねばならないということだ。解放は、恐怖の代償であると言いたいわけではない。わたしが言いたいのは、両者がつながっていること、そしてこのつながりが悲劇的だということなのだ。
>
> (*Modern Tragedy* 107)

近代における解放に向けたあらゆる闘争は、「恐怖」と表裏一体である、という厳しい認識がウィリアムズにはある。ただし、そう認識することはとても難しい。解放と恐怖のいずれかだけを見るのではなく、その「つながり」を注視するためには悲劇的パースペクティヴが必要である。

これはどういうことなのだろうか？　『現代の悲劇』第一部第四章の結論部を見ていこう。ウィリアムズは、近代における解放に向けた闘争を、次のような包括的な視点で捉えなおす――

この問題における最終的な真理とはこういうものだと思う。革命――つまり人間の疎外に対する長い革命――は、実際の歴史的状況のなかで、あらたな疎外を生産する。革命的であろうとするなら、革命は、この疎外を理解し、克服せねばならない。（107）

革命とは、一九一七年の革命だけを指すものではない。革命とは、「人間の疎外にたいする長い革命」なのだ。人間と人間とが縁遠くなっていくこと、人間と人間が作りだしたもの（例えば社会）が縁遠くなっていくこと、こうした疎外のプロセスに対する人間の主要な行為《アクション》が革命であり、それは出来事ではなく長いプロセスである。

トリリングの「リベラル・モダン」は、人間が社会から疎外され、個人の内面しか拠り所がなくなる、という事態へのアクションであって、この意味では、長い革命の一局面に過ぎない。ウィルソンの「モダニゼイション」も、人間全般が社会から疎外され、一部の専門家しか社会の仕組みにアクセスできない状況を加速させようとするものであって、この意味で、同じく長い革命の一局面以上のものではない。

トリリングの「近代的人間」とは、社会的なつながりを逃れて内面的な苦しみを追求するものに与えられる、いわば名誉称号である。ウィリアムズは、こうした感情をうみだす構造があるとみなし、かつその構造の形成プロセス全体を記述しようとする。社会から逃れてなお個人は、自分のなかに内部化された社会に直面する、こういう感情構造の形成にイプセンはあずかっている。ここでは、個人は単に破滅するだけではない。その個人のアクションは、社会とのつながりを作りだすアクションでもある。ウィリアムズは、こうした作業をイプセン以降の現代の悲劇《モダン・トラジディ》について、執拗に行ってゆく。[*3] それは解説というよりも、いま見たように、既存の感情構造の複数の「はじまり」を見出し、その時点では、いわば「もやっと」したものでしかない茫然たる意図をつかみ、つなぎながら、その変容を記述する作業なのである。

6　文化とは？

ここで留意すべき点、そして理解が困難な点がひとつある。本論の冒頭の問いに戻ることになるが、『現代の悲劇』のウィリアムズが、社会の消失という感情構造、すなわち、トリリング的な「リベラル・モダン」そしてウィルソン的なモダニゼイションという感情構造に、危機感を覚えていたことはすでにあきらかだろう。しかしウィリアムズは、両者をたんに闘争の対象とみなして批判していただけなのだろうか？

そのことを考える上で重要なのが、「文化」というひとつの全体を考えた場合、革命と悲劇というアクションは、じつはその一部に過ぎないということである。以下は、一九六七年にイギリスで行われた「文化から革命へ」というシンポジウムでのウィリアムズの言葉である。このシンポジウム自体、明らかに「文化大革命（一九六五――）」を意識したものとなっているのだが、ウィリアムズは毛沢東について言及した後、こう述べている――

労働（work）の真剣さと責任、そして、相互の承認《レコグニッション》と気遣い《ケア》――これは継続され拡張されねばなりません――もまた、たとえ激しい闘争のさなかにあっても、そのうちに含めないと、わたしたちは意味と価値が決定されるプロセスの、あまりにも多くの部分を失なってしまいます。活動的な生とは、こうした幅をもつものであって、そうした幅が少しでも失なわれるなら、それを文化と呼ぶのは適切ではありません――そうした幅をもった活動的な生のためこそ、闘争はあるのです。

（“Culture and Revolution: A Response” 299）

闘争はひとまずのところ常に生じるのだとしても、それは「意味と価値が決定されるプロセス」の一部でしかない。このプロセスを進展させるためにこそ闘争はあるのであって、このプロセスが達成したものを破壊するような闘争に、ウィリアムズが与《くみ》することはない。

さて、このプロセスの達成物とは、つまり、「価値（values）」とは具体的にどのようなものなのだろうか？　上記の引用中には、「労働の真剣さと責任、そして相互の承認と気遣い」という言葉を見つけることができる。これは例えば、本論で言及した「ほとんど前政治的なつながりと価値」、労働党の強さであり弱さであった「つながりと価値」のことである。さらに具体的に言えば、この中には、リチャード・ホガートが『読み書き能力の効用』で描きだしたような、金銭よりも「仲間」を重視するような労働者階級の価値観や、そうした価値観から作りだされるようなつながりも含まれることだろう（本書第3章参照）。こうしたものは、疎外に対する闘争における達成物であって、それを全て根こそぎにするような暴力的闘争に与するべきではない。もちろん、それでもなお、闘争は残念ながら常に生じているのであって、その闘争を縁遠いものにしないために、その闘争から疎外されないために、「わたしたち」は、やはりいまなお悲劇的パースペクティヴを手放すことはできない、ということになるだろう。

しかし問題は、（詳しくは終章で触れるが）晩年のウィリアムズが、「価値という思想（idea of value）」の敗北について語っている、ということなのだ。とすると、本章で論じていた力強いヴィジョンは、どうなってしまうのだろうか？

山田雄三が的確に指摘するように、確かに『現代の悲劇』には、どこか無理を押して書き進んでいる感じがつきまとう（107–108）。別の言い方をすると、「価値という思想」を限界まで突き進めるウィリアムズの姿がこの著述にはあるわけだ。とはいえ、その姿が教えてくれること――つまり無理をしてはじめて見えるものがあること――があるように思う。無理を押しているということは、時代状況のもたらす制約の、そのぎりぎりの部分（つまりコミュニケーションが不能になる寸前）にまで、ウィリアムズの手が伸びているということなのだから。

本章冒頭の問いにもどれば、やはり、ウィリアムズによって限界まで拡張され、その複雑さを増した「わたしたち」、一九一七年の革命における解放と恐怖ですら自分たちの経験としようとする「わたしたち」とは誰か――

これが最大の問題になってくる、ということである。彼の言う「わたしたち」とは、どうしても「イギリス(Britain)」という国民国家を念頭においてのものになってしまうのではないか、という疑念と言い換えてもよい。少なくともコミュニケーションという水準で考えれば、避けようもなくそうなってしまうのではないか。とすれば、問うべきは、国民国家のそれとは根底的《ラディカル》に異なるかたちのネイションを、彼がどう構想《イメージ》したのかという点になるのであって、前章で論じたヘアは、この地点で「道分かれ」してゆく(あるいは、し、て、い、た)ことになろう。*4

7　感情のリベラリズムとリベラルな諸個人

そして、次章に進む前に考えておきたいのは、『現代の悲劇』でその「終焉」を宣告されたリベラリズムが、本当にウィリアムズにとって無縁のものだったのか、という疑問である(次章以降のネイション論で浮上する「リベラルな諸個人」という問題を考えるために整理しておく必要がある)。

本章冒頭で触れた分離、つまり「大衆」とリベラルな諸個人を切り離してしまう「尾根《リッジ》」の所在はひとつだけではない。そうした分離は、感情のリベラリストとしてのソシュール(さらにはそれを制度化した読み手たち)、さらにさかのぼれば、イギリス・ロマン派というよりも、産業化後発国としてのドイツの感情のリベラリスト(シュライアマハー)にも縁遠いものではなかった(第I部参照)。そして本書が感情のリベラリズムと呼称するこの歴史的な流れ《フロウ》の特質は、一九世紀後半以降にその盛期を迎えた(「ネオ」ならぬ)ニュー・リベラリズムを思い浮かべるとわかりやすくなるかもしれない。

一九世紀後半以降のイギリスでその最盛期を迎えたこの新自由主義《ニュー・リベラリズム》は、中間勢力(大学や教会あるいは労働組合)の集合体としての社会を、拡張させ成長させることで個人の自由を担保しようとした思想であると、一般的に解されている（高田、大田を参照）。その意味で第1章で詳しく見たイタリアの思想家デ・ルッジェーロによる『欧州的自由主義の歴史』は、おなじく中間勢力《インターミディエイト・パワー》の機能を強調するものであり、新自由主義《ニュー・リベラリズム》の流れに連なるものだと言える。あわせて、ナチスの台頭を深く危惧する哲学者R・G・コリングウッドによる翻訳（原著一九二五年、英訳一九二七年）には、イギリス新自由主義《ニュー・リベラリズム》を一国のそれではなく、ひろくヨーロッパ的な流れ《フロウ》のなかに位置づけて行こうという企図があったのかもしれない。ともあれ、ニュー・リベラリストとしてのデ・ルッジェーロの特色は、中世の「自由」というものが、それを担保する（コミュニティやギルドなど）中間勢力内での、相互「承認《レコグニッション》」と不可分のものであると主張した点に求められよう（第1章に引き続いてもう一度引用する）――

> 自由や権利というものが意味あるものとなるためには、そこに承認《レコグニッション》を含意させねばならないし、そこから、ある種の互恵関係も含意されることになる。　(de Ruggiero 1)

ギルドならギルド、共同体なら共同体の各成員が、相互にその人格を尊重《レコグニッション》しあい助けあうことは、彼らが中間勢力として結束する上での必須の条件だった、ということになろうか。こうなってくるとこれは、政治的な新自由主義《ニュー・リベラリズム》というよりも、感情の新自由主義《ニュー・リベラリズム》とでも呼称すべきものかもしれない。「自由や権利」という政治的な範疇に属すると通例解されるものが、人格あるいは存在の相互承認という感情の問題と不可分のものとされているのだから。ともあれ、このリベラルな企図と、リベラリズムを忌避しつつも「承認《レコグニッション》と気遣い《ケア》」の価値を語るウィリアムズのあいだには、本当に何の接点もないのだろうか。

感情のリベラリズムが、社会を中間勢力（intermediate power）の集合体とみなす限り、そうした接点は見つけがたい。つまり、君主制の君主であれ民主政体の国家であれ、そうした強権と、人びととのあいだに入って(inter-)、両者を調停する（-mediate）するものとしての中間勢力――これを社会とみなすことは、ソーシャリストとしてのウィリアムズにはできない相談だったに違いない。しかし、デ・ルッジェーロにせよ、『奴隷の国家』のヒレア・ベロックにせよ、その解放のプロジェクトは、(初期)近代以降の諸矛盾を、同じく近代という時間のなかで解決する、という一種の性急さを帯びたものである。こうしたリベラルな「性急」さについて、『現代の悲劇』のウィリアムズが全く関与していないと断言できるだろうか。どうやらそれは難しい。本章冒頭で触れた、ときに数万年という長大な時間軸――これを介した接触《コンタクト》をときに可能にする一種の「盛期自然主義《ハイ・ナチュラリズム》」は、『現代の悲劇』を書くウィリアムズにとって、まだあまりに漠としすぎたものだったと言ってもよい。その理由について次章以降で見てゆく。

第7章　英語圏ナショナリズム論のなかのウェールズ
――一九八三年のネイション、そして〈個人〉

本章と次章は対になっており、レイモンド・ウィリアムズのネイション論に考察を加えてゆく。あわせて、ウィリアムズが終始取り憑かれていたとすら言ってよさそうな（リベラリズムというよりも）「個人」という問題系も扱うことになる。[*1]

なお時期としては、ウィリアムズが「ウェールズ系ヨーロッパ人」とふり返って自己規定する発言を行った、一九七〇年代後半以降を扱うのだが、まずその前に、ウェールズというネイションあるいは地域《リージョン》について、そして、この時期の英語圏ナショナリズム論について概観しておきたい。

1　『ウェールズの山』と文化ナショナリズム

イギリスのなかでも、スコットランド、北アイルランド、ウェールズは、いわゆる「ケルト周縁（Celtic Fringe）」[*2]と総称されることがある地域もしくは国である。「地域もしくは国」というのは、この三つの場所を、そのどちらで呼ぶのかで意味合いがかなり変わってしまうためだ。「地域《リージョン》」という言葉を選ぶとき、そこでは暗黙にではあれ、スコットランド、北アイルランド、ウェールズを「ネイション」（民族、国民、国）と呼ぶことが回避されることになるし、逆に「国《ネイション》」と呼ぶのであれば、「連合王国《イギリス》」という枠組みへの懐疑が文脈によっては公然と示されることになる。言い換えると、この三つを「ネイション」と呼ぶ人びとと、それを回避する人びととのあいだに容易ならざる緊張感が走っている。本章では、まず一九八〇年代の英語圏で活発化するナショナリズム論と、そのなかでのウェールズの位置づけについて考えてみることにしたい。その際、河野真太郎による先駆的なウェールズ文化論（『イギリスの解体』）に大きく依拠することになるのだが、本章がいわばバトンを受け取る形で提起したいのは、ネイションと「個人」という問題である。一九八三年に相次いで公表され、今日に至るまで強い影響力を持ち続けるナショナリズム論を概観するとき、そこには共通の性質がひとつ浮かび上がってくる。ところが、ウェールズ生まれの作家・批評家《ライター》レイモンド・ウィリアムズのネイション論には、そうした傾向を共有しつつも、明らかに逸脱する部分がある。本章の最終的な目的は、その逸脱具合を探ること、さらに、それを（一見ナショナリズムとは無縁な）「個人」という鍵語に接続することにある。

一九八〇年代のナショナリズム論全般、ならびにウェールズをめぐるナショナリズム論を具体的に見てゆく前に、補助線として参照しておきたい映画がある。それが一九九五年に公開された *The Englishman Who Went up a Hill but Came down a Mountain*（『丘をのぼったが山をおりてきたイングランド人』）であり、邦題は『ウェールズの山』とされている。さて、この映画でもっとも目を引くのは、ウェールズの村人たちが総出で「山を作る」場面、正確には、村人たちが総掛かりで、麓から頂上まで数え切れないほど往復して土を運び、その標高を上げようとする場面だろう。なぜ彼らがそんなことをしているかと言えば、イングランドからやってきた陸地測量部の地図製作員たちの測量によって、村人たちの誇りである「フェノン・ガルウ」が実は山（mountain）ではなく丘（hill）だ、とされてしまったからである。英国陸地測量部（the Ordnance Survey）の基準では、山であるためには標高が一〇〇〇フィート（約三〇五メートル）以上なくてはならない。ところが、ヒュー・グラントらが扮する測量部員が計測したところ、「フェノン・ガルウ」の標高は九八四フィート（約三〇〇メートル）しかない。そこで村人たちは、一六フィート分の土を積み上げて、「フェノン・ガルウ」を「丘」から「山」にしようと奮闘することになる。

この映画は全般的にコメディ色が濃いものである。しかし、なぜ村の人びとがそこまで「フェノン・ガルウ」という「山」にこだわるのか、その理由が徐々に明らかにされてゆくと、シリアスな雰囲気も醸し出されてくる。ウェールズの村人たちの先祖である「ブリトン人」を、ローマ帝国、サクソン人、ヴァイキング（デーン人）、ノルマン人の襲撃から守ってくれたのが「フェノン・ガルウ」だったこと（つまり「尾根」には価値があるということになろう）。映画は一九一七年に時代設定されているのだが、この第一次世界大戦の最中、村の若者たちが戦地でも、そして重要軍事物資である石炭の採掘でも命を落とすという悲劇的状況のなか、村の誇りである「山」を、イングランド人達の測量によって奪われてしまってよいのかと村人が思っていること。こうした事情が明らかにされていくなか、ヒュー・グラント扮するイングランド人測量隊員も熱意にほだされ、再測量に応じる（つまり「丘」にのぼって「山」から降りる）ばかりか、村のウェールズ人女性と結婚するまでに至る、というドラマが展開する。

とはいえ、「丘」か「山」かに、そこまでこだわる感情のあり方（村の牧師ジョーンズは病を押して「山作り」に奮闘し、発作で死んでしまう）には、なかなか理解しがたい面もある。つまり、どうやら経済的にも社会的にも、ウェールズがイングランドからの構造的抑圧を受けてきたのはわかるとしても、それに対抗するために、「山」というシンボルを持ち出してみたところで、どうにも実効性に欠けると思えてしまうためである。「フェノン・ガルウ」が「山」と認められたところで、若者が戦地や炭鉱で命を落としてしまう悲劇的な状況には、おそらく何の変化もないのではないか。あるいは、村人たちのナショナリズムは、いわゆる「文化ナショナリズム」であって、意味であるとか象徴であるとか、そういった部分に関わるものに過ぎず、社会的、経済的な問題には無関係なものに過ぎない、という言い方もできるかもしれない。

2　トム・ネアンのナショナリズム論とウェールズ

しかし、そうした文化ナショナリズムが、現状では文化的なものであるのは確かだとしても、その形成プロセスをさかのぼってみると、必ずしも文化的なものとは言いがたい起源が見つかる、という主張がある。文化ナショナリズムのはじまりは、社会的かつ文化的なものだ、という主張とも換言できるのだが、これを以下考えてみたい。

この主張を展開した一人が、スコットランド出身の政治学者トム・ネアンである。彼は大学人というよりも、むしろ、ニューレフト（と言ってもイギリスのそれはかなりアカデミックなものだが）の論客として知られた人物であり、ウェールズのナショナリズムについて、その特徴を以下のように記述している――

> 歴史的にみて、強制された低開発に見られる諸特徴の多くを、すなわち過疎化、文化的抑圧、断片的で歪められた開発といったものを、ウェールズは共有している。　(Nairn 208)

> 大規模で過度に中央集権的な資本主義は、古くからの共同体のアイデンティティをむしばんだり破壊してきたりしたのだった。これらの地域［西欧の小規模で周縁的な共同体群ならびに地域］が今日息を吹き返しつつあるのは、彼らの文化を回復するために戦ってきたからである――それは、基本的に「疎外」……を克服するための闘争だった。　(199)

「強制された低開発」には、いくつかの特徴があり、ウェールズはその特徴の多くを満たすとネアンは述べる。

それは具体的には、「断片的で歪んだ開発・発展」「人口の減少」「文化的抑圧」の三つであり、こうした特徴を強いられるに至った地域は、一見逆接的なことに、「古くからの共同体のアイデンティティ」や「文化」の回復に向かう、とネアンは主張する。ウェールズのような「強制された低開発」を経験した地域は、社会的ないしは経済的な自立や独立を目指すことが事実上不可能になってしまうため、まずは、文化的な面での自立や独立を目指す、ということになるだろう。

ネアンの議論を補足する形で、ウェールズにおける「強制された低開発」の実際を少し記述してみたい。例えば、一六～一七世紀における鉱山資源の分布状況を見てみると、リヴァプールにほど近いウェールズ北東部には鉛と石炭、対岸はアイルランドとなる北西部には石炭、西海岸の中部には鉛、南部に広大な炭鉱地帯が存在していたことがわかる（Rees, plate 65）。その分布状況に、一九世紀中盤の鉄道網[*3]を重ね合わせてみると、基本的に、鉱物資源の所在地と、各地の港、そしてイングランドを結ぶ形で鉄道網が形成されたのが見てとれる。この「断片的で歪んだ」鉄道網は、二一世紀初頭のいまでもかなりの程度残存しており、よく非難の的となるのだが、ウェールズ北西部から南ウェールズに移動する場合、じつはイングランドを経由した方が時間的に早い。とはいえ、一九世紀の時点で、この鉄道網の「歪み」を矯正し、ウェールズの経済的自立を獲得するのが容易ではなかったことは想像に難くない。ネアンの論旨に従えば、だからこそ文化ナショナリズムに向かったのだ、ということになるだろう。人口にしても、一八〇一年から一九二一年にかけて、ウェールズ中部の人口が激減し、北東部と北西部、なかでも、南ウェールズの産業地帯で人口が激増している（Davies, *A History of Wales* 313）。この増加をもたらしたのは、中部を中心とする農村地帯からの移住者たち、イングランド、アイルランドからの移民たちであり（後述の Janet Davies を参照）、この大規模な「秩序崩壊的移動《ディスロケーション》」によって、農村共同体の秩序がひとたび崩壊し、移動先である産業地帯の共同体が、同じく混乱に満ちた大規模な再編成を経験することになるわけだが、このプロセスの最中に、経済的・社会的な自立をなしとげることがいかに困難であったかは、やはり想像に難くない。

　最後の「文化的抑圧」については、ウェールズ語がたどった状況を考えてみるのがもっともわかりやすいだろう。一般に、ウェールズが本格的な産業革命を経験するのは一九世紀の中盤以降と言われるのだが、この時期に、ウェールズ語話者の割合は激減してしまう。歴史家ジョン・デイヴィズによると「一八五〇年にはウェールズの居住者の三分の二がウェールズ語を話していたが……一九一四年になると、……人口の五分の二しかいなくなった」のだった (Davies, *A History of Wales* 388)。産業地域の労働者階級を構成することになる人びとの多くは、既述の通り、その大多数が中部農村地帯からの移住者たちであり、多くがウェールズ語を母語としていた (Davies, *The Welsh Language* 36)。それにもかかわらず、産業化のプロセスでウェールズ語話者の割合が大きく低下したということである。

　ここで言うウェールズ語とは、念のために補足すると英語の方言のことではなく、男性名詞や女性名詞の区分、「動詞＋主語＋目的語」といった統語法を特徴とする別種の言語のことである。このウェールズ語は、長きにわたり教会において、とりわけ非国教徒 (non-conformist) たちが集うチャペルにおいて、決定的な役割を果たしてきたとされるのだが、世代を重ねるにつれてウェールズ語話者は減少し、二〇世紀後半にはウェールズ語の死（消滅）への危惧が語られるようになる。とはいえ、多くの論者に指摘されるように、産業革命を経て（割合は減少したとはいえ）なお相当数がウェールズ語話者（さらには英語とのバイリンガル）だったのであり、ウェールズ語をその核として文化的アイデンティティを回復しようという運動が出てくることにさほど不思議はない。一九二五年には、詩人、劇作家にして政治家ともなるソーンダース・ルイスをリーダーのひとりとするPlaid Genedlaethol Cymru（プライド・ゲネドライソル・カムリ、The Welsh Nationalist Party）が結成されるに至る。一九六二年、ルイスはラジオ講演において、ウェールズ語母語話者数の減少が「万一継続したら、二一世紀を迎えるあたりで、ウェールズ語は生きた言語としては終焉するだろう」(Lewis 127)[*4] というショッキングな主張を展開し、その文化（そして言語）ナショナリストとしての姿勢をあらためて打ち出したのだった。

3　ナショナリズムの文化と社会——「歴史なき民族」の半独立《デヴォリューション》

再度確認すると、素描してきたウェールズの文化ナショナリズムは、交通網の「断片性や歪み」あるいは、農村共同体の崩壊といった経済的そして社会的問題と密接に絡みあって形成されたものに他ならない。経済的な問題を経済的な手段で解決できないからこそ、文化が必要になる、ということだ。

ネアンが指摘するように、ウェールズは「自前」の産業を形成しえなかったのであり、鉄鋼業や炭鉱業といった産業は、「外側」から主導されたものでしかなかった。「スコットランドやバスク地方《カントリー》と異なり」、ウェールズの工場主、鉱山主、炭鉱主といった資本家層は、イングランドからやってくるのが常だった（Nairn 209）。ネアンは、スコットランドのナショナリズムが、都市部の資本家層やエリート達が主導するナショナリズムであり、それが文化的ナショナリズムというよりも、むしろ経済的ナショナリズムとでも呼称すべきものであることをほのめかしているが、こういう図式がウェールズでは成り立たなかった。スコットランドやバスクなどとはちがい、「自前《ネイティヴ》」の資本家層が不在である、という状況にウェールズはあった。したがって、交通網などの歪みや農村共同体の崩壊問題を解決するための、経済的ナショナリズムを構想するのは困難なのだった。残されているのは、言語や伝統を重視する文化ナショナリズムしかない、というわけだ。

この状況に対する、ニューレフト第一世代の歴史家エリック・ホブズボームによる厳しい診断を、ネアンは引いている——

ウェールズとスコットランドは、ほとんどの点において、かなりの違いがある地域《カントリー》である。スコットランドは、一九世紀の言い回しを借りれば、「歴史的民族（historic nation）」であり……その反面ウェールズは、典型的な「非歴史的民族・歴史なき民族（non-historic nation）」である。

(Qtd. in Nairn 202)

「非歴史的民族・歴史なき民族」とは、ヘーゲルを引きつつエンゲルスが用いた悪名高い用語で、[*5]ここまでの議論に添って言い換えると、自国民の資本家層が出現せず経済的ナショナリズムに向かうことができない民族、文化ナショナリズムに甘んじるしかない民族、ということである。さらに敷衍すれば、こういう民族は「独立などする能力のない小民族」に過ぎない、ということにもなるだろう。

しかし、歴史はホブズボームによる一九六六年の審判、つまり、ウェールズには独立など不可能だ、という審判を、少しばかり裏切る方向に進む。冒頭で言及した映画『ウェールズの山』が公開されたのは一九九五年のことだが、その二年後の一九九七年、ウェールズで、ある重大な住民投票が実施された。この投票は、ウェールズ議会（National Assembly for Wales）の設置の是非を問うもので、わずか六七二一票という僅差で可決、という結果を迎えたのだった。「保険、教育、職業訓練、地方自治体、社会福祉、住宅、経済開発、農業、林業、漁業、食料品、交通、環境、スポーツ、歴史文化遺産、芸術……UKから下りるウェールズ枠の予算の使途を決定する」幅広い権限が、ウェールズ議会と政府に委譲された。ウェストミンスター（連合王国）の議会や政府に残されているのは、外交や軍事、財政といった決定的に重要だが、範囲からすると限られた権限となった（富田 114）。

ウェールズ議会設置という出来事は、「デヴォリューション（devolution）」と呼ばれる流れのなかに位置づけられることが多い。「デヴォリューション」は「地方分権」もしくは「権限割譲」と訳されることが多いが、より強い意味合いを込めて「半独立」という言葉で解されることもある。[*6]この住民投票の可決と、それに伴う権限割譲の大規模な進展の背景には、先に引用した富田が的確に解説しているように、一九九〇年代の保守党政権下におけるウェールズ政策への不満が昂じたこと、ウェールズ労働党が住民投票推進の方向へと舵を切ったことを挙げることができるだろう（富田 110–113）。言い換えると、文化ナショナリズムを推進するプライド・カムリ（ウェールズ党）だけではなく、南ウェールズの労働者階級を伝統的にその支持基盤としてきたウェールズ労働党もまた、権限割譲という、ナショナリズムよりの政策と言う他ない政策を支持した、ということになる。そして、この議会設置と権限委譲という社会的、経済的インパクトをもつ出来事に、文化ナショナリズムがまったく影響を与えなかったと断言するのは、どう考えても無理がある。というよりも、文化ナショナリズム（プライド・カムリ）も、萌芽的ながらも生じている経済的ナショナリズム（労働党）も、相互に影響を与え合った結果、あるいは、相互に変化を及ぼし合ったあった結果、僅差ながらの議会設置と権限委譲が生じたのではないか、と想像してみた方が、より実際の姿に近いのだろう。

4　一九八三年の英語圏ナショナリズム論──「人工的」なネイション

ネアンのナショナリズム論を下敷きに、ウェールズのナショナリズムの展開プロセスを、ごく大まかに記述してきたわけだが、ここで、ネアンのナショナリズム論に、ヨーロッパの左派知識人には珍しく、ナショナリズムに同情的な側面があることを考えてみた方がよいだろう。もっと踏み込んで言えば、ネアンはナショナリズムを肯定的に見ている節がある。つまり、ナショナリズムには「ヤヌス」（ネアンの論考の第九章は「近代のヤヌス」と題されている）のような二面性があり、その良い面（経済的な軛からの解放）と、その悪い面（ポピュリズム）を良く見極め、かつ、その矛先が国際主義（例えばヨーロッパ統合）に向かうことがないようにすれば、必ずしも全否定すべきものではない、という含みがネアンにはある。ナショナリズムというものは、経済的ないしは社会的な「非均質的発展（uneven development）」がもたらすものであり、その見かけに反して近代的なものなのだけれど、それは、「非均質的発展」（ウェールズであれば低開発・発展、スコットランドや北アイルランドであれば過剰発展）がもたらす矛盾を解消するプロセスともなりうる、というのがネアンの立場である、と言ってしまってよさそうである。

さて、このネアンによる一九七七年刊行のナショナリズム論は、一九八〇年代に英語圏で一気に盛んになるナショナリズム論の先駆け的議論である、ともよく言われる。[*7] とくに一九八三年には、今現在に至るまで重要なナショナリズム論が複数刊行されている。まず、文化人類学者ベネディクト・アンダーソンの『想像の共同体』、次いで、哲学者・社会人類学者アーネスト・ゲルナーの『民族とナショナリズム』、歴史学者エリック・ホブズボームとテレンス・レンジャーによる『伝統の創造』。いずれも一九八三年の刊行である。そして、レイモンド・ウィリアムズによる評論「諸民族の文化（The Culture of Nations）」も同年に公表されている。

もちろんこれは様々な事情が折り重なった偶然という部分も大きいわけだが、興味深いのは、彼らのナショナリズム論に、どうにも無視しがたい共通性がある、ということである。

それは、ネイション（民族）というものが、「人工的（artificial）」なものである、という論点だ。これは、ネアンにもある程度共通しているもので、かつ、その上で、ナショナリズムに対する評価が異なってくるのだが、まずは、アンダーソンの議論を取り上げてその共通性を確認しておこう。

アンダーソンは、そのあまりにも（正直なところ過剰に）人口に膾炙した著書において次のように述べる――

……ネイションを次のように定義することにしよう。ネイションとはイメージとして心に描かれた想像の政治的共同体である……。ネイションは想像されたものである。というのは、いかに小さなネイションであろうと、これを構成する人々は、その大多数の同胞を知ることも、会うことも、あるいはかれらについて聞くこともなく、それでいてなお、ひとりひとりの心の中には、共同の正餐《コミユニオン》のイメージが生きているからである。

(*Imagined Communities* 15: 強調は原文)

表面的な対立はあるのだが、ゲルナーやホブズボームと、アンダーソンのあいだには、どうやら本質的な類似がある。それは、ナショナリズムが、やはり近年の（といっても一八世紀後半というヨーロッパであれば産業革命開始時期のことだが）ものであり、かつ、（アンダーソンとゲルナーの表現を使うと）「人工物（artefacts）」だということである[*8]（Anderson 13; Gellner 7）。そしてポイントは、ナショナリズムが、どうやら変化や成長をこれ以上遂げることがなさそうなものだ、というアンダーソンの主張にある——

> たとえ現実には不平等と搾取があるにせよ、ネイションは、常に、水平的な深い同志愛として心に思い描かれる……。
> (*Imagined Communities* 16)

アンダーソン的な構図《デザイン》に従う限り、ネイションは、例えば、高齢化とか少子化とか、そういう社会的問題を解決するために、相互に結束し合う集団にはなり得ない。それどころか、ひもじさや飢えを生みだすような、社会的な対立（例えば貧富の格差や階級や階層間の対立）を、覆いかくしてしまうものがネイションに他ならない。

ナショナリズムが今後なんらかの変化をとげて、「水平的」ではないものとして、つまり、ネイション内の「不平等や搾取」を解決するようなものになることはない。さらに言い換えれば、そうした変化や成長の余地のない、構築されきった人工物がナショナリズムだ、ということになるのだろう。

こうしてみると、ネアンと、とくにアンダーソンとの間にある、強調点の違いがはっきりしてこないだろうか。両者とも、ナショナリズムが比較的最近形成されたものである、という点では論を同じくしている。しかし、ナショナリズムの機能に関する解釈で、決定的な相違を見せるのだ。繰り返すと、アンダーソンからすれば、ナショナリズムが国内の「貧富の格差や階級や階層間の対立」を解決することは決してない。その一方でネアンからすると、ナショナリズムそれ自体は、上下の社会的対立を解決することはないだろうけれど、ナショナリズムがその一部であるところのプロセス、すなわち「非均質的発展はひとつの弁証法」なのであって（Nairn 344）、このプロセスが上下の対立を実際に解決する方向に向かわないとは（そして必ず向かうとも）、決して断言できない、ということになる。

5　レイモンド・ウィリアムズのラディカルなネイション論

このネアンの議論に比較的近いのが、最後に検討するレイモンド・ウィリアムズのナショナリズム論である。「ネイション」は、言葉としては、その起源からすると（radically）、「ネイティヴ」という言葉と結びついている。わたしたちは、諸処の関係のなかに生まれ落ちるのだが、そうした諸関係は、典型的なかたちでは、ある場所に固定されている。この形態《フォーム》における紐帯は、第一義的なものであり「場所にまつわる（placeable）」ものなのだが、それは、じつに根源的な重要性をもつものであり、また、そうした重要性は、人間がつくりだしたものであり、かつ、自然に生じてきたものなのである。ただし、そうしたかたち《フォーム》の紐帯から、近代の国民国家《ネイション・ステイト》のようなものへの飛躍は、完全に人工的なものである。（"The Culture of Nations" 191）

最後の一文は、ゲルナー、ホブズボーム、アンダーソンのそれと共通性をもっている。つまり、ゲルナーの言うような、国家（ステイト）と民族（ネイション）の境界を一致させようとする国民国家《ネイション・ステイト》——これを重視する行動、信条や指向は、「完全に人工的」なナショナリズムとして、ウィリアムズの批判の対象になる。

ただし決定的に異なるのが前半部分であり、これはややもすると、大きな誤解を招きかねない危うい一節だろう。ウィリアムズは、「場所にまつわる（placeable）」というものを重視する。そしてこの紐帯は、「人間がつくりだしたものであり、かつ、自然に生じてきた」ものだ、と付言する。「場所にまつわる紐帯」というのは、もちろん、その大部分は、イマジネーション（想像力、イメージ化のプロセス）[*9]によって形成されるものだろう。そしてアンダーソンは、そうした想像力は自然なものだと通常見なされているが、じつは、人工物に過ぎないのだと批判したのだった。ウィリアムズも、国民国家《ネイション・ステイト》のナショナリズムが自然を装った人工物である、という点では意見を同じくする。しかし、地理的にもっとローカルなものである「場所にまつわる紐帯」となると、それを作りだすプロセス、すなわちイメージ化のプロセスは、自然なものであり、かつ、人間の手が加わったものである、という込み入った論を示唆することになる。

とはいえ、「想像力」を鍵語として考えると確かにややこしいのだが、少し広く例を探してみると簡単な答えが見つかる。人間が作り、かつ、自然に生じるものとは何か？　謎かけのようだが、ひとつには、麦とか稲と言った農作物がそれにあたる。

農学者の中尾佐助によると、ムギであれば、粒数の多いパンコムギを栽培するまでには、野生の一粒ムギを二粒ムギと掛け合わせたり、といった、眩暈がしてしまうぐらい時間（おそらくは何十あるいは何百世代もかかる期間）を費やした試行錯誤の果てに、現在のパンコムギが出来た、というのが実際であるらしい。今のわたしたちは、パンコムギの生育を、パンコムギの自然の成長力、そして、パンコムギを生育する人間の力と分けてしまいがちだが、中尾が指摘するように、前者の自然の成長力というのは、じつは、人間の力が加わってできたものなのである（『栽培植物と農耕の起源』）。

そして、こうやって人間が一粒ムギや二粒ムギという野生の作物に働きかけて、それをいわば人間的なものにしていくとき、それと同時に人間社会の形態《フォーム》も、そうした自然によって変化をこうむることになる。一粒ムギと比べて収穫が大きいのであれば、それを貯蔵してムギが収穫できない時期には別のことをするようになるかもしれない。つまり、自然の力と人間社会のかたち《フォーム》というものは、いわば、相互に浸透し合っているもの、ということなのだろう。[*10]

もっと生々しい例を出せば、例えば原子力発電は、やはり、自然の力に人間が働きかけ、そこから莫大なエネルギーを取りだすものなのであって、パンコムギと同様に、自然かつ人工的なものと言えそうである。この自然かつ人工的な力は、やはり人間の組織、なかでも、いま問題にしているような、イマジネーション、イメージ化のプロセスというものに影響を与えずにはおかない。放射性物質の種類によっては、数万年のスパンでその問題が継続する以上、こうした自然かつ人工的な力は、私たちの想像力、イメージ化のかたち《フォーム》そのものを、実際には変えつつある、つまり、人工的かつ自然なものにしつつある、と言えないだろうか？

ウィリアムズに戻ろう。「場所にまつわる紐帯（placeable bonding）」が、「人間がつくりだしたものであり、かつ、自然に生じてきた」ものだと彼は主張したのだった。そうした紐帯は、確かに基本的には想像力の産物である。ただし同時に、その想像力そのものが、人間をとりまく自然と、その自然の中に生きる人間との、相互作用のなかでつくり出されており、かつ、その相互作用のあり方が場所に固有のものなのである。ウィリアムズは、こうした場所固有の紐帯こそが、根底的《ラディカル》なネイションである、と暗に示唆する。

6　一九八三年のネイション、そして〈個人〉

ただし、さきに述べたように、この主張は、場合によってはかなり危険なものである。つまり、この紐帯が場所固有のものではなく、「血縁的」な紐帯の偽装に過ぎないと解されてしまう可能性があるからだ。[*11] こうした批判の代表例を、著名なポストコロニアル批評家として知られるポール・ギルロイに見出すことができる。ギルロイは、長い時間をかけたプロセスの「産物」としての紐帯というウィリアムズの主張に対し、「本物のイギリス人《ブリット》になるには、一体どれくらいの時間が必要なのか」という修辞疑問を投げかける（Gilroy 49）――つまり、いくら時間をかけても異人種がその「紐帯」に入り込むことは無理なのではないか、とギルロイは指摘するのだ。この反論には傾聴すべき部分がある。もちろん、ウィリアムズの考えている「紐帯」が「イギリス」とは比較にならないほど小さい共同体（例えば彼の生まれ故郷のブラック・マウンテンズ一帯）を想定してのものである、という重要な論旨をギルロイが顧みていないのも事実だ。しかし、ギルロイの批判が教えてくれることがある。それは、ウィリアムズの想定している時間軸《タイムスパン》、さらには、知識人もしくは作家《ライター》の（共同体における）役割というものが、どうやら、ギルロイのそれ、さらにはネアンのそれとも異なっている、ということである。

ネアンの言う「非均質的発展」とその症状としてのナショナリズムという流れ《フロウ》が、あくまで産業革命以降のものであることは、彼の議論を追っていくなかで説明した通りである。ネアンの図式のなかでは、ナショナリズムという「ヤヌス」の一面、すなわちポピュリズム的な人種主義は、こうした産業化以降のプロセスのなかで解消されるべきもの、ということになろう。産業化のもたらす諸矛盾を解決する手がかりを提示すべき個人としての知識人――このイメージは、ネアンにも、そしてギルロイにも共有されていると言ってよさそうである。

しかし、ウィリアムズの考えている流れ《フロウ》、「場所にまつわる紐帯」が醸成されてゆく流れ《フロウ》は、その時間軸を大きく異にしている。彼の構想していた「長さ」とは、その死後刊行小説『ブラック・マウンテンズの人びと』を手に取る限り、旧石器時代をその嚆矢とする、数万年規模のスパンなのである。もちろん、時間軸を長くとれば良いというものではないが[*12]、肝心なのは、この数万年を（想像的に）さかのぼる旅路のなかで、ウィリアムズが、ネアン的あるいはギルロイ的な知識人像と重複しつつも「ズレ」をはらむ知識人像――正確には知識人というよりは共同体内で「突出する個人」とでも命名した方が良さそうな人物像――を見出していることである。次章で論じるが、ウィリアムズは、例えば（新）石器時代の「突出する個人」もしくは「突飛《クワーキー》」な個人（第1章参照）を記述するなかで、ネアンあるいはギルロイ的知識人（言い換えれば、近代の諸矛盾の解決を性急に目指すリベラルな個人）と、共同体の人びととのあいだに、深刻な分離が生じる瞬間を寓意的《アレゴリカル》に描き出している[*13]（ただしこの「奇妙《クワーキー》」な個人は、性急《インペイシェント》かつ「やり過ごす《ペイシェント》」個人の謂《い》いでもあり、既述の「ズレ」はここに関わる）。諸矛盾をいわば「やり過ごす」人びと、すなわち、ネアンやギルロイ（じつのところウィリアムズ本人にとっても）解決すべき諸矛盾に見えてしまうものを、諸矛盾などとは呼ばずに日常的な経験とする人びと――彼らこそが、「場所にまつわる紐帯」を途方もない長い時間をかけていわば発酵させてきたのだとしたら、リベラルな知識人は、それを避けようのない形で見落としてしまうのではないか。

この疑問が正しいとしたら、一九七七年に口火を切られ一九八〇年代前半に活性化する英語圏ナショナリズム論争の背景にあるのは、ナショナリストと反ナショナリストの対立というよりも、共同体の人びとと、リベラルな知識人とのあいだの深刻な分離ということになる。つまり、「国内的にも国際的にも自由に動ける（nationally and internationally mobile）」力をもつ「進歩主義者《リベラル》とソーシャリスト」[*14]とウィリアムズが呼ぶ諸個人が、ネイションの根本的《ラディカル》な性質を、すなわち「場所にまつわる紐帯」、人工的かつ自然な絆を、見出せなくなってしまった結果、ナショナリズムの「人工性」という議論が出てきたのではないか。ナショナリズムが近代の「発明《インヴェンション》」というよりも、ナショナリズムをめぐる議論こそが、一九八〇年代の「進歩主義者《リベラル》とソーシャリスト」が必要とした「発明《インヴェンション》」だったのではないか――このさらなる疑問を提起して、本章を締めくくることにしたい。

第8章　盲者のまなざし、カイツブリの眼

——『ブラック・マウンテンズの人びと』から『大阪アースダイバー』へ

「ブラインド・ルック」——「盲者のまなざし」とでも訳せばよいのだろうか。それは「まぶたは開いているが、どこか遠くにあるものを、それも、けっして到達しえぬ距離にあるものを凝視している」まなざしのことである。この奇妙な「まなざし」が「彼ら」のなかに見られるようになったのだと、レイモンド・ウィリアムズはその死後刊行小説『ブラック・マウンテンズの人びと』に綴っている。

小説中の「彼ら」とは、一般には先島住民《ファースト・アイランダー》と呼ばれる人びと——ただしこの呼称は小説中では使用されない——のことであり、なかでも、現在のウェールズとイングランドの国境沿いに広がる山岳地帯《ブラック・マウンテンズ》に、紀元前数万年から住み着いていた人びとのことを指す。いわゆるケルト系（この総称も小説中に出てこない）の人びとが到来する前から、ブラック・マウンテンズ一帯に住み着いていた、技術的には旧石器時代に属する人びとが「彼ら」である。狩猟と漁撈《ぎょろう》によって生きる彼らの共同体は、ある災厄により、突如としてほぼ完全に壊滅してしまう。そしてそれを生きのびた数少ない人びとが、山々を離れ、近傍の湖（現在のランゴース湖）のほとりで細々とくらすようになったとき、その独特な「盲者のまなざし《ブラインド・ルック》」が、あらたに来訪した新石器時代の人びと（一般にはケルト系と総称されてしまう人びと）の目にとまることになったのだった。

それからかなり後になってのこと、漁撈の季節や狩猟の季節がいくども過ぎてから、朝になると彼ら［旧石器時代の人びとの生き残り］のなかに、二人一組となって――こんどは若い男女だが――手をつなぎ、盲者のまなざし《ブラインド・ルック》を帯びながら、山々のまだ薄暗い頂《いただき》を、そのはるかなる頂を、じっと見つめている姿が目にとまるようになった。その山々［ブラック・マウンテンズ］では、彼ら諸族の営みが――聡明な群れのおりなす生の営み、集落《ロング・ハウス》の営みが――あたかも永遠にその終焉を迎えつづけている、とでもいったように。

（Williams 233–234：以降すべて第一巻の頁数を指す）

「彼ら諸族《ファミリーズ》の営み」は、小説に描かれている範囲では、紀元前約二三〇〇〇年にまでさかのぼる。小説の末尾に年表が付されており、それぞれの挿話の時代がごく大まかに示されている（本章末の付表参照）。最初の挿話の題である「マーロッド、ガーン、そして馬狩り」の、マーロッドとガーンとは旧石器時代の人びとの名前であり、マーロッドという、イングランド風でもウェールズ風でもない先島住民風の名称を付された登場人物が一族をひきいて行うのは、彼らの文字通り生死をかけた馬狩りである[*1]。馬で小動物を狩ることではなく、馬そのものを狩って食料とすることがマーロッドの目的であり、その失敗が意味するのは一族全員の死である。山々を越え一族総出で獲物を追いつめていくなか、足に障害を負う少年ガーンを置き去りにして馬を捕まえるか、それともガーンを連れて行って馬はあきらめるか、という選択をマーロッドは迫られる。少年を川のほとりに残すという決断をしたマーロッドたちは、捕獲には成功するのだが、翌朝ガーンのもとに戻った彼らが目にしたのは、その亡骸《なきがら》だった。「間違いだった……間違いだった、間違いだった」と一人が叫ぶなか、「えんじ色のユキノシタ《ダーク・ブラッド》」が手向けられ、「石塚《ケルン》」も積まれてゆくことになるだろう。

この紀元前二三〇〇〇年の「間違い」は、たとえば、その約一七六〇〇年後に、「豚」の飼育を考案する少年アーロン（「インカーの火とアーロンの豚」）によって、正されようとされるのかもしれない――とはいえ彼の試みは共同体のなかであまりにも突飛で突出したもので、その子豚は早々に食料とされてしまうのだが。あるいは、適齢期の男性が一族のなかにいなくなってしまったことで、初老の男性との結婚を余儀なくされる少女パーニの苦しみはどうか（「夏の湖と新しい血」）。彼女の苦難は、その約三〇〇〇年後に、諸族たち《ファミリーズ》が（ランゴース）湖に集い、年若い男女がコンタクトの機会をもつようになる、という決定的な変化にむすびついていくのかもしれない（「カーラーの娘、カーラー」）。

ウィリアムズが記述する挿話は、こうして、数千年、あるいは数万年のスパンで生じていく変化を、あくまでうっすらとだが浮かび上がらせてゆく。東西と南北にそれぞれ三十キロメートル、面積にして約九百平方キロメートルに過ぎないブラック・マウンテンズ一帯——しかしここは、様々な苦難や争いが数えきれないほど生じながらも、世代を越えた数万年にもおよぶ営為によって、それを生き延びてきた人びとが、かつて住まっていた場所でもある。一九六八年、ブラック・マウンテンズ一帯に属する国境沿いの村クラズウォールに小家屋《コテージ》を購入したウィリアムズは、[*2]（色の形容から推測するとおそらくは比較的高地に咲く種類の）「ユキノシタ」を目にしながら、あるいはランゴース湖のほとりを歩きながら、また、小説第二巻の末尾に付された考古学や文化人類学、はては地質学にまで至る文献を探りながら、[*3]そして想像力を働かせつつ、彼ら旧石器時代の諸族の営みを小説へとまとめ上げていったのだろう。

そのウィリアムズが記述するのが、先の「盲者のまなざし《ブラインド・ルック》」をもたらすことになる出来事、すなわち、ある羊が媒介した強烈な疫病により、数万年をかけて成長してきた諸族の暮らしがほとんど粉々になるまで崩壊してしまう出来事である（「黒い異邦人と黄金の羊」）。疫病をもたらすことになった異邦人の「皮膚には、褐色もしくはほぼ黒色といってよい奇妙な斑点がいくつも」あり、それが「炭疽病」であることがのちに示唆されるが（225, 237）、家畜が媒介するこの強烈な伝染病によって、彼らの共同体はほぼ壊滅してしまう。

この場面は読み手にじつに強烈な印象を残す。彼らブラック・マウンテンズ一帯の先住諸族たちの暮らし、すなわち「聡明な群れのおりなす生の営み」は、少なくとも二万年という途方もない歳月をかけて、ゆっくりと、しかし着実に成長をとげてきたものなのだから。これが唐突におとずれた疫病によって、一瞬にして、ほぼ灰燼に帰す。その失われてしまった生の営みへの視線が、「盲者のまなざし《ブラインド・ルック》」である。偶発的な災厄にみまわれた流浪の民《エグザイル》が、そのすでに失われてしまった共同体を凝視しようとする様相、あるいは、ないことがわかっていてなお、それを見てしまう様子――これが「盲者のまなざし」なのだった。

本章が、（いくつかの迂回路を経ながら）その最終的な目的としたいのが、前章末尾で提起した問題、すなわち、リベラルな諸個人と根底的《ラディカル》なネイションのあいだの分離という問題を考察することである。前者には「場所にまつわる紐帯《プレイサブル・ボンディング》」の実相が見えないのだった。「国内的にも国際的にも自由に動ける」力をもつ「進歩主義者《リベラル》とソーシャリスト」（Williams, "The Culture of Nations" 200）にとって、場所にまつわる紐帯とは、あまりに複雑すぎるものであって、その実相を見てとることができない。ただしポイントは、前者のモビリティをこうして批判する当の本人（ウィリアムズ）が、端から見れば、いわば同じ穴の狢《むじな》に過ぎなかったという部分にある。ナショナリズム論「諸民族の文化」が公表された一九八三年当時のウィリアムズは、ケンブリッジ大学の演劇学講座教授《ドン》（正確には同年退職）であり、（おおむね小説以外の著書によって）その名が国際的にもすでに広く知られていた存在だった。その彼に「国内的にも国際的にも自由に動ける」力がなかったはずがない。つまり、「場所にまつわる紐帯」の実相を構造的に見落としてしまう「進歩主義者《リベラル》とソーシャリスト」のなかには、他ならぬウィリアムズも含まれている（もしくは、含まれていた）と見なすべきだろう。リベラルな諸個人と共同体の人びととを分かつ厄介な「尾根《リッジ》」――その存在を気にすらとめないものも、前者のなかに少なからずいたに違いない。

しかしこの踏破困難に見える尾根を、はたして真正面から越えていけばよいのか、それとも巻いて（迂回して）越えていけばよいのかと、相当の年数を費やして考えていたのが『ブラック・マウンテンズの人びと』を構想し執筆していた（少なくとも一九七〇年代後半以降の）ウィリアムズだったのではないか。[*4] 本章が最終的に試みたいのは、そうした「尾根越え」の模様を記述することである。そのとき「定住者の意図」と本書が呼ぶものが、ひとつのキーフレーズとなる。ある場所に住みつくときに、そこから出て行くことなど、頭の片隅にすらない。もちろん、移動を強いられることはあるかもしれないが、それは前もって意図してのことではない。本書序章で触れた紀元前約一六〇〇〇年のヴァラーン――彼が想像力をふくめそのもてる力のすべてを注ぐのは、ただ定住するということである。定住に失敗し「南の地《サウスランド》」に帰ることは、（氷期のため）旅をすることのできない赤ん坊と女たちを置いていくことを、つまり一族の離散を意味するのだから。こうした「定住者の意図」を、正確にはその漠たる意図を、「自由に動ける」リベラルな諸個人は構造的につかみそこねる定めにあるのであって、リベラリズムをあれだけ忌避していたウィリアムズ（第６章参照）も、この構造と無縁な存在ではなかったのではないか。ではどうやって、そうした定住者の意図を、その意味と価値を見極めたのか。

こうした疑問を、『ブラック・マウンテンズの人びと』を主たる素材としつつ、そして本書第Ⅱ部でテーマとした「二重視」あるいは「複雑視」、さらには『ブラック・マウンテンズの人びと』とその装い《デザイン》をごく近しくする中沢新一『アースダイバー』シリーズを俎上に載せながら考察していきたい。こう書いてしまうと、ひょっとすると、以下性急な理論化が展開するような印象が出てくるかもしれない。しかし、本章がその出発点としたいのは、「盲者のまなざし」という、どうにも即座には咀嚼しようのないフレーズなのだ。

１　「盲者のまなざし」と「二重視」

「盲者のまなざし」をその習慣としたブラック・マウンテンズの先島住民たち――彼らはその後どのような暮らしを営んでいったのだろうか。議論をさきに進める前にもう少しだけ記述しておきたい。ウィリアムズはこう書いている。山間部に集落《ロングハウス》を形成していた旧石器時代の人びとは、異邦人に対しても一定の寛容をもって接するという文化を編み出していたのだが――

〔炭疽病の後に再建された〕共同体群は、たがいに接触する機会を減らし、相互に孤立するようになり、あたらしい物事や異邦人を敬遠するようになった。この変容してしまった状況のもとでは、なにかに信を置くことなど、なにかに畏敬の念をいだくことなど、ありうるのだろうか？

(239)

『ブラック・マウンテンズの人びと』では、山間部で行方不明になってしまった祖父エリスを捜索するグリンの現在と、エリスが没頭していた旧石器時代から（少なくとも）中世に至る過去――その両方に光が当てられる。上記の引用はそのグリンによる述懐である。

ここで、本書第Ⅱ部で論じた二重視あるいは複雑視について、少し補足しながら振り返っておきたい。それは、観察者が観察する対象との共通性《コミュニティ》をたえず発見していく（つまり関与していく）行為《アクション》の連鎖のことだと言い換えることができる。父親世代の労働者階級の暮らしを観察すると同時に、その観察対象との関わりを発見することになる『アブソリュート・ビギナーズ』の主人公やリチャード・ホガート――彼らは、父親世代も、自分の世代も、ひとつの成長プロセスのなかにあることを知るのだから。あるいはブレヒトの「肝っ玉おっ母《マザー・カリッジ》」を「観察」するのであれば、彼女も観客である「わたしたち」も、おなじ強烈な疎外に貫かれていることを知ることになる。彼女と「わたしたち」のあいだには、残忍この上ない現状を「黙諾」させられている、という点において共通性《コミュニティ》があるし、その現状にべつなかたちで抵抗しようとしている、という点においては変化すなわち成長の兆しがある。

『ブラック・マウンテンズの人びと』にもどると、捜索者グリンに、こうした二重視もしくは複雑視は可能なのだろうか。旧石器時代のコミュニティ群は、疫病に打ちのめされ、ひどく閉鎖的なものとなってしまった。数万年をかけて徐々に成長してきたその文化が、衰退してしまったのだ。祖父が「素人的かつ専門的に」(9) 研究していた彼らの経験を学ぶ意味は、一体どこにあるというのか。彼ら先島住民たちの「信念」や「畏敬の念」に、その文化に、共有する価値など本当にあるのか。先の引用中のグリンは、こうした（もっともな）疑問を抱いていると言って良いだろう。言い換えると、ここにあるのは、河野真太郎が二重視の「挫折」と呼ぶモメントである（『〈田舎と都会〉の系譜学』33）。共同体から距離をとってながめる観察者が、その対象との紐帯《コンティニュイティ》[*5]を発見することで、共同体が拡張をとげる二重視のプロセス。あるいは、共同体からのエグザイルが、逆説的にも共同体を成長させるプロセス――これが「挫折」し失敗する瞬間が、グリンの独白のなかで強調されているのではないか。

　この推測が正しいとしたら、本章冒頭で触れた「盲者のまなざし《ブラインド・ルック》」に織り込まれた寓意《アレゴリー》の所在がわかってくるように思う。それは二重視の一種、それも挫折する二重視のことなのだ。生き残った先島住民たちは、故郷を追われたエグザイルであり、その共同体を外側から観察することを強いられ、それと同時に、どうにかして故郷との紐帯《コンティニュイティ》を見つけようとしている。しかし、その願いがかなえられることはない。彼らの共同体は「どこか遠くにあるもの……それも、けっして到達しえぬ距離にあるもの」なのだから。

　同様の仕掛け《デザイン》をもつウィリアムズの小説『辺境《ボーダー・カントリー》』と比べてみてもよいかもしれない。『辺境』では語り手マシューが経済学者として抱える困難という現在と、父ハリーの一九二六年ゼネストをめぐる困難という過去の、双方が強調される。『辺境』にあるのは「二重時間のプロット」であり、この構図《デザイン》によって明らかになってくるのは、父ハリーと息子マシューの両者が、同じ疎外によって貫かれつつ、それに個別のかたちで抵抗している、という「変化の連続性《コンティニュイティ》」の所在だけではなく、この連続性が途絶してしまうモメントの所在でもある（河野『〈田舎と都会〉の系譜学』40）。そしてそうした途絶の瞬間は、ひとつには、父の死後の場面に記述されているようにも思う。マシューは、父がその死の直前まで横たわっていた、まさにその床《ベッド》で一晩過ごすことになる。寝付けない彼は、ついに暗闇のなかに「父の顔、それも首から上だけの顔」を、さらには「無数の人間たちのすがた」を幻視してしまう。自分は、父が死の床で出会ってしまった底知れぬ「恐怖」を追体験しているのだ。数多の人間たちをのみ込んでいった「すべてを破壊し尽くす闇」のなかに、父も吸い寄せられていってしまったのだと（*Border Country* 423–424）。[*6] この強烈な印象を残す（一種ゴシック的とすら形容できそうな）挿話は、父から子へという経験の継承が途絶してしまうモメント、二重視が挫折する瞬間の寓意として読むことが可能だろうし、その挫折をもたらす諸条件のひとつをそこに読み解くことも可能だろう。父を含め先行世代の経験を継承しようと努力しても無駄なのだ、なぜなら、例えば核戦争（この勃発可能性へのウィリアムズの姿勢は終章でも触れる）や紀元前約一四五〇年の「炭疽病」のような、不測の出来事が万一起きてしまったら、そういう世代間継承の試みなど、すべて無駄になるではないか。「すべてを破壊し尽くす闇」が寓意しているものとは、そうした究極のニヒリズムなのかもしれない。

ともあれ、この二重視の途絶というモメントは、『ブラック・マウンテンズの人びと』において、意識的に強調され、構図化されていると言えそうである。ここでは、『辺境』の観察者マシューにあたるのが、郷土史家エリスということになるわけだが、既述のように、彼は行方不明になってしまっているのだった。旧石器時代との「変化の連続性」を探しつづけていた観察者がつねに不在、という仕掛けになっており、このデザインが寓意しているのは、おそらく、「盲者のまなざし」同様に、二重視の挫折であり、共同体の成長プロセスの途絶なのである。

2　「この場所の甘み」と「レジリエンス」

しかし、その途絶の瞬間に、その「実践」が希求されるのが、「二重視を二重視すること」である（河野「文化とその不満」58）。本章冒頭でその概要を示したように、先島住民たちの共同体は数万年に及ぶ世代を越えた（序章で触れたようにときに「アフィリエーション」的な）成長を遂げてきたわけだが、観察者（を追う観察者）であるグリンは、その成長の過程をうまくイメージできなくなってしまう。偶発的に生じた伝染病による崩壊を、いったいどうやって位置づければよいのか。そこに集団的な成長の契機などあるのか。こういう当然の疑問がグリンの脳裏に浮かんでくるのであり、それは二重視が失敗する瞬間である。

しかしこの挫折の瞬間にこそ、二重視はその継続の可能性を、その継続を可能にするリソースの所在を模索することになる。夜の丘陵地帯にエリスの姿を探索するグリンの目に入ってくるのは「獲物をもとめるフクロウ」であり――

> 飛翔する鳥を見下ろすと、いつも奇妙な感じがした。彼はよくエリスと一緒に腰をおろして、眼下を飛ぶ白鳩の群れをながめ、山々の稜線を追ったものだった。ノスリ［小型の鷹］がゆっくりと旋回し、はるか眼下の森や野原に狙いをさだめながら飛んでいるのを、ふたりでながめたこともある。そしてそういう瞬間、視点のとり方が変容し、ものを見る視点は二重になる。精神はたえずその触手をのばし、探索をつづけるのだった。（238）

「そういう瞬間」は、炭疽菌による壊滅的打撃を語る挿話の直後にやってくる。それでも彼ら旧石器時代の民から、なにか継承すべき経験が、共有すべき価値があるはずだ。そうやって執拗に「探索をつづける」精神にとって、その原動力《リソース》となるのが、「フクロウ」や「白鳩の群れ」あるいは「ノスリ」の飛翔する姿なのである。なぜか？　大急ぎで結論づけてしまうとそれは、鳥たちが文字通り鳥瞰しうる目、観察しうる目を持っているからであり、それと同時に、その観察が「獲物をもとめる」、捕食者から逃れる、餌を探す、といった生の営みそのものとなっているからだ。鳥たちにとって生きることは、二重視そのものであると言ってもよい。鳥瞰し俯瞰せねば彼らは生きていけない。

それだけではない。鳥たちは、通常とは異なったかたちの成長イメージを提供する。通例「進化」と呼称されているそのプロセスを、あえて集団的な「成長」と（郷土史家エリスにならって）「素人的」に言い換えるとき、そこで生じているのは、人間的な時間感覚では把握できないほどの長さで生じてきた、環境との相互作用であり、その産物としての集団的「成長」ということになろう。そこには、ここ数百年来（初期近代以降）に生起した矛盾を自分の生あるうちに解消しようとする、（第6、7章で見たような）リベラルな諸個人の性急さはない。

前章で触れた「場所にまつわる紐帯」、すなわち、ポール・ギルロイがその形成プロセスのあまりの「長さ」に耐えがたさを感じた紐帯は、こうした長大とも言いうる時間的な流れ《フロウ》の産物（もちろん両義的なそれ）としてイメージされている――こう考えてみたらどうだろう。先島住民たちは、その後、あたらしく移住してきていた身分制をもつ集団によって、奴隷化されてしまう。「オールド・ワンズ（いにしえ人）」という呼称のもと、彼らはその自由を失いつつ生き延びてゆくことになるのだが、その「賢き者と奴隷」と題されたエピソードに、「場所にまつわる紐帯」すなわち（前章で触れた）本来的《ラディカル》なネイションの手がかりを求めることができる。

疫病による離散を過ぎること一二〇〇年の後、若き領主メイションがブラック・マウンテンズに凱旋してくる。「奴隷」たる先島住民の末裔たちはそれを出迎える。ところが、幼い女の子がころんでしまい、はずみで背負っていた薪を「メイションの白馬の脇腹」にぶつけてしまう。それは「領主をおびやかす行為であり、極刑に値する」と、領主に仕える「賢き者《ワイズ・ワン》」は宣告する（295）。しかし、オールド・ワンズのひとりカラーンは、それに反論するのだった。「賢き者《ワイズ・ワン》よ、知恵というものは掟《おきて》（the law）を押しつけるだけではなく、解釈するもののはずではありませんか[*7]」と――

「……今日がどういう日か、この場所がどういう場所かも考えてほしいのです。今日は若き領主がご帰還なさる日。歓待と幸福にみちた日ではありませんか。なにか犠牲をだすのにふさわしい時でもなければ場所でもありません」

「言うにことかいて犠牲とはなにごとか！　わかっておろう、そういう話ではないことを。これは掟《おきて》の執行の問題だ」

「その執行のあり方こそ、知恵が解釈をあたえねばならぬもののはず、この場所の甘みのために」

「謎かけでもしているつもりか。甘み《スウィートネス》とはなんのことだ？」

「わたしたちの大地の甘みです、賢き者よ。わたしたちの大地の、この場所の。血を流しこみでもすればその甘みはそこなわれてしまいます」　（299）

オールド・ワンズの長老カラーンは、「この場所の甘み（the sweetness of this place）」という言葉を使って、どうにかして女の子を助けようとする。それにしても、「この場所の甘み」とは一体なんのことか？

いくつかの解釈が可能かとは思うのだが、本章で提出したいのは以下のようなものである。「この場所」がどうしたら「甘美なもの《スウィートネス》」なものになるかを、カラーンたち「いにしえ人たち」は知っているし、逆に、どうするとそれが「損なわれて」しまうかも知っている。再三強調してきたように、彼ら旧石器時代の民は、数万年かけて、その共同体を成長させてきたわけだが、その過程のなかには、殺人、移民たちとの緊張関係、さらには、疫病による壊滅という出来事までが含まれる。しかし、どうしてこのような苦しみが続くのか、ということを考えるとき、ウィリアムズが示唆するように、それはブラック・マウンテンズという場所が古くから境界沿いのくに《ボーダー・カントリー》だった、という環境的制約にその原因をみいだすことができる。山岳地帯であるために人口規模の大きな社会は構成しにくく、東にはイングランドの肥沃な平野がありそこからの侵入を受けやすく、かつ、何本も走る川も外部からの侵入の誘因となる。これがブラック・マウンテンズなのだ。

この自然環境に、数多《あまた》の世代をかけて働きかけ、かつ、そうした自然環境から影響を受けてきたのが、オールド・ワンズという旧石器時代の人びとの末裔たちである。こうした自然環境のもたらす厳しい制約に長い時間さらされながら、それと同時に、長い時間（数万年）をかけて、この場所に固有の紐帯、つながりというものを作りだしてきたのが彼らなのである。

　ウィリアムズ自身の言葉を借りれば、それはひとつには「レジリエンス（resilience）」、すなわち「回復力」という語で形容しうる紐帯である――

> 　［ブラック・マウンテンズの］人びとが、どうしようもなく厳しい諸条件を、なんとか辛抱できてきたのは、この尽きることのない回復力《レジリエンス》――むしろ狡猾《デヴィアスネス》さとすら言えるかもしれませんが――があってのことなのです。
>
> （"The Practice of Possibility" 220）

つまり、疫病による共同体の崩壊という悲劇を経験してなお、その生き残りがすべて奴隷の身になるという悲劇を経験してなお、そこから何とか回復していく力（レジリエンス）こそが、ブラック・マウンテンズという「場所にまつわる（placeable）」産物、この場所に固有の成長の果実（sweetness）なのだ、ということである。さらに換言すれば、領主メイションたちのような外敵や侵入者とも、長い時間をかけて共存していくような、弾性《レジリエンス》をともなった紐帯、狡猾《デヴィアスネス》さをそのうちに秘めた紐帯を、いわば醸成していくための試行錯誤が、ここでは数万年もの歳月をかけてなされてきた――こうイメージする力こそが果実《スウィートネス》なのだということにもなろう。さらには、そうした地に根ざした想像力しか甘み《スウィートネス》のあるものはないのだ。

　とすれば、幼い女の子が無礼を働いたからといってこれを手打ちにする、という振るまいは、あまりにもレジリエンスを欠くものとなる。繰りかえせば、このレジリエンスは、場合によっては数千年近い時間をかけて回復していく力、正確には、そうやって数え切れないぐらいの世代をかけて悲劇から回復していくのだとイメージ化する力のことである。オールド・ワンズの女の子を手打ちにしようとするメイションや賢き者《ワイズ・ワン》にはそういう想像力が欠けている。つまり、現在は支配者である自分たちが、いつか支配される側にまわって、そこから回復していかねばならない日がくることを、賢き者《ワイズ・ワン》はイメージすることができない。それでは、最終的にはブラック・マウンテンズという過酷な場所で生き延びていくことが困難になる、「甘みがそこなわれてしまう」と、オールド・ワンズの長老カラーンは警告している。こう解釈することが、ひとつには可能だろう。

事実、支配者だった彼らも、その後、紀元一世紀にローマ帝国の支配を受けることになる。ローマの撤退後も外敵の侵入はやむことがない。彼らの言語とは異なる言語（今で言う古英語）をあやつるサクソン人、その後には、ヴァイキング、ノルマン人と争いの火種は尽きることなくもたらされてゆく。ウィリアムズは書く――

わたしはたまたま、かつてフロンティアであった地域、つまり、国境沿いのくに《カントリー》、ウェールズの辺境で育ったのだが、そこは何世紀にもわたってむごい戦いと襲撃と抑圧と差別があった場所で、わたしが生まれた場所から半径二〇マイル以内では、そうした嵐のような幾世紀ものあいだ、なんと四種類もの口語が日常的にもちいられていたのだ。……ここからそれほど距離のない場所には、ウェールズの炭鉱地域《マイニング・ヴァリー》があって、一九世紀には膨大な数の移民が、多種多様な移民が流入したのだけれど、二世代を経てみると、きわだって堅固な共同体が、その成員が互いにきわだって誠実な共同体ができていたのであって、その記録をわたしたちは手にしている。これらの記録は、希望の真の根拠である。

（“The Culture of Nations” 201）

四つの言語とは、ウェールズ語、英語、（ヴァイキングたちの）デーン語、フランス語のことかと思われるが、こうやって四つもの言語が用いられていた時代（ノルマン人の侵入以降）を経て、さらに数え切れないほどの世代を経て、文字通りの「むごい戦いと襲撃と抑圧と差別」を経て、共同体が成熟したものになったとウィリアムズはイメージする。

想像力《イマジネーション》とは、ロマン派以降にどうしても含意されてしまう特別な能力（創造的な想像力）だけを指すのではなく、それは、生き延びていくためにどうしても必要な能力でもあったはずだ。イマジネーションとは、個人の能力のことだけではなく、世代を越えて続くプロセス、それも数万年かけて成長するプロセスのことでもあったはずだ（接尾辞"-tion"は「過程」も意味する）。おそらく、こうウィリアムズは想像したのであり、さらには、その成長過程のなかに自分もいる、とも想像したということになるだろう。

3　リベラリズムの外へ——場所固有の制約を「やりすごす」こと

ここでイメージされているのは、ごく複雑な成長過程である。崩壊しそうになっては回復し、またその逆もしかり、というプロセスを繰りかえすのだから。とはいえ、議論を二重視に戻すと、そうした「二重視を二重視すること」がなぜ可能になるのか、という問題は未解決のままである。「二重視を二重視すること」による「果実」がなにかはここまでの議論で示せたとして、その果実を見出すことが可能になる歴史的な諸前提となると、その輪郭がまだつかめないということである。郷土史家エリス、そして彼をさがすグリンが、「この場所の甘み」を、「場所にまつわる紐帯」をイメージするための諸前提とは何なのか。あるいは、ウィリアムズが「尾根《リッジ》」の踏破に向かうべく、いわばその荷造りをするに至った、そのきっかけとは何だったのか。

それはひとつには、政治的な基盤としての国民国家《ブリテン》の失効かもしれない（もちろんソーシャリストの観点からして、ということだが）。少なくとも一九六〇年代中盤以降のウィリアムズは、労働党に決定的な限界を見ていた、つまり、経済的にも軍事的にも存在していないはずの自律性を国民国家《ブリテン》に見てしまっているこの政党に、見切りをつけていたのだった（高山 446–447; 本書第6章参照）。ただし同時に、視野をヨーロッパにまで広げれば、ユーゴスラビアという諸民族からなる連邦共和国における自主管理型ソーシャリズムの試みは（『ブラック・マウンテンズの人びと』執筆当時）いまだ継続中であった（序章参照）。これらの経験が、既存の国民国家《ネイション・ステイト》とは異なる、ラディカルなネイションとでも呼称すべきものへの探求へと、すなわち「尾根《リッジ》」の踏破へと、ウィリアムズを向かわせたのではないか。

とはいえ、「尾根《リッジ》」に向かうことと、それを「越える」ことは、もちろん別の話である。当のウィリアムズも含まれていたリベラルな諸個人と、ラディカルなネイションを分かつ「尾根《リッジ》」。この道中の難所が、本書第Ⅰ部でその語義を拡張させたリベラリズムもしくはリベラルな諸個人という、感情の構造だったのではないだろうか。

本書が第Ⅰ部で感情のリベラリズムと呼称した流れ《フロウ》には、一種ソーシャリスト的とすら言いうるような集団性があった。敷衍すれば、王権や専制《デスポティズム》「からの」解放という消極的自由を、積極的つまり集団的に追い求める流れがそこにはあり、第Ⅱ部で見てきたような二重視や複雑視も、この流れに位置づけることができる。『アブソリュート・ビギナーズ』の主人公も、ホガートも、肝っ玉おっ母を見る「わたしたち」も、集団から距離をとりつつ関与する、という二重視を実践することで、属する集団を成長させようとするわけだが、その流れのたどりつく果てとしてイメージされているのは、やはり、王権とは言わなくとも近代の専制《デスポティズム》「からの」解放であると言えそうに思う（とりわけ「肝っ玉おっ母」を見る「わたしたち」に当てはまる）。

ところが、こうしたいわば性急な解放をもとめる諸個人《リベラルズ》は、「大多数の人びと」とのあいだに、深刻な分離を経験してしまうことになる。この分離が生じるのは、ひとつにはデヴィッド・ハーヴェイであれば「時間-空間の圧縮」と呼ぶであろう事象の進展のためなのだが、この分離についてウィリアムズは厳しい警告を発する——

……［社会的には］少数派に属するリベラル派ならびに社会主義者、そしてなんといっても、その仕事やその組織化のあり方からして、国内的にも国際的にも自由にうごける人《モバイル》びとがいる。彼らは、根をおろして定住するという経験をほとんどすることがないのだけれど、大多数の人びとが——いまや信じられないほど深刻で複雑な問題にさいなまれつつ——そのアイデンティティをつくり出しているのは、そうした根を張って定住する経験からである。（"The Culture of Nations" 200）

もちろん、ウィリアムズが即座に補足しているように、「根を張って定住する経験」とは、悲劇的な動き《モビリティ》にみちた経験のことである。それは「定住するのだけれどその後で根を奪われ移住させられてきた」経験のことなのだ。『ブラック・マウンテンズの人びと』は、この定住者のモビリティを延々と描き続けている小説と言っても構わないだろう。

「国内的にも国際的にも自由にうごける《モバイル》人びと」と同じ穴の狢《むじな》とされるリベラル派（そして一部のソーシャリスト）には、冒頭で示唆したように、定住者のモビリティが「複雑」すぎて理解できない。さきのリベラリズム論に話をもどせば、根を奪われては張り直し、そして奪われる、という定住の経験は、リベラリズムのその語義をどれだけ拡張しようとも、その枠組みからはみ出してしまうということである。前節で示唆したように、紀元前約一四五〇年、伝染病（炭疽菌）が発生してしまった原因のひとつは、ブラック・マウンテンズの地理的環境にもとめられる。ここは外部と接触しやすい国《ボーダー・カントリー》なのであって、病気も含め様々なものを呼びこむ性質がある。この環境的制約からの解放を、この場所固有の制約からの解放を、はたして「盲者のまなざし」を帯びた末裔たちは、実践したのだろうか？

もちろんそれは疑わしい。根を奪われつつも定住する、という生の営みは、その場所に特有な《プレイサブル》制約を、しのぐ、耐える、あるいは、やり過ごすことそのものだからだ。「国内的にも国際的にも自由にうごける《モバイル》人びと」は、社会学者ジグムント・バウマンが『コミュニティ』で素描しているように、ありとあらゆる場所に特有な《プレイサブル》制約からの自由をもとめて、警備員とフェンスや壁に守られた城塞都市《ゲーティッド・シティ》に住むことも、あるいは、つねにその住まいをグローバルに移動させたりすることもできるだろう。しかし、定住する意図をもつもの、つまり根を奪われてなお根を張り定住する人びとは、その場所固有の制約をしのぎ耐えねばならない。かりにブラック・マウンテンズ一帯から放逐されようとおなじ事である。イングランドの肥沃な平野地帯であっても、その場所固有の制約がやはり出てくるのだから。解放ではなく、いわば「やり過ごす」ことが、定住者の、定住する意図をもつ人びとによる営みの、複雑な実相なのである。複雑な、というのは、ただ単に「やり過ごす」のではなく、そこでは、自然環境のもたらす固有の制約が、数多の世代を越えて、右へ左へと蛇行しつつも徐々に解きほぐされてゆくからだ。その産物を、ウィリアムズは「この場所の甘み」すなわち回復力《レジリエンス》のある紐帯、狡猾さ《デヴィアスネス》を隠しもった紐帯と名付けたのだった。

そして、『ブラック・マウンテンズの人びと』を執筆するという（遅くとも一九七〇年代後半には開始されていた）作業のなかで、一九八三年の「諸民族の文化」が公表されたという事実は強調されてもよいように思う。リベラルな諸個人と定住者たち、という分離の実相に既述のごとく肉迫できたのは、この厳しい環境に数万年のあいだ住んできた人びとの、その漠たる（定住の）意図を、どうにかしてつかみつなごうとしていたからなのではないか。ブラック・マウンテンズの人びとと、観察者である自分とのあいだの、失われた共通性《コミュニティ》を、その死後公表作を執筆する作業のなかで、彼がどうにかして見出したがゆえなのではないか。

しかし、そのリベラルな個人ウィリアムズと、ブラック・マウンテンズの（数万年にも及ぶ歴史をもつ）定住者たちとのあいだの、「共通性《コミュニティ》」とは一体何なのか？

４　言語の場所性《プレイサビリティ》――コミュニティと書き手《ライター》

それは、場所に特有《プレイサブル》な制約である。ブラック・マウンテンズの人びとが、数万年をかけて、その制約をやり過ごし、やり過ごすなかで「この場所の甘み《スウィートネス》」を生み出す、いわば「発酵」の過程にもあったことはすでにみた。しかし、それが見えたのはなぜかと考えるとき、捜索者グリン、そしてウィリアムズが、彼らとおなじ制約をこうむっていたはずだ、という推論にいきつく。つまり作者《ライター》ウィリアムズは、本書が「言語の場所性」と呼ぶものの制約を受け、かつ、その制約と交渉を繰りひろげていたことになる。すこし長くなるが、ブラック・マウンテンズという場所を、彼が手のかたちになぞらえてどのように記述したのか、具体的に見てみるのがよさそうである。以下の文章は、一九八一年に公表されたものの一部で、『ブラック・マウンテンズの人びと』冒頭にほぼそのまま使われることになる――

ここに、幾重にも層なす砂岩、丈の低い山草にかこまれた砂岩がある。あなたの右手をこの岩に押しあててみよう。つぎに、夏の太陽が昇る方角［北北東］、太陽が正午に位置する方角［南南東］のふたつを確認する。そして人差し指を、そのふたつのあいだに向ける。そのあとで、手指をすこしだけひろげるとよい。そう、これでこの場所［ブラック・マウンテンズ一帯］が、あなたの手のひらのなかにすっぽりとおさまった。

あなたの手首のあたりが高台にあたり、そこに六つの川の上流がある。今ではマヌイあるいはモノウとよばれている最初の川は、親指のふちを流れている。二つ目のオルホンといま呼ばれる川は、親指と人差し指のあいだを流れ、親指の爪の先あたりでマヌイ川と合流する。三つ目は、現在ではホンズィとよばれる川で、人差し指と中指のあいだを流れたのち、湾曲してマヌイ川と合流する。四番目の今はグルアネ・ヴァウルと呼ばれる川は、中指と薬指のあいだを流れたのち、逆の方向［南側］へと曲がって、五番目の現在ではグルアネ・ヴェハンと呼ばれる川に合流するのだが、このグルアネ・ヴェハンは、薬指と小指のあいだを流れてきたのだった。いまではリアンゴルと呼ばれる六番目の川は、小指のふちのあたりを流れている。あなたの手の外側には海へとつながるふたつの川が流れている……ワイ川とアスク川は……セヴァン川《シー》へと流れてゆく。

("Black Mountains" 215–216)

『ブラック・マウンテンズの人びと』を書くウィリアムズは、「流れ《フロウ》」という言葉それ自体の意味合いに、かなり意識的になっているように思える。「流れ《フロウ》」という語がいかなる「流れ」をイメージさせるのか――この問いをつねに意識しながら、『ブラック・マウンテンズの人びと』を書いていたのではないか。

たとえば、物事の成り行きを「流れ」という言葉で表現したいとしよう。そのとき、それは、まっすぐの流れなのか、それとも蛇行している流れなのか、あるいは、ほかの流れと合流しているのかいないのか。「流れ」といえば、まっすぐに切れ目なく円滑に物事が進むことをイメージしてしまうのか、それとも、「流れ」といえば右に左に蛇行すること、物事が滑らかには進まないことを想像してしまうのか――この語がイメージさせるものは、じつのところ、場所とふかく関係している。いや正確には、想像力のかたち《フォーム》は、その「材料《マテリアル》」を固有の「場所」に求めてしまう、ということである。

先の引用であれば、ブラック・マウンテンズの六つの川が、まっすぐにそれぞれ進むというよりは、湾曲しながら「合流」してゆくイメージが、じつに簡潔かつ印象的につづられている。物事の成り行きというものは、唐突な「合流」、つまり、思いもかけない遭遇による不意の変化がつきものだ、というイメージがそこでは生産されることだろう。流れ《フロウ》、という言葉であれば、疫病や侵入者などが流れこむ、という事態をいかにしてやり過ごしてきたのか、という営みと切断しえないものとなる。複数の川がいくつもの合流をとげる環境に暮らす人びとにとって、そうした不測の事態は避けがたいのだから――しかし、捜索者グリン、そして作家《ライター》ウィリアムズは、そうした場所固有の制約を定住者たちがしのいできた経験こそが流れ《フロウ》なのだ、というイメージを生産することになる。円滑さではなく、複雑さこそが、流れ《フロウ》であると言ってもかまわない。

『テレビジョン』を書くウィリアムズは、この流れ《フロウ》という語を次のように使っている。別々の番組《プログラム》がひとつのチャンネルのなかでつなぎ合わされて、本来は人為的なつながりのはずなのに、なにやら自然さを感じてしまうとき、そこには流れ《フロウ》があるのだと(86–96)。その一方、ブラック・マウンテンズという場所では、不測の事態が起きてはそれを解決し、また不測の事態が起きる、という複雑きわまる物事の成り行きこそが流れ《フロウ》として感じられるとしよう。そのとき、そうした複雑さこそ自然で当然のものであるとイメージするために、人間的営為が積み重ねられてきたことになる。あたかもプロデューサーが番組の流れ《フロウ》をデザインするように、である。

さて、こうなってくると、奇妙なことだが、オールド・ワンズと呼ばれる先島住民たちと、作家・物書き《ライター》であるウィリアムズは、ひとつのコミュニティのなかにいることになる。先島住民とウィリアムズは、ブラック・マウンテンズという場所特有な《プレイサブル》制約を、いわば一緒になってやり過ごしているのであって、そこでのウィリアムズは、コミュニティの作家・物書き《ライター》にほかならない。両者は同一ではないのだけれど、同じコミュニティにいる。

コミュニティの作家《ライター》、すなわち、共同体の成員たちと問題を共有する書き手《ライター》とは、ウィリアムズが『イングランド小説』で示唆するように(119–139)、イングランドではトマス・ハーディを最後に一九世紀から二〇世紀の変わり目で、ひとまず途絶し残滓と化してしまうものである(D・H・ロレンスはその残滓と交渉を繰り広げた作家となるだろう)。*8 だとすれば、ウィリアムズは、この残り滓《かす》をすくい上げながら、場所に固有の紐帯《コンティニュイティ》を書き記し、途絶したコミュニティを再興しようとする辺境《ボーダー》のライターであると言えよう。

5　「計測者の来訪」

とはいえ、そのコンティニュイティもコミュニティも、ふたたび途絶する瞬間がやってくる。地理学者デヴィッド・ハーヴェイは、「場所の甘み」というフレーズに触れながら、『ブラック・マウンテンズの人びと』はもちろんのこと、ウィリアムズの小説群を包括的に論じているのだが、彼は以下のようにその問題をまとめている――

ウィリアムズは沈痛に書き留めている。「窓を支える鉛の桟には、必ず否定のポリティクス、差異化のポリティクス、抽象分析のポリティクスがはめ込まれていた。そしてこれらは、われらが好むと好まずとにかかわらず、今や何が起きているのか理解するためにも必要であった。」そこでは言語さえもが変転し、炭鉱における「われらの共同体」や「われら人民」のような言葉は、抽象化がもっとも激しく論じられている大都市においては「組織化された労働者階級」や「プロレタリアート」や「大衆」へと転じてしまうのである。
（「戦闘的個別主義と世界的大望」95）

産業化の過程のなかで、「共同体」や「人びと《ピープル》」という言葉は、大都市においてその実相と隔たった言葉、たとえば「大衆」という言葉へとすり替えられてしまう。これは言葉の選択の問題だけではなく、その用法の問題でもあって、かりに「共同体」や「人びと《ピープル》」と言いつづけるとしても、それを口にする者が、その実相から深刻に隔たってしまうこともある。

その隔たりについては、リベラルな諸個人と定住者たちのあいだの分離だと、本章で論じたばかりである。そして念のため確認しておくと、その分離があるからこそ、一九七〇年代以降のウィリアムズは『ブラック・マウンテンズの人びと』を書きつづり、その分離を生み出すもの、つまり、定住者たちとエグザイルたちを分かつ「尾根《リッジ》」の正体を、探求しようとしたのだった。ただし――

ものごとのなかには単純なものもある。だが、君らが住んでいる山々のようなものもあるんだ。ひとつの尾根《リッジ》をみて、そこに登るとする。ところが、そこにやっとたどりついたら、その尾根のはるかむこうには別の尾根がみえる。そしてまた別の尾根が出てくる。これが永遠に繰りかえされるような気さえしてくるだろう。
（*People of the Black Mountains* 173）

分離をもたらすもの、すなわち「尾根」はひとつではない。郷土史家エリス、彼を探しもとめるグリンは、（そしておそらくウィリアムズその人も）ブラック・マウンテンズの山中に入る。それは、自分たち観察者と、定住する人びとを分かつ尾根《リッジ》がなにかを確かめるためであり、さらにその尾根をも俯瞰する眼（「飛翔する鳥」の眼）からすれば、どんな共通性が、どんな紐帯が見出されるのかを探るためだった。しかし、「尾根」つまり分離の所在はひとつではないことがつねである、というイメージもまた、言語の場所性という制約を耐えしのぎ、ときほぐす書き手《ライター》ウィリアムズが生産するものである。

そうしたイメージ、すなわち、コミュニティやコンティニュイティが、ふたたび途絶してしまう瞬間のそれは、紀元前約二〇〇〇年の「計測者の来訪《メジャラー》」というタイトルを付して、『ブラック・マウンテンズの人びと』にあらかじめ書き込まれている。先島住民たちのコミュニティに、東部の平野地帯から来訪者がやってくる。ダール・メレドと名乗るその年老いた男は、みずからを「計測者《メジャラー》」であると称し、太陽（とそれがつくり出す影）、月の軌跡を計測《メジャー》することで、季節の運行をより正確に知りうると主張するのだった。「掟《ザ・ロー》」により先島住民たちは、彼を歓待する。しかし、計測者ダール・メレドは、東部の都市メンヴァンディル*9の進んだ技術（考古学的には農耕技術を備えた新石器時代にあたる）を習得しつつも、なぜかそこを離れ流浪の身となっているのだった。「大いなる秩序《グレート・オーダー》」と讃えられたその地では、かつての栄光の日々は消え去り、計測の知識を持つ者たちが、人びとと一緒に働くのではなく、人びとを支配するに至ってしまった。彼は、計測都市メンヴァンディルからのエグザイルだったのだ。

計測者ダール・メレドは、かなり複雑な人物として形象化されている。先進的な知識を生産する都市で教育を受けた者であると同時に、場所の制約を知る者でもある。先の引用で、尽きることのない尾根というイメージを語っていたのは他ならぬダール・メレドその人なのだから。にもかかわらず、メンヴァンディルは「場所でしょう、すばらしい場所だ」と賞賛する先島住民の長老にたいし、彼は——

「場所としてはほかと大差ありません」と応じ、「大事なのは場所ではありません。その思想《アイデア》です……」とつづけたのだった。　(161)

この計測者は、場所の制約を知ってはいるが、それを思想《アイデア》と関連づけることができない。彼は、思想の場所性《プレイサビリティ》には無自覚なのであって、その優れた知識を、思想を、いわば上から押しつけようとして失敗する。先住者たちのコミュニティにおいて、「冬至」の計測は女性たちの仕事なのだ（182）。これを男性であるダール・メレドが行ってしまうと、男女間の力のバランスが急激に崩されてしまうのかもしれない。思想は正しいからといってつねに実践されるわけではない。思想、とりわけその実践は、場所の制約に左右される。本章冒頭で少しだけ触れたように、結婚制度の仕組みの変化に数千年かけたのが、ブラック・マウンテンズという場所である。物事の流れ《フロウ》は、つねに複雑をきわめる。それを解さないダール・メレドは、堕落してしまったメンヴァンディルの支配者たちと、大差のない存在となってしまう。

　純粋な知識欲をうしない、知識の代価に食料を求めはじめたことが、計測者たちが支配者へと変化する瞬間のはじまりだった。ダール・メレドは先島住民の若者カラーンにその思いを吐露する——

> ほかの人びとに依存することから解放されたくて、わたしはメンヴァンディルをはなれた。その後、わたしはここに、君たちの場所に来たわけだが、自分の足でたどり着いたわけだ。ところがまた、わたしは依存するようになり、ほかの人びとに食べ物を無心するようになっている……メンヴァンディルが変わってしまうのをわたしはみて、それに抵抗した。だが、いまのわたしが見極め《メジャー》をせねばならないのは、わたしもあの連中［堕落した計測者たち］のひとりだ、ということなんだよ。
>
> （180：強調は引用者による）

ということは、計測者とは、計測に成功すると同時に失敗する者のことになる。計測者は、なぜ他の人びとから切り離されてしまうのか？　ダール・メレドは、そうした分離をもたらす「尾根」について、少なくともそのひとつは見極め《メジャー》に成功している。知識とは特別なものである、という思想と、それがもたらす効果が「尾根」の正体である。しかしグリンが言うように「あらたな知識をもとめて生きること、知識の複雑さを長い時間をかけ日夜追求することができるかどうかは、物理的あるいは身体的な観点からすると、労働という共同の営みに、いまだ左右されていた」のだった(237)。これに気づいたダール・メレドは、計測者と人びとのあいだの共通性《コミュニティ》を見てとっていることになる。しかし、もう一度繰りかえすと、「尾根」はひとつではない。もうひとつの「尾根」に直面したとき、かれはその見極め《メジャー》に失敗してしまう。彼は、「ほかの人びとに依存することから解放」されること、つまり、物質的な制約そのものからの解放をもとめている。本章の議論に添って言い換えれば、ダール・メレドは、なおリベラルな諸個人のひとりである。ということは、制約を耐えしのぐ定住者たちの実相となると、その見極め《メジャー》に失敗してしまうのだ。

この「失敗の重み」を受けたからこそ捜索者グリンと、コミュニティの書き手《ライター》ウィリアムズは、その見極め《メジャー》に成功し、既述のように、場所の制約を解消するのではなく、いわば解きほぐしてゆく紐帯あるいは共同体が、立ち上がってくるようにも思える。ただし、計測者ダール・メレドは、ほとんどレイモンド・ウィリアムズその人の来歴を思い起こさせる人物であること(両者とも田舎で生まれ都市部で教育を受けるが、その献身《ロイアルティ》を向ける先を探すエグザイルである)を考えるとき、コミュニティのライターとは、計測に成功するものの謂《い》いではなく、つねにあらたな隔たり《メジャラー》を計ろうとする者のことだとも言えそうである。共同体の再興を言祝ぐのではなく、つねにあらたな「尾根」を、あらたな途絶の瞬間をさぐることが、コミュニティのライターの仕事なのかもしれない。

6　カイツブリの眼——突出する個人の不在

さてここで、『ブラック・マウンテンズの人びと』と装い《デザイン》をかなり近しくする著述を、最後にひとつ取りあげてみたい。それは、中沢新一『アースダイバー』シリーズである。*10 中沢は、石器時代の人びとが自然環境に働きかけたプロセスが、いまだに残滓的なものとして現在にその力を及ぼしている、という構図《デザイン》を採用する——

ニューヨーク州の近辺にいたアルゴンキン諸族のことばが、英語がアメリカ語に変化していく方向性を決めている。これが土地の力というものである。皇居を「空虚な中心」として、そのまわりに環のようなかたちに発達していった東京の都市構造のなかに、ぼくはそれとよく似た土地の働きを感知する。

（『アースダイバー』21）

もちろん、小説ではないという点で『ブラック・マウンテンズの人びと』とは異なるのだが（そしてこの点が重要になってくるのだが）、デザインとしては重なり合う部分が多い。ただしなによりも興味深いのは両者の相違点である。『アースダイバー』シリーズが、冷戦崩壊後に、日本語で書かれた著述であり、そしてその舞台が東京や大阪あるいは京都といった大都市《メトロポリス》であること――こうした違いを考察することが、『ブラック・マウンテンズの人びと』という文字通り未完のプロジェクト[*11]の、その全射程の見極めに役立つ。

中沢は東京や大阪の地形、それも、「縄文海進期と呼ばれる時代」の地形に注目する。その時代は約六千年前をピークとして現在よりも海水面が数メートルも高く、東京であれば、いまのそれとは相当異なる「複雑な地形をしたフィヨルド状の海岸地形」と、数多くの「岬」の存在をその特徴とする場所だった。その後、海水面が下がると、当然のことながら、台地と低地が東京には数多く出現することになる（そのせいで確かに東京には坂が多い）。低地は、「縄文海進期」のなごりで湿地帯となってゆく。台地と低地、すなわち「乾いたもの」が隣接するようになる。

古代の人びとは、この地形的制約と長い時間をかけて交渉をしていたはずだと中沢は想像する。言い換えれば、「乾いたものと湿ったもの」、合理性と非合理生、世俗性と聖性は隣接しあい、相互に不断の交流を繰りひろげるものだと想像する縄文人たち――彼らの営みの、その残滓が「土地の力」となって、現代の東京にも影響を及ぼしているはずだ、というのが『アースダイバー』の主張である。中沢が具体的に論じるのが、新宿であり、そこは「乾いた」商品を売る百貨店が並ぶ台地と、「湿った」商品を売る風俗街がひろがる低地「歌舞伎町」のふたつが、確かに隣接している。あるいは、縄文海進期の「岬」は、海という「水の世界」すなわち「死の領域」に触れてしまう場所であり、その場所はいまでも、なんらかの聖性にかかわっている場所だという中沢の主張は、たとえば「神宮の森」などの位置によって、その具体例が提示されることになる（『アースダイバー』13–14, 43–44, 60–62）。

七年後の二〇一二年に公表された『大阪アースダイバー』には、中沢の興味深い成長が見られるのだが、基本的には『アースダイバー』の構図《デザイン》が踏襲されている。「大阪平野は、このあたりが開け出した二千年ほど前には、まだ大きな湖（河内湖《かわち》）の底にあ［り］……さらにそれよりも以前の、五千年以上前には、河内湖は海への広い開口を持つ、巨大な潟だった」のであり、「縄文人がこの巨大潟の岸辺近くにムラをつくって」いた。ここからの中沢は（さらに）大胆である。「この巨大潟」にそって「南北」の軸すなわち「アポロンの軸」が上町台地を走る。ただし、「東西」の軸すなわち「ディオニュソスの軸」が生駒山に向けて走り、つねに「アポロンの軸」を湾曲させてしまうのだと中沢は述べる。「生駒山」は縄文人たちの聖地であり、アポロン的な合理性を、つねに突き崩してしまう力をもつ、と中沢は想像する。東京では、非合理性あるいは聖性は、湿地や岬の名残というかたちをとり、数は多いがいわば点在しているに過ぎないとしよう。大阪では、縄文時代の「ディオニュソス」すなわち非合理的な力は、生駒山から発し、大阪平野のすべてに影響をおよぼすのだ（『大阪アースダイバー』22, 28–36）。

さて、参考文献表を付してはいるが、多分にフィクショナルな部分を含む『アースダイバー』シリーズについて、そのポストモダン的な居直りを論難することが本章の目的ではない。むしろ、『大阪アースダイバー』や「海洋アースダイバー」に見られる民族論、つまり、「南朝鮮から北陸、北九州、瀬戸内海沿岸部」には「カヤ系」と呼ばれる海民たちが古代世界には住んでいた（『大阪アースダイバー』302）という議論は、ケルト以前の先島住民たちとのつながりを模索するウィリアムズを想起させる。つまり中沢は、ウィリアムズとおなじく、地形をはじめとする場所の制約に注目することで、産業革命以降の「完全に人工的」なものとなった国民国家ナショナリズムを批判しようとしている。また、さきに示唆したように、場所に特有な《プレイサブル》紐帯を大都市《メトロポリス》にさぐる、という試みは、ひょっとするとウィリアムズが越すことができなかった「尾根」の所在を明らかにするものなのかもしれない。「計測者の来訪」のエピソードが含意するように、『ブラック・マウンテンズの人びと』には、都会にすむエグザイルが、その故郷との紐帯を探索する構図がある。そこでは、田舎の場所性が都会に、いわばねじれ混むような実相が、ぼんやりと見えるようになっている。しかし、ハーヴェイの言う「時間-空間の圧縮」、すなわち、場所の固有性の消失が（おそらく）ウィリアムズの想像を超えるペースで進む現在にあって、『ブラック・マウンテンズの人びと』は、下手をすると、田舎に場所性はあるが都会にはない、という不幸な読まれ方をされてしまう恐れがある。中沢の試みは、その「尾根」を越えてはいないにしても、その越え方を示すものとなっていよう。

　その意味で『アースダイバー』シリーズは貴重な試みであり、本章はその意義を否定するものではない。しかし重大なのは、『アースダイバー』シリーズには「個人」が不在であること、正確にはひとりしかいないことにある。時代設定が石器時代であろうと『ブラック・マウンテンズの人びと』では、少なくとも第一巻では、「個人」が問われている。正確には、共同体から突出したり、孤立したり、あるいは分離を余儀なくされてなお共同体に属する（ないしは属そうとする）個人の苦闘が、意識的に前景化されている。それは、ウィリアムズが『キーワード辞典』（163–164）で言うような、個人があっての集団ではなく、集団があっての個人という、近代にあってはまずは残滓となってしまう個人かもしれない。とはいえ、『ブラック・マウンテンズの人びと』の旧石器時代の挿話群、たとえば馬を狩るマーロッド、豚の飼育を試みるアーロン、計測者ダール・メレドなどに顕著だが、そういう個人の苦闘の残滓を、ウィリアムズはすくい取ろうとしているのではないか。「変わり者《ストレンジャー》」なのだけれど、その奇矯さこそが、属する共同体の生存にとって必須のものとなる個人、あるいは性急かつ耐える個人。

　そういう個人が『アースダイバー』シリーズにはひとりしかいない。それは、中沢新一その人のことであり、あるいは、彼がその試みを形象化する際につかった神話上の「カイツブリ」のことである――

> はじめ世界には陸地がなかった。地上は一面の水に覆われていたのである。そこで勇敢な動物たちがつぎつぎと、水中に潜って陸地をつくる材料を探してくる困難な任務に挑んだ。……最後にカイツブリ（一説にはアビ）は勢いよく水に潜っていった。水はとても深かったので、カイツブリは苦しかった。それでも水かきにこめる力をふりしぼって潜って、ようやく水底にたどり着いた。そこで一握りの泥をつかむと、一息で浮上した。このとき勇敢なカイツブリが水かきの間にはさんで持ってきた一握りの泥を材料にして、私たちの住む陸地はつくられた。（『アースダイバー』10）

中沢新一が「個人」である、というのは、彼が二重視を行っている、という意味である。潜水鳥《アースダイバー》ことカイツブリは、飛翔する鳥であり、地形的な制約を一気に俯瞰できる眼をもっている観察者である。ただしそれと同時に、水中深くにもぐって「泥」をつかんで台地をつくるのだから、関与者のことでもある。カイツブリは、二重視を行っており、その意味では、コミュニティの拡張を行うエグザイルの謂《い》いとなろう。しかし、『ブラック・マウンテンズの人びと』が教えるのは、二重視とは「盲者のまなざし」のことでもあり、その失敗こそが通例である以上は、世代を越えて、複数の個人の努力によって継続せねばならない、ということだった。飛翔する鳥がどのようにして「稜線《リッジ》」を見渡しているのか、どのようにして俯瞰しているのか――それは、稜線にたどり着いたエリスやグリンら複数の個人によって想像される。俯瞰のあり方は、決してひとつではない。あるいは、フクロウや白鳩、ノスリは、カイツブリという神話的な形象ではなく、生きるために俯瞰する生身の動物たちであり、獲物を追うフクロウやノスリと、そこから逃れる白鳩では、俯瞰の仕方が異なってくる、という言い方をしてもよさそうである。

中沢には、共同体内で突出する諸個人という構図《デザイン》が不在であり、ウィリアムズではそれが強調されている。これが意味するものはなにか？　それはひとつには、『アースダイバー』シリーズがベルリンの壁崩壊後に書かれた作品である、ということが関係しているのかもしれない。つまり、ソーシャリズムというヴィジョンが一般に消えてしまったことで、不思議なことに、突出する諸個人というヴィジョンまでもが消え去ってしまった、ということの徴候が、『アースダイバー』シリーズなのかもしれない。そうなってくると、本書冒頭で触れた、一九八〇年代のウィリアムズによる「わたしのソーシャリズム」というフレーズの意味が重大になってくるのだが、それについては、最後に触れることにしよう。

＊　　＊　　＊

年表

物語のおおよその時代

紀元前二三〇〇〇年	「マーロッド、ガーン、そして馬狩り」
紀元前一六〇〇〇年	「大氷河の果てに立つヴァラーン」
紀元前一〇〇〇〇年	「夏の湖と新しい血」
紀元前　七〇〇〇年	「カーラーの娘、カーラー」
紀元前　五四〇〇年	「インカーの火とアーロンの豚」
紀元前　三四〇〇年	「ゴードとナーミラ、そして新しい人びと」
紀元前　三四〇〇年	「イドリシルの旅路とドゥバナク」
紀元前　三四〇〇年	「狩猟民と羊飼いの出会い」
紀元前　三四〇〇年	「ターラクとリリサ」
紀元前　三〇〇〇年	「夏の盛りの集落」
紀元前　二六〇〇年	「鹿角をたずさえて海の川へ」
紀元前　二〇〇〇年	「計測者の来訪」
紀元前　一七〇〇年	「セリルと新しい人びと」
紀元前　一六〇〇年	「地を覆う嵐」
紀元前　一四五〇年	「黒い異邦人と黄金の羊」
紀元前　一〇七〇年	「テリムのタリ、そして穀物谷」

紀元前　一〇五〇年	「タミと悪鬼たち」
紀元前　六五〇年	「テリムと領主エポドリックス」
紀元前六五〇～四五〇年	「バナヴィントの領主たち」
紀元前　二五〇年	「賢き者と奴隷」
紀元前　五〇年	「鏡と歌」
四三～五一年	「漁夫王」
五一年	「クラリオンの戦い」

（Williams 1989, 359: 最後の二つを除き年代はすべて「おおよそのもの」と注記されている）

終章　活動としての文化、そして「わたしのソーシャリズム」へ

ポスト震災小説のなかでも出色の作品と評される、いとうせいこう『想像ラジオ』に、次のような一節がある——

> クロアチアって内戦がひどかったでしょ……そのザグレブの中心部にある政府の施設の庭に糸杉の木があって、今年の夏、その木の上に夜ごとたくさんの人の青い魂があらわれるって噂をそのブログの主は聞いたって言うの。小さな安酒場で。糸杉は死者の象徴だから、クロアチア人は自分たちが命を奪ったセルビア人の魂じゃないかと内心脅《おび》えていると思うって、その人は書いてるの。そして、何が一番彼らを不安にしているかって言うと、セルビア人の恨み言を自分たちは聴き取れないと彼らが感じているからで、理解できないものは恐ろしいし、それがじっと自分たちを見つめていることは耐えがたいはずだ、と。同じようにセルビア人もそうじゃないかって。
>
> （125–126）

死者の声を聴くこと。これがごく当たり前の、日常的とすら言いうる営みであることを、この挿話は教える。イグナティエフの言う「村の戦争《ヴィレッジ・ウォー》」のときCBラジオ（民間無線）でののしり合っていた人びとが（序章参照）、今度は、樹上の「青い魂」からの声が聴こえないことに不安をつのらせているのだから。いまの彼らに必要なのは、

CBラジオではなく「想像ラジオ」である。大地震後の津波によって、同じく杉の木の上まで運ばれてしまい、聴こえない人には聴こえないトーク番組を発信しつづけるDJアーク。震災後の人びとが、死者とも生者ともつかない彼（常識的には死者ということにはなるが）と、「想像ラジオ」を通してつながろうとするように、内戦後の人びとも死者とのつながりを求めている。

では、「想像ラジオ」が立ち上げているのは、アンダーソン的な想像の共同体なのだろうか？　アンダーソン的な「空虚で均質な時間」のなかでは、個々の死それ自体は偶発的なものとされるが、死者への弔いが必然的になされることによって、そこに意味づけがなされる。上下の激しい揺れが、水平の同志愛によって、いわばテマティックに回収されると言い換えてもよい。いずれにしても、死した人びとは、「社会的な有機体」としてのネイションの、その血となり肉となるのだけれど、個々の死によって、有機体自体に構造的変化が生じる、という時間性はアンダーソンのネイション論のなかにはない。

この時間性のもとでは、もはや「死者を抱きしめて」いることができないのかもしれない。いとうの分身とも言うべき作家Sは、死者である「君」との会話のなかで言う――

他の数多くの災害の折も、僕らは死者と手を携えて前に進んできたんじゃないだろうか？　しかし、いつからかこの国は死者を抱きしめていることが出来なくなった。それはなぜか？　（『想像ラジオ』141）

「なぜ」なのかは、少なくともその一部については、とくに本書第Ⅲ部以降の議論が関連してくるかもしれない。（ネアンをその例外とする）一九八〇年代の社会科学的ナショナリズム論は、ネイションを構築されきった完成物（人工物）とみなし、その成長のモメントを見失ってしまった――つまりロマン派的な有機体論の残滓を、ついにすくいとれなくなってしまったのだった。

『想像ラジオ』がつくり出そうとしている時間性は、そうしたナショナリズム論のそれとは、ずれをはらんでいるように思う。というのも、『想像ラジオ』では、死者と生者が同時に変化する瞬間が強調され、かつ、それが死者と生者の成長の瞬間ともなっているからだ。作家Sが想像する樹上の人ＤＪアークは、妻子である「美里」と「草介」の声をどうにかして聴き取ろうとする。おなじく作家Sが想像するリスナーたちは彼を励ましつづけ、ついに──


「横に草介がいる。お父さんの自慢をしているのがわかる」

「そうだ、声変わりのあとの低い声の草介がしゃべってる」

「とつとつと、だけど自分の考えから出てくる言葉で」

「お母さんの目をしっかり見て、アークのことを語っている」

「誇りにしている」

「それを今、アークさんが聴いている」

「……」

「ああ、ＤＪアークが何かの準備をしてる」

「呼吸が変わってないか？」

「唇をなめる音がした」

「美里さんと草介の声がアークを変えた」


（197–198：傍点は引用者による）

死者であるＤＪアークは、息子の「声変わり」を想像したことで、みずからも変わる。息子の成長を、死者である父が想像することで、両者はひとつの同じ流れ《フロウ》のなかに入る、ということだ。あるいは、死者によって未来が想像されている、と想像することで、生者と死者の双方が同時に変化する瞬間、と言い換えてもよい。[*1] いずれにしても、「死者を抱きしめ」ることで、生者と死者からなる想像の共同体は、その構造を変化させる（少なくともその契機をもつ）と言ってしまってよいと思う。

1　死者たちと「樹木が小説になった世界」

その構造的変化がどのようなものかは追って触れることにして、まず考えてみたいのは、その独特な時間感覚である。死者が未来にどのような願いを抱いているのか。これに思いをめぐらすことは、いつでもできる。ということは、ここでの変化は、もちろん徐々に生じることもあれば、突如として大きく生じる場合も出てくることになる。この世を去り、忘却されていたとばかり思っていた死者たちによって、突如、強烈な変化がもたらされる。そういうこともありうるのが『想像ラジオ』の時間性である。

ひとつ（突拍子もなく見えてしまうかもしれない）補助線を引いておくと、これは樹木あるいは植物の時間性なのかもしれない。作家の星野智幸が巻末に付された解説で示唆するように、いとう作品にあるのは、「樹木が小説になった世界」である。樹木とは、「表皮と……形成層」は生きているが、「それより内側はもう死んでい」るもののことであり、いわば「若いやつらが死体を抱え込んで立って」いるのが樹木である（207–208）。死体にあたる乾燥した部分があるからこそ、生体にあたる湿った部分が活動できる、という死者と生者の相互扶助関係があるのが、樹木だ、ということになるだろう――ただし、これらの死者たちはあくまで、現世への関与を「強いられ」（阿部 193）ているのであり、この相互扶助には見逃しがたい緊張感があるのだが。

あるいは、いとうせいこうが、植物に（はたから見ると）異様なまでの関心を注ぐようになった理由を推測してみてもよいかもしれない。一九九〇年代後半、都会のマンションのベランダで、いとうは植物を育て、その記録をブログに書くようになる。発芽せず死んだと思っていたアボカドの種子、「乾燥しきった」ヒヤシンスの球根が、「生き返」ることに、いとうは驚きを隠さない――

俺はつまり、植物すべてに弱いのだ。死んだものが生き返り、信じられない速度で育っていくこと。それは俺の中の根源的な何かをくすぐってやまない。だから、ベランダで毎日俺は、ガキみたいに目をまんまるにして、その不思議を見つめているのである。

（『ボタニカル・ライフ』64）

偶発性《コンティンジェンシー》と言い換えてもよいのだが、およそ想定のつかない時間の流れのなかに植物があることに、いとうはひどく魅入られたのだと思う。そしてもうひとつのポイントは、その偶発性というものが、長期にわたる変化と、じつは矛盾しないことにある。アボカドの種子にせよヒヤシンスの球根にせよ、これらの植物たちは、（当たり前のことだが）環境のもたらす制約からの解放を目指さない。かりに乾燥という環境的制約があるなら、それをいわば死んだふりをしてやり過ごし、不意に発芽する。しかし、この不意の変化《コンティンジェンシー》という性質は、（あえて素人的に言えば）おそらく数え切れないほどの世代をかけて、環境とみずからとを相互に変化させてきたことの産物なのだろう。

いとうせいこうが植物に強烈な関心をそそぐ理由の一端を、ここから推測できるかもしれない。先に引用した「植物生活」と副題を付されたエッセイ群が、一九九六年十月という日付ではじまっているのは示唆的である。一九九五年の阪神大震災、地下鉄サリン事件に巻きこまれた、「抱きしめ」ることがかなわない死者たちを、どうやって抱擁すればよいのか。彼らと自分とのあいだには、どのような紐帯《コンティニュイティ》がありうるというのか。

死者と生者のあいだに横たわる分離あるいは「尾根《リッジ》」。この究極的とも言えそうな制約を、アンダーソンは、いってみれば解消してしまっている。個としての身体は有限だが、集団としての有機体《ネイション》は、想像力の上では有限ではない、といった具合に。しかしアンダーソンら自由に動ける《モバイル》リベラル派には、制約をやり過ごすという流れが見えない。死者の声を聴きながら、生者も死者もともに変化してゆく、という流れが見えない。「均質で空虚な時間」ではなく、漸進的かつ偶発的な変化が生じる流れ《フロウ》のなかに、その身を投じることができないのである。

2　活動としての文化

徐々に、かつ突如として生じる変化——これがかりに植物の時間性だとしたら、そこから一九七〇年代後半のウィリアムズをどうしても連想してしまう。

二〇〇五年のＢＢＣドキュメンタリー『境界を越える——レイモンド・ウィリアムズの旅』（コリン・トマス監督）では、一九七〇年代の後半、ウィリアムズが自分の仕事の徹底的な見直しを、ひどく衰弱しながら行うシーンが再現されている。場所は、ブラック・マウンテンズ一帯の小村クラズウォール。ウィリアムズ夫妻は、そこにコテージを入手してあったのだった。ウィリアムズの手紙が読み上げられるのだが、「わたしがしていることのなかで、本当に生産的なのは、いまは庭いじりだけかもしれない」という一節がそこに出てくる（*Border Crossing*: 50: 18–50: 23）。

もちろん、ある種の自己韜晦と解するべきなのだろうが、あえて深読みすれば、そこには「生産」そして「文化」という言葉の語義を拡張させる契機がひそんでいるようにも思う。

その語源を探ってみると、文化（culture）には、「自然の作物が生長《グロウス》していくのを世話する」という意味合いが出てくる（*Keywords* 87）。農業（agriculture）や園芸（horticulture）がそうであるように、また、ウィリアムズも強調するように、文化《カルチャー》とは、「プロセス」であり「活動」なのである（*Politics and Letters* 154）。そしてそれがどういう活動なのかと言えば、その語源的意味合いを強調するのであれば、成長を、それも「生活の様式」が成長していくのを、手助けしていく活動、ということになるだろう。ただし、この場合の「生活の様式」とは、あくまで、「自然の作物」のようなものとしてイメージされる。つまり、「作物」であるからには手をかけないと枯れてしまうかもしれないのだが、「自然」のそれであるからには、不意の、思いもつかない変化をおこしうる流れ《フロウ》——ここにその身を浸しながら成長するのが「生活の様式全体」なのである。そして、こうした漸進的かつ偶発的な成長を記述し、記述することでそうした成長を促していくのが、文化を論じるものの仕事ということになろう。

おそらくこの成長イメージが、一九七〇年代後半、憔悴するなか「庭いじり」をするウィリアムズの脳裏をよぎったのではないか——大胆にもほどがある推測ではあるが、その傍証を挙げることはできるかもしれない。『キーワード辞典』の文化の項目でも参照されているドイツの思想家ヘルダーは、文化というものの複雑な時間性を論じるなかで、「発酵」という比喩を用いる——

たとえば考えてもみられよ。人類はこの発酵の数世紀に、すべて小集団［ゴート人などローマ帝国衰退後に領土を拡張した「北方」の諸民族のこと］にわかれ、分肢分派をなして無数の成員を要することになったが、彼らはこれによって、どんなに回復の時に恵まれ、力を鍛えることができたことだろう。つねに［諸民族の］一方は他方と身をすりあわせ、力をふりしぼって息つくひまもない。それは発酵の時だ。だがこれこそは、専制政治に堕するのを久しく防いだものだ。（ヘルダー 111）

第1章で論じたシュライアマハーにも通じることだが、もちろんこれは、文化《クルトゥーア》の思想の一部をなすものであろうし、ドイツの民族的祖先としての北方諸民族をたたえるものである可能性も否定できない。しかし、ウィリアムズも「文化」の項で言うように、「一直線状《ユニリニア》」に成長していく、といういわば帝国主義的な文化のヴィジョンを批判し、文化がうながす成長の複雑さを強調したのもヘルダーだったことは、確認しておいてもよいように思う。

3 「わたしのソーシャリズム」へ

ともあれ、「発酵」という腐敗（あるいは死）とときに区別がつかない状態を経て、「生活の様式全体」が成長するというイメージは、本書第8章から繰りかえし強調してきた、制約をやり過ごすという時間性を説明するのに役立つかもしれない。そこでみたブラック・マウンテンズの先島住民たちの営みを、振り返ってみてもよい。紀元前約一四五〇年のむかしに、ブラック・マウンテンズのふもとに横たわる湖で「盲者のまなざし」を帯びて失われた故郷を見つめる人びと――彼らもまた、死者たちの見る未来を見ようとしていたのだった。ここにあるのは第Ⅱ部で集中して論じた二重視という営みであり、先住民たちのそれは、必然的にその挫折にアクセントが置かれた二重視だった。ただし、失敗が折り重なる年月は、「発酵」のときだったのかもしれない。この複雑で豊穣な流れを、『ブラック・マウンテンズの人びと』を書くウィリアムズは求めたのではないか――

> ソーシャリストで鉄道労働者だった父の、その死のさいに到来した危機をうまく説明できたことは、一度もありません。すくなくとも部分的には、自分の小説『辺境』で説明してあるようには思うのですが。父の死によっておとずれた危機とは、価値という思想が、いわば敗北してしまったという感覚のことでした。たぶんこれは、つじつまのあわない反応なのでしょう。たしかに彼は死にました、それもあまりに早くに。ですが、人はだれでも死ぬものです。しかしそうはいっても、父のことを犠牲者としてみなさないようにする、なおも彼は犠牲者ではないのだと考えるようにする、というのは、じつに困難なことだったのです。思うに、煎じつめるとこういう経験こそが、いま書いている歴史的小説『ブラック・マウンテンズの人びと』へと、わたしを連れてきたものなのです。かなりの長期間にわたる歴史の動き、ウェールズの特定の場所のなかで起こる動き、そこを通り抜ける動きをめぐる小説へと。
> （“The Practice of Possibility” 219–220）

ウィリアムズの小説『辺境』には、一九二六年のゼネストをひとつの契機として、このコミュニティが、ごく複雑な成長を遂げる経験が記されている。ウィリアムズの父をモデルとしたと言われる二人の登場人物を軸に、たんなる仲間意識ということでは説明のつかないような、緊張感にみちた隣人同士の関係が、この小説では記述される。「労働者階級」という、いわば空をつかむようなつながりは、具体的きわまる隣人同士のつながりに、いかなる変化を与えるのか？　ストライキは「はたらくこと」に含まれないのか、賃金労働だけが「はたらくこと」なのか？　ハリーとモーガンという先行世代による、これら二重視の実践を経て、コミュニティがいわば拡張していくプロセスが『辺境』には記述されている。いや、そうしたプロセスが『辺境』によって、さらなる展開を遂げている、と言った方が正確だろうか。簡潔にまとめれば、コミュニティの感覚を醸成する「生産手段」の、世代を越えた共有プロセスが、そこにはある。

にもかかわらず、「父のことを犠牲者としてみなさないようにする」のは、ウィリアムズにとって、きわめて難しいことだった。なぜか？　それは複雑に見えたコミュニティの成長プロセスの、その複雑さが充分ではなかったからだ。山田雄三が指摘するように、一九六六年「労働党の妥協路線にウィリアムズは完全に見切りをつけ、離党を決心する」のだが、そのときのウィリアムズに「閉塞」感がつきまとっていたことは否めない（『ニューレフトと呼ばれたモダニストたち』108）。ハロルド・ウィルソンによる、その後の新しい労働党《ニュー・レイバー》の先鞭ともなる動きがあらわになるなか、一九二六年のゼネストに参加した父のソーシャリズムはどうなるのか。実質的にウィリアムズが起草したとされる『一九六七年ニューレフト・メイデイ宣言』においても、変化の舞台として想定されているのは、やはり「イギリス（Britain）」である。*2　その国民国家を良かれ悪しかれ動かしている二大政党のひとつへの、実質的な介入手段を失ってなお、父のソーシャリズムをどうやって継承しうるというのか。その答えを模索する試みの一端が、「ウェールズ系ヨーロッパ人」という自己規定なのであり、さらには、本書序章で引用した一節にもかいま見えるように思う――

わたしのソーシャリズムが、［『辺境』に記されているような］子どもの頃の経験をただ単に延長させ、いまの時点にあてはめたものに過ぎない、とは思っていません。この数千年間とは、それ以前と比してもより残忍で徹底的な搾取にみちた時代だったわけですが、二〇世紀の終盤という残忍さと搾取の度合いがいっそう増す時代へと、あの幼年期が近づいているのを見るからこそ、あの幼年期をしあわせな時期だと見ることができるのです。それは、共有される生の営みの可能性が具現化されている、それも、堅牢で破壊されえぬものでありながら、つねに変容するかたちで具現化されている時期なのです。

(“The Practice of Possibility” 220：傍点は引用者による)

この発言の直前で、ウィリアムズは「核戦争」の勃発可能性に触れているのだが、ここに示唆されているように、彼の「危機」の原因は労働党の変節に限られるものではない。もしも核戦争が起きてしまったら――冷戦の二〇世紀においてその可能性は現在と同様に高く、かつ生々しい感触をともなっていたことだろう――父のソーシャリズムの価値はどうなるのか。逆に言えば、核戦争という、あってはならない不測の惨事を経てなお、「堅牢で破壊されえぬもの」へと、父のソーシャリズムを変えねばならなかった。

だからこそ、ウィリアムズは『ブラック・マウンテンズの人びと』を書くという仕事に向かった、ということになるだろう。核戦争が万一起きてしまったとしても、父母世代の営み、「聡明な群れのおりなす生の営み」を継承しようと、盲者のまなざし《ブラインド・ルック》を帯びてそれを見つめる人びとが出てくる。それは、絶え間ない挫折のプロセスなのだけれど、同時に、発酵のときでもあるのかもしれない。関心のない者の目からすれば、発酵は腐敗や死と大差がない。しかし関心をもつ者の目からすれば、それは不断に変化するプロセスであり、不意の大きな変化の前触れとなる緊張感《テンション》に満ちたプロセスなのである。

ここでようやく本書序章での問いに答えられるかもしれない。まず、ウィリアムズの言う「ソーシャリズム」とは、生活の様式全体が成長していくのを手助けする活動だと仮定してみることにしよう。ただしこれでは「活動としての文化」と同義になってしまう。ソーシャリズムであるからには、そこでの成長は、生産手段の共有に向けた成長でなくてはならない。もちろんそれは富や財だけではなく意味や価値もつくりだす——言語（第Ⅰ部）、ものの見方《アイ》（第Ⅱ部）、想像力（第Ⅲ部）といった——広義の生産手段（その成果はつねに「搾出」の対象となる）のことなのだが、この観点が読み落とされるとき、ウィリアムズには文化主義者《カルチュラリスト》というレッテルが貼られることになるだろう（スチュアート・ホールは実際そうしてしまったのだった［Hall 1980］）。しかし、（少なくとも）一九八〇年代のウィリアムズはソーシャリストだった。

　とすれば、ウィリアムズの言う「わたしのソーシャリズム」とはなにか。それは、生活の様式がその身を浸している流れ《フロウ》を、想像することではないか。生の営みが共有されてゆく、その複雑な流れを、構想《デザイン》することではないだろうか。ここで「デザイン」と言うのは、「構築」という術語をさけるためである。「構築」という語は、程度の差はあれ、ゼロからなにかをつくりあげる、という意味合いをどうしても帯びてしまう。それに比して「デザイン」という語には、「ゼロ」からではなく、たとえば身の回りにある草木の造形を材料にしながらなにかをデザインする、といったような、既存のものを活用する営為、という含みがあるように思う。成長の流れをデザインするというのは、死者たちの願った（であろう）成長の流れを、あたらしく見出して素材としてつかう、という意味合いである。その成果のひとつが、発酵のプロセスとでも言えそうなものであることはこの終章で見たし、あるいは、場所《プレイサブル》に特有な流れであることも前章でみた。

　そしてこのデザインは、個人的な、場合によっては私的なものであってよいのだ。ウィリアムズが、父の死という危機をしのぐために、ブラック・マウンテンズという場所固有の流れを見出したように。そこで見落とされた支流《チャンネル》の存在を、あらたな「わたしのソーシャリズム」が見出すのであれば、それでかまわないのである。信念《イデオロギー》でよいのだ。「わたしのソーシャリズム」が「複数形のソーシャリズム」のことでもあり、それらが相互に対立したり、ときに変化させあったりするような、デモクラティックなプロセスはすでに存在しているのだから、それでかまわないのである。ソーシャリストとしてのウィリアムズの姿から、そう言えるように思う。

＊
＊
＊

この「わたしのソーシャリズム」が、本書における（第Ⅰ部でみた広義の）翻訳という実践によって、その「移植」を試みてきた、もしくは、その「漠たる意図」を探ってきた「異《い》なるもの」である。それがどのような価値を帯びるのか、あらかじめ知ることはむろんできないわけだが、どの程度「異《い》なるもの」なのか、ひるがえって、どの程度の連続性があるのかは、推測してみることができる。前章の中沢新一『アースダイバー』シリーズにみたように、人間というよりは場所の連続性に、ポスト国民国家の萌芽をみる、という試みはすでに日本語の文学的文化のなかに存在している。ただしそこには、「諸個人」が不在なのだった。おそらくこれは、ポスト冷戦期を迎え、教条的なマルクス主義が国内的にも国際的にもその力を弱めたことで、その法則・掟《ザ・ロー》が（あらかじめ）解釈の余地のある法《ア・ロー》へと一般に変わり、リベラルな諸個人（つまり［プチ・］ブルジョワ）を、その歴史発展のデザインから省くことが容易になった、という背景がひとつにはあるのだろう。

いずれにせよその一方で、この終章の『想像ラジオ』をめぐる議論が示唆するように、ヘルダー的な発酵のそれとすら言いうるような成長の複雑な時間性や、それを想像する「諸個人」を描く、という試みもある。ただしそこには、「ラディカルなネイション」が不在である。中沢は（ポストモダン的な居直りともみえる危うさのなか）、「カヤ系」という古代の民族《ネイション》の痕跡を既存の国民国家の境界をまたぎながら探っているわけだが、そうした試みは、（無理からぬことに）いとう作品には不在である。

べつな言い方をすれば、二一世紀の日本語の文学的文化には、「突飛《クワーキー》」な諸個人（いとうせいこう）と、場所固有の想像力（中沢新一）は別々にはあるのだけれど、そのふたつが同時に結びついているものは見あたらない、ということにもなる。つまり、ソーシャリストの書き手《ライター》ウィリアムズに相当する存在を、時系列をさかのぼってもイメージしがたいのだ。[*3] ということは、『ブラック・マウンテンズの人びと』を書くコミュニティの書き手《ライター》が、そこでは「異《い》なるもの」なのであり、翻訳する意義を帯びるものとなるだろう。しかしなぜ、さきの組み合わせが不在のものとなるのだろうか。中沢新一といとうせいこうから、レイモンド・ウィリアムズへ、という流れを滑らかにデザインしてしまうとき、なにかを看過してはいないか？

そこで問わねばならないのが、そのデザインが見落としてしまっている支流《チャンネル》の所在である。つまり、本書第Ⅰ部でその語義を拡張させたリベラリズムという支流が見当たらないように思う。王権《クラウン》や専制君主《デスポット》からの自由を求めることと、それを担保する集団をつくることが、ないまぜになっている歴史的なフロウ――一九八〇年代のウィリアムズは、この流れに深く身を浸していることを重々承知したうえで、さらなる（想像上の）河川拡張工事を行った、と言えないだろうか。むしろ、第Ⅱ部で記述してきたリベラルな諸個人たちの性急さの、そのエネルギーを実際的なものにするためにこそウィリアムズは、潰されそうになる経験すら発酵の契機としうるような、そしてときに数万年にも及ぶ成長イメージを記述したのではなかったか。

ともあれ、『アースダイバー』シリーズと『想像ラジオ』とが別個に登場し、少なからぬ支持を獲得する背景にあるのは、この拡張されたリベラリズムを、うまく想像できなくなっている状況なのかもしれない。ただし、この文化の、感情のリベラリズムが日本語の文学的文化《リテラリー・カルチャー》になかったはずはないのであって――たとえば、いとうせいこうの源流《ソース》としての大江健三郎、中沢新一の源流《ソース》としての網野善彦はどうか――むしろ大事なのは、その「なかったはずはない」リベラルなフロウと、「わたしの」、複数形のソーシャリズムとのあいだの、交錯と緊張感《テンション》を見出すことの方である。

あとがき

本書は、筆者がここ十年来その関心領域としてきた、文化の思想、二〇世紀イギリスの文化、レイモンド・ウィリアムズをめぐる論文、研究ノート、口頭報告原稿に加除修正をほどこし、序章と終章をあらたに書き加えたうえで、「関西学院大学研究叢書」出版補助を得て刊行されたものである。出版助成対象として申請する機会を与えてくださった、関西学院大学大学院言語コミュニケーション文化研究科の関谷一彦研究科委員長、伊藤正範同副委員長をはじめとする同研究科の諸先生方に、この場を借りて厚く御礼を申しあげたい。また、二〇一四年度より科学研究費補助金（基盤研究C）の助成を受けており、学内担当部局よりのご助力に深く感謝申しあげる。あわせて転載をご快諾いただいた慶應義塾大学出版会に深く謝意を表したい。

ふりかえって本書の筆者は、文化とはなにかという考え方《アイデア》について、もちろん右往左往しながら遅々とした歩みながら、おそらく端から見ると異様な関心だけは注いできたと気づく。さらにふりかえると、こうした関心を育むようになったきっかけは、学部や大学院で諸先生方の謦咳に接したことにあり――とりわけ内野儀先生による学部二年講義時の興奮は今も忘れがたく――、とくに指導教授となってくださった東京大学大学院の大橋洋一先生に心よりの御礼を申し上げたい。とかく性急に論を進めたがり空回りしてばかりいた往事の自分に、そのバフチン論をはじめ長い時間軸《ロングスパン》でものを見ることの価値をはじめて教えてくださったのは大橋先生である。また、

第8章で触れた「この場所の甘み」という不思議なフレーズへの関心をもつようになったきっかけは、最初の勤務校となった釧路公立大学の先生方そして学生たちとのやりとり《コミュニケーション》にあったことにふりかえって気づく。高野敏行現学長、新井誠（現広島大学）、市川千恵子（現茨城大学）、小野瀬善行（現宇都宮大学）、加藤一郎、神野照敏、島信夫、下山朗、菅原和行、金原いれいね、中囿桐代（現北海学園大学）先生をはじめとする諸先生方と学生たち（特に「基礎演習X」の諸君）に深く感謝したい。その後兵庫に移り、慣れぬ土地と初めて接する学生たちに当初右往左往してばかりの筆者が大学コミュニティに、そして新しい場所になじんでいくための暖かいサポートを、関西学院大学商学部の嶋村誠、梅咲敦子、伊藤正範、田中裕幸先生をはじめとする諸先生方よりいただいたことはいまなお忘れがたく記して感謝したい。

　また本書の執筆者は、数々の研究コミュニティにいまなお育てられている。レイモンド・ウィリアムズ研究会の川端康雄、遠藤不比人、鈴木英明、杉本裕代、西亮太さんたちのご助言抜きにはここまで研究を続けることすらかなわなかった。『愛と戦いのイギリス文化史 一九五一―二〇一〇年』の準備編集過程で多くの時間をともにした武藤浩史、大田信良、木下誠、中井亜佐子、佐藤元状、秦邦生さんたち。『文化と社会を読む 批評キーワード辞典』編集作業で文字通り寝食を共にした近藤康裕さん、そして（著書をまとめよとご助言くださった）泉下の三浦玲一さん。「カルチュラル・タイフーン二〇一五」の準備過程をともにした阿部潔さんら活力あふれる研究者たち（阿部さんの『想像ラジオ』論に触発されなければ本書は結論にたどり着けなかった）。二〇一五年九月より一年間の予定で滞在しているウェールズで、変わらぬ交誼を、そして数々の助言をいただいているダイ・スミスさんとダニエル・ウィリアムズさん。本書の構想段階から数多くのご助言をいただいた大阪大学の山田雄三さん、そして同大の大学院生たち――この場を借りて深く感謝の意をあらわしたい。

　そして、別々ながらも後に共有しうる「この場所の甘み」、これをよく知るかけがえのない年来の友人にして研究仲間の河野真太郎君に格別の感謝を、そして、一九九六年の劇団解体社クロアチア公演ツアー以来、折に触れて意見を交わしてきた同社の清水信臣さんたちに同じく格別の感謝を送る。

また、誇張抜きに右往左往する筆者に絶妙な導きの糸を絶妙なタイミングで辛抱強く繰り出し続けてくださった研究社の星野龍さんにあらためて御礼申し上げたい。

そして最後に、ここまで人の縁、地の縁に恵まれていながら、それを十分に生かしきれていない可能性が高い本書を、なおも出版しようとする「腹のすえ方《レジリエンス》」を与えてくれたのは、大正初期に生まれ、そのディスロケーションとアフィリエーションの経験を「この場所の甘み」へと醸《かも》しつづけた泉下の祖父母の姿であり、——本人たちからは「三文安い」と怒られそうだが——本書はふたりに捧げられる。

二〇一六年二月

大貫隆史

注

序章

＊1　いわゆるニューレフト第二世代の指導的ポジションにあったペリー・アンダーソン、フランシス・マルハーン、アンソニー・バーネットの三人により一九七〇年代後半に行われたインタビュー中に「ウェールズ系ヨーロッパ人」という発言が見られる。興味深いのは、イングランドのブルジョワジーが「もはや参照点」とならなくなり、「ウェールズ系ヨーロッパ人」と自己規定した（この「もはや」という文言はごく慎重に解釈すべきだが）、という部分であり、この変化が生じたのが「一九六〇年代後半」だということである（Williams, *Politics and Letters* 295–296）。あわせて、ウェールズ人のアイデンティティ問題を歴史的に論じたグウィン・A・ウィリアムズ『ウェールズはいつだったか？』第4章「ヨーロッパ系ウェールズ人」（強調引用者）も参照。ブリテン島の支配者交代劇としていわば内向きに語られることが多いノルマン人流入が、同書ではむしろヨーロッパとの「統合」プロセスの開始点として記述されており、この強調点の移動はレイモンド・ウィリアムズにも部分的に共有されていたのだろうし、この後触れるようにその「統合」プロセスは、歴史的にさらに（数万年）さかのぼってイメージされてゆくことになる。

＊2　ウィリアムズのユーゴスラビアへの関心の所在について、それを示唆する傍証をいくつか挙げておく。「生産手段としてのコミュニケーション手段」（一九七八）は、同国の中心都市ザグレブで開催された学会での講演録である。また、ネッド・トマスはウィリアムズがその著書に好意的な評を寄せている書き手だが、トマスはそのプライド・カムリ（ウェールズ党）きっての国際派ソーシャリストとしての経験をおそらくは踏まえたうえで、一九七〇年代のユーゴスラビアに「多種多様な［民族］共同体の諸権利を保障しようとする懸命の努力」を見ている（Ned Thomas 13）。くわえて、ウィリアムズが深い共感を寄せた「発生論的構造主義者」リュシアン・ゴルドマンが、ユーゴスラビアの自主管理に興味を寄せていたという事実も見逃しがたい（ウィ

リアムズ「文学と社会学――リュシアン・ゴルドマン追悼」三一五頁、訳注1を参照)。

＊3　「正戦（just war）」概念を片手にイラク戦争を当初支持したことで知られるイグナティエフは、一九八五年、ウィリアムズと対談を行っており（Williams, Interview）、「都会の左翼《メトロポリタン・レフト》」の裏切りという『帰属心《ロイアルティズ》』の中心テーマに敏感に反応している。なお、本文中の引用は「オープン・ユニヴァーシティー」におけるレクチャーからのものである（Woodward 49）。あわせて Ignatieff (1999) を参照。

＊4　歴史的背景を視野に入れれば、これは無理のないことである。ウィリアムズがリベラリズムを看板に掲げた瞬間、フェビアン主義者さらにはその末裔たる（とウィリアムズには解される）ハロルド・ウィルソンら労働党内の現代派（モダナイザー）と区別がつかなくなってしまったに違いないからだ。『キーワード辞典』では、フェビアン主義者らに顕著なリベラルなソーシャリズムが、生産手段の共有を目指す本来的なソーシャリズムと相容れないものであることが示唆されているが（*Keywords* 286）、ウィリアムズの生きた時代と場所において、リベラルなソーシャリストを標榜することは、「管理主義」的でいわば「上から目線の」フェビアン主義の系譜に、自らを位置づけてしまうことだったと言えそうである（第4章注6参照）。

第1章

＊1　ウィリアムズの小説を読む限りでも、自分が――少なくとも同時代的には――ときに「突飛」な印象を与える人間だと自覚していた節が見受けられる。また、ケンブリッジ大学演劇学講座の教授として働いていた時期に限っても、ウィリアムズが周囲に「突飛な」印象を与えていたことを示す証言には事欠かない。Eagleton, *The Gatekeeper* (26); Hare, "Raymond Williams: 'I Can't Be a Father to Everyone'" など参照（Hare のエッセイは、Hare 本人の自伝的フィクションという色彩もあり、誇張されている部分がある可能性に留意すべきだろう）。とはいえポイントはその「突飛」さが、世代的な努力を経たのちに、共同体の資源《リソース》になる、というウィリアムズの一見パラドキシカルな認識にある（詳細は第8章参照）。また『帰属心《ロイアルティズ》』についてはウィリアムズの小説を包括的に論じる Pinkney (1991) が、『ブラック・マウンテンズの人びと』との関係を論じている。

＊2　「前形（fw）」はウィリアムズが『キーワード辞典』で使用しているもので、「同じ言語かそうでないかを問わず、ある言葉の、ひとつ前のかたち」を指す語である（*Keywords* 29）。この「前形」という語を使うことで、言葉のかたち《フォーム》の変遷をたどる際に、ある言語内部の変化と、べつの言語から「移植」される際の変化を、同一平面上で記述することが可能になる。例えば「アクション」であれば、これを「借用語」や「外来語」とみなしてしまうと、英語の"action"に「正しい」語義があるという

含みが生じやすくなる。しかし、「アクション」という語は、その前形を近現代英語の“action”に、その“action”は前形を中英語の“accioun”に、あるいは仏語の“action”に、と記述していくとき、「アクション」と“action”とのあいだの違いの方におのずと焦点が当たることになる。同辞典の「訳者あとがき」(348–349)も参照。

＊3 『文化と社会』のウィリアムズは、ベロックの「中世主義」を指摘しているが(*Culture and Society* 185-186)、この点もデ・ルッジェーロと共通する部分だろう。

＊4 こうした議論を翻訳して(つまり価値付けをあらたに行って)、いわゆる「日本資本主義論争」と関連づけると生産的かもしれない。

＊5 翻訳と価値付けをめぐる議論は、ウェールズのモダニスト作家を考察するダニエル・G・ウィリアムズの発言(「翻訳は価値付けである」)に触発されたものである(講演“Multilingual Modernism: The Case of Wales,”二〇一四年一月一六日、於大阪大学)。

＊6 この政治哲学者が、こうした脱構築の可能性に気づいていなかったと考えるよりも、消極的自由が、かつてはブルジョワジーという集団によって積極的に獲得された自由である、という歴史的事実を強調することができなかった事情(あるいはそういう制約)を斟酌する方が生産的だろう。すべての自由が集団的に獲得された自由であると言ってしまうと、ソーシャリズムも自由をもたらす運動ということになってしまうが、一九五八年というフルシチョフによるスターリン批判の約二年後になされた講演において、それはできない相談だったのだろう。詳しくは、河野真太郎「自由」(二〇一三)を参照。

第2章

＊1 *Border Country* 脱稿までのプロセスについてはSmith (2008) の第9章、Smith (2010) pp. 315–364 参照。

＊2 「中間勢力(intermediate power)」は第6章で言及する新自由主義《ニュー・リベラリズム》の鍵語ともなるものだが、このフレーズには、君主制(monarchy)を擁護し専制君主(despot)を批判する文脈での、つまり、「ただひとりが自分の意志と気まぐれ(*caprice*)により支配すること」をその「本性」とする専制《デスポティズム》へと、君主制《モナキー》が堕落してしまうのを防ぐものとして、各種中間勢力がある、という文脈での用法がある(モンテスキュー 384, 387)。ここに見られる意味合いをかりにいま共有しうるとしたら、新自由主義《ネオリベラリズム》とは、労働組合や大学といった中間勢力からの自由を積極的に追い求めるあまり、市場と政治の方が「気まぐれ《カプリース》」な専制《デスポット》君主と化すのを許してしまったリベラリズム、そのはじまりの意図——「専制《デスポティズム》」と対立するものとしての「自由《リバティ》」(de Ruggiero 1)

――をつかみそこねてしまったリベラリズムということになるだろうし、そこでは「解放」と「恐怖」が表裏一体なのであって、それは本書第6章で論じる意味での「悲劇」的経験である。

＊3　この時制の観点から言うと、アーノルドとニューマンの間には見逃しがたい共通性がある。

＊4　言語有機体論の際とほとんど同じことがここでも言える。構造とは建築物の構造だけではないし（例えば「細胞構造（cell structure）」など、有機体にもこの言葉は用いられる）、かりに建築物のそれを比喩として用いるとしてもその比喩形態こそがやはり重要であり、構造だから変化しないということにはならない。「歴史の、種々の段階で、作り上げられ解体される」ものとしての「構造」という「発生論的構造主義者」による用例もあるのだから（Williams, *Keywords* 305）。

＊5　「集団」が原語でどう表記されているかは *Deuxième Cours de Linguistique Générale* (*1908–1909*), p. 118 を、「社会的大衆」「話す大衆」「共同体」については、小松（1996）所収の仏語講義ノート資料二九一頁参照。

＊6　シュライアマハーはリベラル主義神学者と言われるほどにリベラリズムと関わりが深いが、ソシュールその人もまた、リベラリズムと、ひょっとすると特殊な接点を持っている可能性がある。デ・ルッジェーロはヨーロッパ・リベラリズムの成長過程にカルヴァン主義が大きく寄与したことに触れている――とりわけジュネーブ以外で（de Ruggiero 13–23）。そして二〇一二年に出版されたソシュールの伝記の著者は、ソシュール家の祖先がカルヴァンと交流をもっていたことにも触れつつ、ジュネーブの「カルヴァン主義的な文化的・社会的場《ミリュウ》」や家庭環境が、ソシュールの人生の「決定」因だったとは言えないが、「彼が何を優先したか、彼にはどういう傾向があったかを理解するための数多くのヒントをあたえてくれる」と述べている（Joseph 6–7）。ひとつ提起しうる問いは、「科学者と大衆」という本書第4章で見るような階層的区分をこの「場《ミリュウ》」が許容したかどうか、といったものになるが、いずれにしても肝心なのは、ソシュールと宗教的なものの間の緊張感《テンション》について、それを看過しないことだろう。なお、こうした緊張感の所在については、「場所《プレイス》」を変えて、ウィリアムズについても当てはまるように思われる。

＊7　前田英樹が指摘するように、ソシュールによるチェスの比喩が、その比喩の「破綻」を前提に講義で使われている（ソシュール『ソシュール講義録注解』81–87）としたら、ここまでの議論は過度な抽象化を行っている可能性が高い。しかし本書が提起したいのは、そうした、いわば批評理論的な抽象化が、「コミュニケーション」のため、ときに必要になるのではないか、という問いであり、さらに、そうした「コミュニケーション」には「実質的」なもの（第4章第5節で触れるように完全な抽象化は不可能なのだから）、すなわちリベラルな意図があるのではないか、という問いである。

＊8　もちろん、ここで取りこぼされてしまうのは、生長や発展ではなく「進化」という語を使うソシュールの意図をどう汲む

か、という難問である。かりに漠たるものであれ「意図」というものを、そこに介在させながら変化するもの――こうはイメージし難い「進化」の過程が、つまり人間的「自然・本性《ネイチャー》」変容の過程が、ソシュールの構図《デザイン》のなかで強調されている部分があるのかもしれない。ここに見られる、意図と「進化」という難所について本書は、環境としての自然と、人間的営為との相互浸透作用を、言語というより「想像力」を鍵語に論じるかたちで触れる（第7章・第8章参照）。あわせて、「社会科学」の「自然化」を唱えるイタリアの思想家パオロ・ヴィルノによるソシュール論が、この難問を別のかたちで考えるためのヒントとなるかもしれない（214–220）。

＊9　ただし翻訳者は、本節で述べた「奇妙な異郷生活者たち《エグザイル》」としての作家や批評家とは位相を異にする部分があるように見えるかもしれない。両者とも自らの属する共同体からひとたび離脱するという点では同じだけれど、そのあとで観察する対象が違ってくるではないかと。確かに、後者は自らの共同体をその対象とする一方、前者は異郷の（外国語の）共同体が対象となるようにも思えるのだが、本章で俎上に載せたソシュールの言語論がまさに好例となるように、自らの属する共同体がつくり出した産物（例えば「言語《ラング》」）の仕組みを観察する個人が、むしろ「異郷」にこそいる場合もあるのだ。

第3章

＊1　なおＥＤＦエネルギーの子会社ブリティッシュ・エネルギーは国内八箇所に原子力発電所を保有している（二〇一一年現在、ＢＥ社公式サイトによる）。

＊2　現在のノッティングヒルの北西部にあたる。ノッティングデールは当時の呼称で今は使われていない（Gould 131）。

＊3　主人公はこの呼び名に愛着を込めているが、“spades”という言い方はカリブ系移民に対する蔑称であった。

＊4　この「逃亡小説」との構図上《デザイン》の違いを、彼の「バイセクシュアル」もしくは「ゲイ」というセクシュアリティ（Gould 222–224）や、「アナキズムへの真剣な関心」（167–186）と関連づけると生産的かもしれない。

第4章

＊1　ウィリアムズが、明確に「二重視」という言葉を使っているのは、オーウェル論においてである（*Orwell* 16–28）。ここでのウィリアムズは、オーウェルには“a kind of conscious double vision”があると述べ、オーウェルがイングランドを「二重視《ダブル・ヴィジョン》」

する様相を記述している。イングランドを外側から観察すれば、ごく一部の支配層が跋扈する腐敗した社会である。しかし、それでもなお、オーウェルは「下の方」とはいえ「アッパー・ミドルクラス」出身であり、そうした社会に内部から深くかかわり合う者でもある。以下本章の議論に即して言えば、ここでの「二種の意識的な二重視」はカウリー的な二重視によく似ている。オーウェルはイングランドという社会を実のところ抽象的に見てしまっている。だからこそ、労働者階級に「真のイングランド」を求める、という同じく抽象的な解決策に走ってしまったと、ウィリアムズの議論をパラフレーズできるかもしれない。ただし、本章結論部でも述べるように、「抽象化された知識」の「成果《ファンクション》」とは「……全般《ジェネラル》のコミュニケーション」(Williams, *Culture and Society* 69) なのであり、その意味では「抽象」は不可欠なのだ。問題はこの、動きをとめ、いわば凍り付いてしまった流れ《フロウ》の、その重みのようなものを「意識的」に使ってオーウェルが何を「伝達《コミュニケート》」しようとしたのかということかもしれない。なおオーウェルとウィリアムズの間の(長い)緊張関係については川端康雄「リヴァイアサンに抗って」を参照。さきに提起した問いについて、さらに、変化の長さ、とでも呼称すべき観点における両者間の相違についての手がかりを同稿は与えてくれるように思われる。

＊2　それと同時に、ブレヒトはアクティヴな二重視の系譜に名を連ねる人物でもある。つまり、ブレヒトは、以下論じていくような批評的な観客と「盲目的」な観客という分離を許さないような側面も持っている。こうした戦後イギリスにおける「二つのブレヒト」問題については次章でも言及する。

＊3　タイナンについては、近年のイングリッシュネス研究での言及について触れておくべきだろう。ピーター・J・カリニーは、ジョン・オズボーン『怒りをこめて振りかえれ』の主人公ジミー・ポーターがイングランド的なもの《イングリッシュネス》を象徴的に体現した人物だった、という点を指摘する。「(とりわけイングランド南東部出身の)富裕層、同性愛者、芸術家、お勉強をしすぎた「めめしい」リベラル主義者」――こうした虚実入り混じったイメージを、敵対的に描きだすことで、怒れる若者たちのテクストは、「率直で飾り気のない普通の《プレイン》イングランド人」を好意的に描いているというのだ(Kalliney 118–119)。階級対立を描いているようで、実は、イングランド的なもの《イングリッシュネス》を描きだしていた、ということになる。カリニーは、タイナンを怒れる若者たちの同伴者的批評家(つまり意図せざるナショナリスト)と言及して終えてしまっている(116)のだが、本書第Ⅲ部で論じたいのは、こうしたいわば性急なナショナリズム批判がどうしても見落としてしまう、コミュニティと個人のあいだの関係であり、それがナショナリズムとのあいだに取り結ぶ関係である。

＊4　Shellard 及び Boston によるウィレット追悼記事参照。

＊5　さらなる詳細はShepherd and Wallis参照。

＊6　なおフランシスは、労働党内部に、社会主義《ソーシャリズム》をめぐる「二つの伝統」があったことも指摘している。ひとつが「道徳的で倫理的な伝統」であり、もうひとつが「フェビアン協会的な管理主義的で功利主義的な伝統」である（234）。

＊7　**Zweiniger-Bargielowska**を参照。

＊8　タイナンはドイツ演劇を論じた長文のエッセイにおいてウィレットの名前を出しており、みずからのブレヒト理解が彼に負っていることを隠していないように見える。とはいえ、その言葉遣い《ワーディング》において両者には見るべき違いがある。演劇や芸術が関与すべきものを、マルクス主義と名指すのではなく、「ナショナルな運動としての社会主義」ではない、「快活で国際主義的な主張であるべき」社会主義と言っているのは興味深い（"Theatre and Living" 122）。しかし、現存する社会主義が「ナショナルな運動としての社会主義」であり否定すべきものと断言する点で、タイナンは既存の社会主義から距離をとっているのであって、この点ではウィレットと違いがない。

＊9　ウィレットやタイナンが行った社会主義とマルクス主義の分離は、一九六四年にペリー・アンダーソンの行った手厳しい批判を想起させる。アンダーソンは、「イギリスの社会批判」は、「専門的」な社会主義と、レイモンド・ウィリアムズに代表される「倫理的」な社会主義とに分離しており、「今日のイギリス社会の構造的な分析」に失敗していると言う（Perry Anderson 16）。本章の議論に添って言いかえると、「専門的」な社会主義とは、現実の出来事に深く関与する代わりに社会主義を経済問題へと縮小還元してしまう立場であり、「倫理的」な社会主義とは、現実への関与をあきらめるかわりに、複雑な理想としての社会主義を堅持する立場ということになるだろうか。ただしウィリアムズは、現実への関与を実際的なものにするためにこそ、アンダーソンには「倫理的」なものとしか見えないもの――たとえば本書第8章で扱う旧石器時代との連続性《コンティニュイティ》――に向かうのであり、さらに言えば、上記のアンダーソンに典型的なかたちで見いだされるような、進歩主義的《リベラル》な性急さの、そのエネルギーを実際的なものにすることが、ウィリアムズの漠たる意図なのではないか（本書終章を参照）。

第5章

＊1　この四角形の詳細についてはJameson（1982）166–169及びJameson（1972）162–168を参照。

＊2　図中の「中立項」に入るアリスの教え子ドルカスは、アリスの友人と関係をもち妊娠、中絶する人物（第八場参照）。なおこの図が「問題含み」なのは、『プレンティ』における戦時のセクシュアリティが、当然想定される異性愛以外の経験を除外し

ているためである。ただしこれから論じるように、この「四角形」自体が限界を伴っていることが本作品では問題になる。

＊3　ピンクニーは「彼の［ブレヒトの］作品への——急速に拡大した——イギリス的な崇拝現象《ブリティッシュ・カルト》」と表現している（Pinkney, "Editor's Introduction" 20）。

＊4　論文 "Dominant, Residual, and Emergent" のウィリアムズは、「前勃興的な瞬間（pre-emergence）」を見出すことが重要だと特に強調して述べているが（126–167）、ここには、「勃興的」なものが「支配的」なものに容易《たやす》く取り込まれてしまうという厳しい認識があると考えてよいだろう。とすれば、「勃興的」なものを実体的に捉えるのではなく、これから論じていくように、除外されながらもうごめいてやまない「残滓的」経験との交渉の中に「前勃興的な瞬間」を見出していく作業が、もしくは「漠たる意図をつなぐ」（本書第2章参照）という作業が、欠かせないものとして浮上してこよう。あるいは、「あらゆる種類の根拠をさがし、それを考察する」のを試みることが「経験という語のもっとも深い語義」であると説く *Keywords*（129）の記述を真剣に受け止めるのならば、そもそも「経験」とは、そうした作業を促してやまないものなのである。

＊5　ここでウィリアムズとヘアの関係を考えるのはそれほど唐突な作業ではない。ヘアがケンブリッジ大学に入学した最大の目的はウィリアムズのようなマルクス主義者に教えを受けることだった。その後反発を抱いたヘアだが、最終的にウィリアムズに「回帰」したエピソードを、ある講演で語っている。詳細は "Raymond Williams: 'I Can't Be a Father to Everyone'" 参照。

＊6　この「無理解」については、アルチュセールや（ルカーチ批判を行う）ブレヒトを拠り所に激しくウィリアムズを批判した Eagleton, *Criticism and Ideology* が、七〇年代におけるその代表例だろう。なお「ルカーチ主義者」としてのウィリアムズという図式に発する諸問題については河野真太郎「田舎者の英文学」を参照。また John Higgins は、ウィリアムズの（特に五〇年代の）演劇論が軽視されてきたことを強く問題視する（21–22）。ただしこの傾向の重要な例外として山田雄三『感情のカルチュラル・スタディーズ』第四章、第五章を参照。また、「感情構造」というフレーズの諸用法＝諸効用（翻訳すれば "Uses of Structure of Feeling"）について、本書は同書ならびに『ニューレフトと呼ばれたモダニストたち』に深く負っている。

＊7　Lieberman による記事所収の舞台写真を参照（25）。この「継ぎ目」については、複数の幕をつなぎ合わせる（日本語でいう）「書割《かきわり》」を思いうかべた方が分かりやすいかもしれない。なお、この舞台写真では、「書割」の隙間から本物の「壁」が見えている。

第6章

＊1　こうしたトリリングの位置づけについて、本章は大田「批評理論の制度化についての覚書」に多くを負っている。

＊2　ブレヒト再発見者たちにおける、批評家と観客のあいだの線引きが、さらに太くなぞり書きされて、専門家と一般大衆のあいだのそれとなる、と言い換えてもよい。いずれにしても、後者のアクションに漠たるものとして漂う「意図」は、社会《システム》をデザインするための材料とはならなくなる。また、ウィルソンの専門家主義とでも呼称すべき流れ《フロウ》の源泉のひとつとして、「競争的エリートという概念」をつくり出したパレートやモスカを挙げることができるとしたら、このイタリアの思想家たちに「階級闘争理論の残余」と「開かれた競争社会の諸概念」との合流を見るウィリアムズの記述が重要になる（Williams, *Keywords* 114）。

＊3　同書第二部の悲劇作家論の詳細については、拙稿「演劇的近代《モダン》（2）」を参照。

＊4　ウィリアムズと演劇のかかわりについては、刊行された複数の著書が欧州の（近代）演劇《ドラマ》についてのものであるため、同時代のイギリス演劇《モダン・ブリティッシュ・ドラマ》に焦点が当たりにくい傾向があるとみなしてしまいがちだが、スコットランドの演劇人ジョン・マグラスが、ケンブリッジ大学の“the first Visiting Fellow of the Judith E. Wilson Fund of the Faculty of English”として、一九七九年に「六回の講演」を行った際、それに尽力したのはウィリアムズであるようだ（Williams, Foreword vii-xi）。マグラスの著書への序言でウィリアムズは、「人びとを、あらたなかたちで何度も集団化する（new groupings of people）」（強調は引用者）という、ごく重要な実践がマグラスの演劇にはあり、その作業のひとつの成果が、「イギリスのワーキング・クラスの人びと（British working-class people）」という集団化であると述べ、深い共感を示している。

第7章

＊1　この「個人」問題を考える時、まずは次の区分が役立つ。（A）はじめに個人があって、それら諸個人の総計として集団がある、という場合の個人、（B）はじめに集団があって、そこから「分断しえない（indivisible）」単位を指す場合、もしくはそうした集団からの「逸脱」を形容する場合の“individual”（*Keywords* 161–165）。後者の前近代的な「個人」（という言葉では同時代には呼ばれなかったのだが）たちが蓄積した膨大な経験は、一八世紀後半以降、残滓的なものと化してゆく。ところが、次章で扱うウィリアムズの死後刊行小説を読む限り、これら近代化プロセスのいわば残り滓《かす》の方に、つまり、集団から「逸脱」する個人たちの試行錯誤の方に、彼の関心は集中しているように見える。もちろんこれは、そうした前近代的集団の「復古」をウィリアムズが夢想していたなどということを決して意味しないのだが、次章で考察したいのは、それら残滓にウィリアムズが

引きつけられたその理由である。

＊2　「ケルト周縁」とは、ゲルマン系のアングル人もしくはサクソン人と今ではいわれる人びとの襲来によって、ブリテン島の「周縁」地域に追いやられた人びとが住まう場所、という意味合いの言葉であって、想像に難くないことだが、場合によっては侮蔑的な用法にもなるし、あるいは、それを逆手にとって「ケルト周縁」諸国の連帯を喚起するような用法も出てくることになるだろう。また今日では、この「周縁」とされる場所に生きる人びとが「ケルト」民族を祖先として共有しているというのは、近代に創造された「神話」ではないかという議論も出てきている（Smith, "How Celtic Are We?"）。いずれにしても重要なのは、「ケルト（周縁）」という概念というよりは、その語としての具体的な用例をたどることなのだろう。あわせて Gwyn A. Williams（1985）も参照。

＊3　Davies, *A History of Wales*, rev. ed., pp. 398–399 を参照。

＊4　講演はウェールズ語で行われた。

＊5　この用語の詳細については、良知力を参照。

＊6　河野「イギリスの解体」参照。繰り返し確認すると同稿は、産業革命以降のウェールズを「文化」を鍵語として論じた、日本語としてはおそらく最初の論考であり、農村の解体プロセスと産業化プロセスの双方に「労働」という問題系が潜んでいる、つまり、産業化による疎外は、ウェールズの農村と都市の双方に共通していることを指摘した重要な論考でもある。本論のネアン理解はこれに多くを負っているのだが、「バトン」を受け取る本章がその手がかりをつかみたいのは、産業化とその諸問題の克服という議論それ自体が不可避に抱えてしまう制約の所在であり、本章最終部でそれに触れる。

＊7　一九八三年のナショナリズム論隆盛については、河野「ネーション／ナショナリズムと文学」及び三浦「文学と国民の真実」を参照。本章は、両者の提起するネイションの（脱）構築性という問題への、時間軸《タイムスパン》そしてグローバリゼーション下の社会編成という観点からの応答でもある（詳しくは本章第6節でみる）。

＊8　アンダーソンとゲルナーは、"artefacts / nature" という二項区分を採用し、以下見ていくがウィリアムズのようには、これら二項間の相互浸透プロセスに重きを置いていないように見える。ただしその場合でも、「人工物」としてのネイションあるいはナショナリズムが、その似姿たろうとしている "nature"（人間的本質・自然）とは何か、もしくはそうした "nature" などそもそも存在していないのか、という点が問題になるだろうし、そのとき大きな助けとなりそうなのが、ウィリアムズによる一九七一年の講演 "Ideas of Nature" や『キーワード辞典』の "Art" の項（とくに p. 41 における "art" と "artisan" の分離への言

及）である。

＊9　"imagination" はもちろん通例「想像力」と訳される言葉だが、"-tion" が「プロセス」と「プロセスの産物」を意味する接尾辞であることを踏まえると、「イメージ化のプロセス」もそこに含意されているとも言える。

＊10　この相互浸透のプロセスをウィリアムズは「弁証法」あるいは「法則」と呼ぼうとしないことが、決定的な重要性を帯びてくるのだが、自然と人間との相互作用については、やはりマルクス主義による弁証法理解の蓄積が有益である。三浦つとむなどを参照。またこの相互浸透を「想像力」を鍵語にしてまとめてゆくと、『アースダイバー』シリーズを書く中沢新一と、ときに共通性《コミュニティ》が生じてくるのは興味深い。中沢（『野生の科学』336頁）参照。ただし中沢には後述の「個人」が不在ないしは不足しているのであって、詳しくは次章で見る。

＊11　この点については、あわせて、ダニエル・G・ウィリアムズによるウォルター・ベン・マイケルズへの批評も参照（Daniel G. Williams, "Introduction" xli–xlii）。

＊12　『ブラック・マウンテンズの人びと』（第一巻）冒頭の挿話群でも記述される旧石器時代のウェールズの「洞窟」について言えば、現在判明している範囲では、ブラック・マウンテンズ一帯、ガワ半島、ペンブローク州沿岸部、北部ウェールズ沿岸部など地質的な特異性（"Carboniferous Limestone"）が見られるごく限られたエリアにしかそうした旧石器時代の遺跡は存在していない（Green & Walker 30）。そのひとつであるブラック・マウンテンズ一帯に生まれ育ったことを、ウィリアムズは「たまたま」（次章第2節参照）のこと、偶然のことと形容する。こうした偶然性が、その偶然性を享受しえない人びととのあいだに容易ならざる緊張感を生じさせてしまうことがあるとしたらどうすればよいか、という問いについては開いたものとして提起しておきたい。あわせて本章注11も参照。

＊13　ウィリアムズの小説『ブラック・マウンテンズの人びと』第一巻中の、「計測者の来訪」を参照（Williams 1989, 151–187）。ここでは、ブラック・マウンテンズ一帯の先住者たちのもとに、新石器時代に属する先進的な観測技術を携えた「計測者（measurer）」が訪れるエピソードが展開するのだが、ウィリアムズの焦点は、「計測者」の有する突出した知識がそのままでは、先住民たちの益とはならず、その共同体にかえって亀裂をもたらしかねないものとなる部分に合わせられる。ウィリアムズの伝記作者ダイ・スミスは、本小説の書評で、この「計測者の来訪」という挿話の重要性を示唆している（Smith 1990）。

＊14　"The Culture of Nations," p. 200 を参照。

第8章

＊1 『ブラック・マウンテンズの人びと』冒頭で再度使用されることになる一九八一年公表のエッセイに、いわゆる「ケルト到来以前（pre-Celtic）」の、つまり先島住民の言葉に対するウィリアムズの興味を垣間見ることができる。それは以下のようなフィクショナルな文体を用いて表現されている――「自分たち［先島住民］のことをあなた方［ウィリアムズを含む現代の読者のこと］に説明しようと思っても、その準備がまだないのです。わたしたちの言葉は完全に消え去ってしまいました――あなた方がユーアス（Ewyas）と呼んでいる地名を除いて」（"Black Mountains" 216）。ブラック・マウンテンズ一帯では、現在でも「ユーアス・ハロルド」（国境のイングランド側）、「ユーアスの谷《ヴェイル・オヴ・ユーアス》」（ウェールズ側）という地名を目にすることができるが、これはウェールズ風のそれではないと（少なくとも）ウィリアムズは解したのであり、登場人物名についてもイングランド風はもとよりウェールズ風のそれも避けたものと推測される。

＊2 Woodham による記述を参照（3）。

＊3 これらの資料をもとに、ウィリアムズの妻ジョイ・ウィリアムズが詳細なノートを作成したことを、"Raymond Williams Papers"（Swansea University）収蔵の資料からうかがい知ることができる。ジョイは「ロンドン大学社会科学部（ＬＳＥ）で文化人類学を学んだ」（Kuper 43）とされる。この協力形態について今後考察すべき問題は、ウィリアムズが『文化と社会』で記述したようなロマン派的な分離、すなわち、創造的な想像力の使い手としての作家《アーティスト》と、実際的な（リサーチ）技術に熟練した職人《アーティザン》というそれが二人の間にあったのかどうか、あったとしたら、そうした分離の克服をウィリアムズが試行していたかどうか、ということになろう。この問題を解く鍵が、「想像力」という言葉に対する彼の姿勢にあるとしたら、本章は、その端緒を開く試みでもある。

＊4 一九七七～七八年にかけて行われた『ニューレフト・レビュー』編集委員三名によるインタビューのなかに、同小説の構想に触れている箇所がある（Williams, *Politics and Letters* 302）

＊5 ウィリアムズの書き物全体の鍵語でもある"continuity"は、その語源をラテン語に求めると、「まとまる、団結する（to hold together）」を意味する"*continere*"に発する語である。接頭辞"con-"が「ともに、一緒に」、"-tinue"が「保つ（to hold）」の意味合いだと説明する辞書もある。とすると、「コンティニュイティ」とは、あえて論争的になることを意図して訳せば、「紐帯」さらには「絆」とするのがふさわしい場合もある言葉のように思われる。

＊6 この挿話の重要性についてはダニエル・G・ウィリアムズの示唆による。あわせて、G・ウィリアムズによる『辺境』論、

とくにリアリズムの「未完」の性質への言及を参照（"Writing Against the Grain" 240）。また、『帰属心《ロイアルティズ》』の「ゴシック」性に言及するPinkney, *Raymond Williams* (117) も参照。

＊7　原文では「掟」は "the law" となっており、「法」と訳される "a law" とのちがいに注意が必要かもしれない。後者が「解釈」を必須のものとする一定の弾力性をもったものだとしたら、前者の "the law" はときに厳格性を含意し、「掟」あるいは「法則」と訳すべき場合がある。この挿話に、歴史の「法則性」をときに教条的なまでに強調する同時代のマルクス主義者への距離感を寓意《アレゴリー》として読み込めるとしたら、彼のソーシャリズムがイメージしやすくなるかもしれない。一九七五年の論考「あなたマルクス主義者なんでしょ?」は、歴史の法則をいわば上から目線で押しつけてしまう教条的マルクス主義への距離感と、マルクス主義の蓄積への敬意の双方が記述されている（Williams, "You're a Marxist, Aren't You?"）。また妻ジョイによるウィリアムズの形容（「マルクス主義者ではなかった」）も、こうした文脈を踏まえれば、その「距離感」の見極めに資するだろう（Joy Williams 1990）。

＊8　とはいえ、じつのところウェールズでは、少なくとも二〇世紀前半の時点では、コミュニティの作家《ライター》とは、なかば伝統と化しつつあるものだったとすら言えそうである。劇作家・詩人にして政治家（ウェールズ党《プライド・カムリ》の創設者のひとり）として知られるソーンダース・ルイスは、一九三九年の講演において、「文学の作家《ライター》とは、コミュニティに属するもののことである」(3) と断言し、ウェールズ語文学を擁護すると同時に、英語ウェールズ（アングロ・ウェルシュ）文学の作家にはコミュニティが不在であると批判したのだった。ルイスと対比するとき、ここでのウィリアムズは、言語ではなく、言語の場所性を、言語ナショナリズムではなく、場所固有の紐帯（第7章でみたラディカルなネイション）を強調するライターとして位置づけられよう。

＊9　『ブラック・マウンテンズの人びと』巻末に付された地名解説によると、現在で言えば、イングランド西部の、ダリントン・ウォールとソールズベリー平野がメンヴァンディル地域となる。

＊10　単行本となっているのは東京を対象とした『アースダイバー』（二〇〇五）、そして『大阪アースダイバー』（二〇一二）のみだが、ほかに「甲州アースダイバー」（二〇〇八）、「稲荷山アースダイバー」（二〇一二）、「海洋アースダイバー」（二〇一四）がある。興味深いのは後に触れるように、中沢がこのシリーズを展開するなかで「民族論」を記述するようになる点であり、それが既存の国民国家の枠組みを強化するのではなく批判する方途となっている点である。

＊11　『ブラック・マウンテンズの人びと』は一九八八年のウィリアムズの死後、残された草稿をもとに、妻ジョイ・ウィリアムズによれば「なんの修正を加えること」もなく、彼女及び娘メリンの奔走によって出版された（Joy Williams 1989）［「草稿」で

あるからには「一定」の修正はあったものと想像される」。ウェールズの歴史家ダイ・スミスは、そのウィリアムズ伝の題辞として「わたしがそういうものを書きたいと関心をもっているのは、それを書くことが長いプロセスとなる——というのも、し損じた箇所が山ほどあるためだが——そういう類《たぐ》いの小説である」という述懐を引いている（Smith 1）。この言を信じるのであれば、『ブラック・マウンテンズの人びと』が「し損じた箇所」、すなわち、存命中のウィリアムズが超えられなかった「尾根」の所在を、以下本章で見るように特定し、その越え方を模索することが必要になってこよう。

終章

*1　これはおそらくフレドリック・ジェイムソンのSF論『未来の考古学』に通底している時間性のことでもある。そのとき、ジェイムソン自身の「成長」というものを記述することは可能だろうか。つまり、解釈の余地のない法則・掟《ザ・ロー》としてのマルクス主義を批判するマルクス主義者ジェイムソンの、——本書第5章で言及した『政治的無意識』以降における——一直線状《ユニリニア》ではない成長を記述することは可能だろうか、という問いを（修辞疑問としてではなく）提起しておきたい。あわせて、ほぼ同様の問いを、ウィリアムズを批判し対話するテリー・イーグルトンについても提起したい。

*2　ただしウィリアムズが、「イングランドのワーキングクラス（English working class）」ではなく「イギリスのワーキングクラスの人びと（British working-class people）」という集団性をあたらしいかたち《フォーム》として模索する演劇人ジョン・マグラスに、並々ならぬ関心を寄せたことは、これが一九七〇年代後半以降の話である点を考えると示唆に富み、重ねて注記したい。本書第6章注4参照。

*3　おそらくここにはウィリアムズが、対ファシズム戦争としての第二次大戦から帰還した書き手だった、という見逃しがたい経緯もからんでいることだろう。この問題系については、『田舎と都会』を書くウィリアムズによる、「表象形式」をその対象として行われるファシズム批判に言及する遠藤不比人を参照（221–238）。また、プライド・カムリ（ウェールズ党）そしてソーンダース・ルイスと「ファシズム」については、Richard Wyn Jones による近著が、冷静な議論醸成にむけて有益である。

初出一覧

序　章　書き下ろし

第一章及び第二章　『レイモンド・ウィリアムズ研究』（第四号、レイモンド・ウィリアムズ研究会、二〇一四年）、「研究ノート」に大幅加除修正

第三章　『愛と戦いのイギリス文化史 一九五一―二〇一〇年』（慶應義塾大学出版会、二〇一一年）、担当章に加除修正

第四章　『商学論究』（第六〇巻第一・二号合併号、関西学院大学商学研究会、二〇一二年）、加除修正

第五章　『英文学研究』（和文号第八五巻、日本英文学会、二〇〇八年）、加除修正

第六章　『レイモンド・ウィリアムズ研究』（第三号、レイモンド・ウィリアムズ研究会、二〇一二年）、加除修正

第七章　『商学論究』（第六三巻第四号、関西学院大学商学研究会、二〇一六年三月〔同年一月校了〕）、加除修正

第八章　日本D・H・ロレンス協会第四六回大会（於愛知大学名古屋キャンパス、二〇一五年六月二七日）シンポジウム報告原稿に大幅加除修正

終　章　書き下ろし

参考文献

＊既訳のあるものについては原文、英訳を参照のうえ適宜改訳させていただいた場合がある。

〈外国語文献〉

Althusser, Louis. "The 'Piccolo Teatro': Bertolazzi and Brecht, Notes on a Materialist Theatre." *For Marx*. 1969. Trans Ben Brewster. London: Verso, 1996. 129–151. [「「ピッコロ」、ベルトラッチーとブレヒト――唯物論的な演劇にかんする覚書」、『マルクスのために』河野健二、田村俶、西川長夫訳、平凡社、1994年、227–268頁。]

Anderson, Benedict. *Imagined Communities: Reflections on the Origin and Spread of Nationalism*. London: Verso, 1983. [『増補 想像の共同体――ナショナリズムの起源と流行』白石さや、白石隆訳、NTT出版、1997年。]

Anderson, Perry. "Origins of the Present Crisis." 1964. *English Questions*. London: Verso, 1992. 15–47.

Ansorge, Peter. "David Hare: A War on Two Fronts." *Plays and Players* Apr. 1978: 12–16.

Arnold, Matthew. *Selections from the Prose Writings of Matthew Arnold*. Ed. Lewis E. Gates. New York: Henry Holt, 1898.

Auslander Philip. *Liveness: Performance in a Mediatized Culture*. London: Routledge, 1999.

Barsamian, David, and Edward W. Said. *Culture and Resistance: Conversations with Edward W. Said*. Cambridge, MA: South End Press, 2003. [『文化と抵抗』大橋洋一、大貫隆史、河野真太郎訳、筑摩書房、2008年。]

Barthes, Roland. "Mother Courage Blind." *Critical Essays*. Trans. Richard Howard. Evanston, IL: Northwestern University Press, 1972. 33–36. [「盲目の〈肝っ玉おっ母〉」、『批評をめぐる試み――1964』吉村和明訳、みすず書房、2005年、70–74頁。]

Berlin, Isaiah. "Two Concepts of Liberty." *Liberty*. Ed. Henry Hardy. Oxford: Oxford University Press, 2004. 166–217. [「二つの自由概念」、『自由論』小川晃一他訳、みすず書房、1971年、265–390頁。]

Boston, Richard. "Obituary: John Willett: Champion of Brecht in the English–Speaking World." *Guardian*, 22 August, 2002. <http://www.guardian.co.uk/>.

Brecht, Bertolt. "A Short Organum for the Theatre." *Brecht on Theatre: The Development of an Aesthetic*. Ed. and Trans. John Willett. New York: Hill-Farrar, 1964. 179–205.

[「演劇のための小思考原理」、『今日の世界は演劇によって再現できるか――ブレヒト演劇論集』千田是也編訳、白水社、1996 年。261–295 頁。]

British Energy, Part of EDF Energy. "Our Nuclear Stations." <http://www.british-energy.com/pagetemplate.php?pid=82>. (2011 年 6 月 5 日アクセス)

Cave, Richard Allen. "Political Drama and David Hare." *New British Drama in Performance on the London Stage: 1970 to 1985*. New York: St. Martin's, 1988. 175–212.

Chun, Lin. *The British New Left*. Edinburgh: Edinburgh University Press, 1993. [『イギリスのニューレフト――カルチュラル・スタディーズの源流』渡辺雅男訳、彩流社、1999 年。]

Conekin, Becky, Frank Mort and Chris Waters, eds. *Moments of Modernity: Reconstructing Britain 1945–1964*. London: Rivers Oram, 1999

Cowley, Malcolm. "Breakdown." 1934. *F. Scott Fitzgerald: The Critical Reception*. Ed. Jackson R. Bryer. New York: Burt Franklin, 1978.

——. "Fitzgerald: The Double Man." *The Saturday Review of Literature*, 24 Feb. 1951: pp. 9+. <http://www.unz.org/Pub/SaturdayRev-1951feb24>.

Davies, Janet. *The Welsh Language*. Cardiff: University of Wales Press, 1993.

Davies, John. *A History of Wales*. Rev. ed. London: Penguin, 2007.

de Ruggiero, Guido. *The History of European Liberalism*. Trans. R. G. Collingwood. Boston: Beacon, 1927.

Eagleton, Terry. "Brecht and Rhetoric." *Against the Grain: Essays 1975–1985*. London: Verso, 1986. 167–172. [「ブレヒトとレトリック」『批評の政治学――マルクス主義とポストモダン』大橋洋一、鈴木聡、黒瀬恭子、道家英穂、岩崎徹訳、平凡社、1986 年、285–296 頁。]

——. *Criticism and Ideology: A Study in Marxist Literary Theory*. 1976. London: Verso, 1978.

——. *The Gatekeeper: A Memoir*. New York: St. Martin's, 2001. [『ゲートキーパー――イーグルトン半生を語る』滝沢正彦、滝沢みち子訳、大月書店、2004 年。]

The EDF Energy London Eye. History. <http://www.londoneye.com/ExploreTheLondonEye/History/Default.aspx>. (2011 年 5 月 10 日アクセス)

——. EDF Energy. <http://www.londoneye.com/EDFEnergy/>. (2011 年 5 月 10 日アクセス)

Eley, Geoff. "Finding the People's War: Film, British Collective Memory, and World War II." *American Historical Review* 106 (2001): 818–838.

Esslin, Martin. *Brecht: A Choice of Evils: A Critical Study of the Man, His Work and His Opinions*. London: Eyre and Spottiswoode, 1959. [『ブレヒト――政治的詩人の背理』山田肇、木桧禎夫、山内登美雄訳、白凰社、1963 年。]

Evans, Chritopher. Rev of *People of the Black Mountains I: The Beginning . . .*, by Raymond Williams. *Antiquity* 64 (1989): 196–197.

Francis, Martin. "Economics and Ethics: The Nature of Labour's Socialism, 1945–1951." *Twentieth Century British History* 6 (1995): 220–243.

Fraser, Scott. *A Politic Theatre: The Drama of David Hare*. Amsterdam: Rodopi, 1996.

Gellner, Ernest. *Nations and Nationalism*. Oxford: Basil Blackwell, 1983.

Gilroy, Paul. *There Ain't No Black in the Union Jack: The Cultural Politics of Race and Nation*. London: Routledge, 1987.

Gould, Tony. *Inside Outsider: The Life and Times of Colin MacInnes*. London: Wilson and Day, 1993.

Green, Stephen and Elizabeth Walker. *Ice Age Hunters: Neanderthals and Early Modern Hunters in Wales.* Cardiff: National Museum of Wales, 1991.

Hall, Stuart. "Cultural Studies: Two Paradigms." 1980. *Culture / Power / History: A Reader in Contemporary Social Theory.* Eds. Sherry B. Ortner, Nicholas B. Dirks, and Geoff Eley. Princeton: Princeton University Press, 1994. 520–538.

Hare, David. Introduction. *Mother Courage and Her Children*. By Bertolt Brecht. Adapt. David Hare. New York: Arcade, 1996. vii–xi.

——. Lecture. King's College, Cambridge. 5 Mar. 1978. *Licking Hitler: A Film for Television.* London: Faber, 1978. 57–71.

——. "A Note on Performance." *Plenty*. 97–98.

——. "Now Think This Time: An Introduction to the History Plays." 1984. *Writing Left-Handed*. London: Faber, 1991. 73–84.

——. *Plenty*. 1978. London: Faber, 1999.

——. "Raymond Williams: 'I Can't Be a Father to Everyone.'" 1989. *Obedience, Struggle and Revolt: Lectures on Theatre*. London: Faber, 2005. 145–171.

Harris, Bernard. *The Origins of the British Welfare State: Society, State, and Social Welfare in England and Wales, 1800–1945*. Basingstoke: Palgrave Macmillan, 2004.

Harvey, David. *The Condition of Postmodernity: An Enquiry into the Origins of Cultural Change.* Cambridge, MA: Blackwell, 1990.

Higgins, John. *Raymond Williams: Literature, Marxism and Cultural Materialism.*

London: Routledge, 1999.
Hoggart, Richard. *The Uses of Literacy: Aspects of Working-Class Life with Special Reference to Publications and Entertainments*. 1957. New York: Oxford University Press, 1970. [『読み書き能力の効用』香内三郎訳、晶文社、1974 年。]
Ignatieff, Michael. "Nationalism and the Narcissism of Minor Difference." *Theorizing Nationalism*. Ed. Ronald Beiner. Albany: State University of New York Press, 1999. 91–102.
Innes, Christopher. *Modern British Drama: The Twentieth Century*. Cambridge: Cambridge University Press, 2002.
——. "Modernism in Drama." *The Cambridge Companion to Modernism*. Ed. Michael Levenson. Cambridge: Cambridge University Press, 1999. [「演劇におけるモダニズム」『モダニズムとは何か』荻野勝、下楠昌哉監訳、松柏社、2002 年。289–340 頁。]
Itzin, Catherine. *Stages in the Revolution: Political Theatre in Britain since 1968*. London: Eyre Methuen, 1980.
Jameson, Fredric. *Archaeologies of the Future: The Desire Called Utopia and Other Science Fictions*. London: Verso, 2007. [『未来の考古学　第一部　ユートピアという名の欲望』秦邦生訳、作品社、2011 年。『未来の考古学　第二部　思想の達しうる限り』秦邦生、河野真太郎、大貫隆史訳、作品社、2012 年。]
——. *The Political Unconscious: Narrative as a Socially Symbolic Act*. Ithaca: Cornell University Press, 1982. [『政治的無意識——社会的象徴行為としての物語』大橋洋一、木村茂雄、太田耕人訳、平凡社、1989 年。]
——. *The Prison-House of Language: A Critical Account of Structuralism and Russian Formalism*. Princeton: Princeton University Press, 1972. [『言語の牢獄——構造主義とロシア・フォルマリズム』川口喬一訳、法政大学出版局、1988 年。]
Jones, Richard Wyn. *The Fascist Party in Wales?: Plaid Cymru, Welsh Nationalism and the Accusation of Fascism*. Trans. Richard Wyn Jones and Dafydd Jones. Cardiff: University of Wales Press, 2014.
Joseph, John E. *Saussure*. Oxford: Oxford University Press, 2012.
Judt, Tony. *Postwar: A History of Europe since 1945*. London: Pimlico, 2007. [『ヨーロッパ戦後史　上　1945–1971』森本醇訳、みすず書房、2008 年。『ヨーロッパ戦後史　下　1971–2005』浅沼澄訳、みすず書房、2008 年。]
Kalliney, Peter J. *Cities of Affluence and Anger: A Literary Geography of Modern Englishness.* Charlottesville: University of Virginia Press, 2006.

Kuper, Adam. *Culture: The Anthropologists' Account*. Cambridge, MA: Harvard University Press, 1999.

Laing, Stuart. *Representations of Working Class Life, 1957–1964*. Basingstoke, Eng.: Macmillan, 1986.

Lewis, Saunders. "Fate of the Language." 1962. Trans. G. Aled Williams. *Presenting Saunders Lewis*. Ed. Alun R. Jones and Gwyn Thomas. Cardiff: University of Wales Press, 1973. 127–141.

——. *Is there an Anglo–Welsh Literature?* Cardiff: Guild of Graduates of the University of Wales, 1939.

Lieberman, Susan. "Illustrative Moments: Hayden Griffin's Minimalist Design." *Theatre Crafts* Nov. 1985: 18+.

Lucas, John. "Debate: Raymond Williams Novelist?" *Key Words: A Journal of Cultural Materialism* 6 (2008): 16–22.

MacInnes, Colin. *Absolute Beginners*. *The Colin MacInnes Omnibus: His Three London Novels*. London: Allison and Busby, 1985.

Marx, Karl. "The Eighteen Brumaire of Louis Bonaparte." 1869. *Surveys from Exile*. Trans. Ben Fowkes. Oxford: Oxford University Press, 1973.

Munday, Jeremy. *Introducing Translation Studies: Theories and Applications.* 3rd ed. London: Routledge, 2012. [『翻訳学入門』鳥飼玖美子監訳、みすず書房、2009 年。]

Nairn, Tom. *The Break–Up of Britain: Crisis and Neo–Nationalism*, London: NLB, 1977.

Pinkney, Tony. "Editor's Introduction: Modernism and Cultural Theory." 1989. *Politics of Modernism: Against the New Conformists*. By Raymond Williams. London: Verso, 2007. 1–29.

——. *Raymond Williams*. Brigend, Wales: Seren-Poetry Wales, 1991.

Pym, Anthony. *Exploring Translation Theories*. London: Routledge, 2010. [『翻訳理論の探求』武田珂代子訳、みすず書房、2010 年。]

Rees, William. *An Historical Atlas of Wales from Early to Modern Times*, London: Faber, 1967.

Reinelt, Janelle. "David Hare: Social Gestus in Private Scenes." *After Brecht: British Epic Theater*. Ann Arbor: University of Michigan Press, 1996. 109–142.

Said, Edward W. "Opponents, Audience, Constituencies and Community." 1982. *The Anti–Aesthetic: Essays on Postmodern Culture*. Ed. Hal Foster. New York: New Press, 1998. 135–159. [「敵対者、聴衆、構成員、そして共同体」『反美学——ポストモダン

の諸相』室井尚、吉岡洋訳、勁草書房、1987 年、246–292 頁。]
Sandbrook, Dominic. *Never Had It So Good: A History of Britain from Suez to the Beatles*. London: Abacus-Little, Brown, 2005.
——. *White Heat: A History of Britain in the Swinging Sixties.* London: Abacus–Little, Brown, 2007.
Schleiermacher, Friedrich. "On the Different Methods of Translating." Trans. Susan Bernofsky. *The Translation Studies Reader*. 3rd ed. Ed. Lawrence Venuti. London: Routledge, 2012. 43–63. ["Ueber die verschiedenen Methoden des Uebersezens." <http://users.unimi.it/dililefi/costazza/programmi/2006–07/Schleiermacher.pdf>.] [「翻訳のさまざまな方法について」、『思想としての翻訳——ゲーテからベンヤミン、ブロッホまで』三ツ木道夫訳、白水社、2008 年、25–71 頁。]
Shellard, Dominic. *Kenneth Tynan: A Life*. New Haven: Yale University Press, 2003.
Shepherd, Simon and Mick Wallis. *Drama / Theatre / Performance*, London: Routledge, 2004.
Smith, Dai. "Crossing Borders." *Raymond Williams Kenkyu*. Special Issue (2012): 85–104.
——. "How Celtic Are We?" *Sunday Future*, BBC Radio 3, 4 Oct. 2015. <http://www.bbc.co.uk/programmes/b06fld1w>.
——. *In the Frame*. Cardigan: Parthian, 2010.
——. Rev. of *People of the Black Mountains I: The Beginning . . . .* By Raymond Williams, *Book News from Wales* Spring 1990: 7. [WWE/2/1/9/2/18, Raymond Williams Papers, Swansea University]
——. *Raymond Williams: A Warrior's Tale*. Cardigan: Parthian, 2008.
Spivak, Gayatri Chakravorty. "Can the Subaltern Speak?" *Marxism and the Interpretation of Culture*. Eds. Cary Nelson and Lawrence Grossberg. Urbana: University of Illinois Press, 1988. 271–313. [『サバルタンは語ることができるか』上村忠男訳、みすず書房、1998 年。]
Thomas, Colin, dir. *Border Crossing: The Journey of Raymond Williams*. BBC, 2005.
Thomas, Ned. "Devolution and National Identity." *Culture and Politics: Plaid Cymru's Challenge to Wales*. Cardiff: Plaid Cymru, 1975. 11–16.
Thompson, E. P., Kenneth Alexander, Stuart Hall, Alasdair MacIntyre, Ralph Samuel, and Peter Worsley. *Out of Apathy*. London: Stevens & Sons, 1960.
Tiratsoo, Nick. "Popular Politics, Affluence, and the Labour Party in the 1950s." *Con-*

temporary British History, 1931–61: Politics and the Limits of Policy. Eds. Anthony Gorst, Lewis Johnman, and W. Scott Lucas. London: Pinter, 1991. 44–61.

Trilling, Lionel. *Beyond Culture: Essays on Literature and Learning*. New York: Harcourt Brace, 1965.

——. *The Liberal Imagination: Essays on Literature and Society*. 1950. New York: New York Review Books, 2008.

Tynan, Kenneth. "Theatre and Living." *Declaration*. Ed. Tom Maschler. London: MacGibbon and Kee, 1957.

——. *Tynan on Theatre*. London: Penguin, 1964.

Willett, John. Introduction. *Bertolt Brecht in Britain*. Eds. Nicholas Jacobs and Prudence Ohlsen. [London]/ TQ publications, 1977.

——."Martin Esslin on Bertolt Brecht: A Questionable Portrait." *Massachusetts Review: A Quarterly of Literature, the Arts and Public Affairs* 1 (1960): 589–596.

——. *The Theatre of Bertolt Brecht: A Study from Eight Aspects*. London: Methuen, 1959.

——. "Ups and Downs of British Brecht." *Re-Interpreting Brecht: His Influence on Contemporary Drama and Film*. Ed. Pia Kleber and Colin Visser. Cambridge: Cambridge University Press, 1990. 76–89.

Williams, Daniel G. *Ethnicity and Cultural Authority: From Arnold to Du Bois*. Edinburgh: Edinburgh University Press, 2006.

——. "Introduction: The Return of the Native." Raymond Williams. *Who Speaks for Wales?: Nation, Culture, Identity*. Cardiff: University of Wales Press, 2013. [「帰郷——『誰がウェールズのために語るのか?』序章」近藤康裕訳、『レイモンド・ウィリアムズ研究』第 2 号 (2011 年): 55–115 頁。]

——. "Writing Against the Grain: Raymond Williams's *Border Country* (1960) and the Defence of Realism." *Mapping the Territory: Critical Approaches to Welsh Fiction in English*. Ed. Katie Gramich. Cardigan: Parthian, 2010. 217–243.

Williams, Gwyn A. *When Was Wales?* London: Penguin, 1985.

Williams, Joy. "People of the Black Mountains." *Guardian* Sept 8 1989. Raymond Williams Papers. WWE/2/2/2/6 (Richard Burton Archive, Swansea University).

——. "Prof Raymond Williams 'was not a Marxist'." *Financial Times* Sept 18 1990. Raymond Williams Papers. WWE/2/2/2/6 (Richard Burton Archive, Swansea University) .

Williams, Raymond. "Base and Superstructure in Marxist Cultural Theory." 1973.

Culture and Materialism. 31–49. [「マルクス主義文化理論における土台と上部構造」、『共通文化にむけて——文化研究 I』、144–175 頁。]
——. "Beyond Actually Existing Socialism." 1980. *Culture and Materialism*. 252–273.
——. "Beyond Liberalism." Rev. of *Beyond Culture: Essays on Literature and Learning*, by Lionel Trilling. *Lionel Trilling and the Critics: Opposing Selves*. Ed. John Rodden. Lincoln: University of Nebraska Press, 1999. 269–271.
——. "Black Mountains." *Places: An Anthology of Britain*. Ed. Ronald Blythe. Oxford: Oxford University Press. 1981. 215–222. [*Who Speaks for Wales?* 73–78.]
——. *Border Country*. Cardigan: Parthian, 2005. [『辺境』小野寺健訳、講談社、1972 年。]
——. "The British Elections." *Nation* 28 Sept. 1964: 154–157.
——. *Culture and Materialism: Selected Essays*. London: Verso, 2005. Rpt. of *Problems in Materialism and Culture*. 1980.
——. "Culture and Revolution: A Response." Eds. Terry Eagleton and Brian Wicker. *From Culture to Revolution: The Slant Symposium 1967*. London: Sheed and Ward, 1968. 296–308.
——. *Culture and Society: 1780–1950*. New York: Columbia University Press, 1983. [『文化と社会 1780–1950』若林繁信、長谷川光昭訳、ミネルヴァ書房、1968 年。]
——. "The Culture of Nations." 1983. *Who Speaks for Wales?* Ed. Daniel G. Williams. Cardiff: University of Wales Press, 2003. 191–203.
——. "Dominant, Residual, and Emergent." *Marxism and Literature*. Oxford: Oxford University Press, 1977. 121–127.
——. *Drama from Ibsen to Brecht*. 1968. New York: Oxford University Press, 1969.
——. *Drama in Performance*. Rev. ed. London: C. A. Watts. 1968.
——. *The English Novel from Dickens to Lawrence*. London: Hogarth Press, 1970.
——. Foreword. John McGrath. *A Good Night Out: Popular Theatre: Audience, Class and Form*. London: Methuen, 1981. vii–xi.
——. "Ideas of Nature." *Culture and Materialism*.67–85. [「自然の観念」『共通文化にむけて——文化研究 I』、92–120 頁。]
——. Interview. "Raymond Williams with Michael Ignatieff." ICA Writers in Conversation. Institute of Contemporary Arts. London. 1985. <http://www.rolandcollection.tv/films/modern-literature-and-philosophy/writers-talk-series/486-raymond-williams?pid=187#.VmDHfoT-tS0>.

——. *Keywords: A Vocabulary of Culture and Society*. Rev. ed. New York: Oxford Univesity Press, 1985. [『完訳キーワード辞典』椎名美智、武田ちあき、越智博美、松井優子訳、平凡社、2002 年。]

——. *The Long Revolution*. 1961. Cardigan: Parthian, 2011. [『長い革命』若松繁信、妹尾剛光、長谷川光昭訳、ミネルヴァ書房、1983 年。]

——. *Loyalties. Chatto and Windus*, 1985.

——. "Means of Communication as Means of Production." *Culture and Materialism*. 50–63.

——. *Modern Tragedy.* 1966. Ed. Pamela McCallum. Peterborough, ON: Broadview, 2006.

——. *Orwell*. London: Fontana–Collins, 1971.

——. *People of the Black Mountains I: The Beginning* . . . . London: Chatto and Windus, 1989.

——. *People of the Black Mountains II: The Eggs of the Eagle.* London: Chatto and Windus, 1990.

——. *Politics and Letters: Interviews with New Left Review.* London: Verso, 1979.

——."The Practice of Possibility." *Who Speaks for Wales?* 212–220. [「可能性の実践——テリー・イーグルトンとの対話」、『想像力の時制——文化研究 II』、355–369 頁。]

——. *Resources of Hope. Culture, Democracy, Socialism*. Ed. Robin Gable. London: Verso, 1989.

——. *Television: Technology and Cultural Form*. London: Fontana-Collins, 1974.

——. "The Tense of Imagination." *Tenses of Imagination: Raymond Williams on Science Fiction, Utopia and Dystopia*. Oxford: Peter Lang, 2010. 115–124. [「想像力の時制」、『想像力の時制——文化研究 II』、8–23 頁。]

——. "Who Speaks for Wales?" *Who Speaks for Wales?* 3–4.

——. *Who Speaks for Wales?* Ed. Daniel G. Williams. Cardiff: University of Wales Press, 2003.

——. "You're a Marxist, Aren't You?" *The Concept of Socialism*. Ed. Bhikhu Parekh. London: Croom Helm, 1975. 231–242; *Resources of Hope*. 65–76.

Williams, Raymond, and Anthony Barnett. "Discussion of Raymond Williams' *Towards 2000.*" ICA Talks. Institute of Contemporary Arts. London. 8 Nov. 1983. <http://sounds.bl.uk/Arts-literature-and-performance/ICA-talks/024M-C0095X0076XX-0100V0>.

Woodhams, Stephen. "Introducing Raymond Williams." *The Raymond Williams Collec-*

tion: A Report. Cardigan: Parthian, 2012. 1–5.

Woodward, Kathryn. "Concepts of Identity and Difference." *Identity and Difference*. Ed. Kathryn Woodward. London: Sage, 1997. 7–62.

Zweiniger-Bargielowska, Ina. "Rationing, Austerity and the Conservative Party Recovery after 1945." *Historical Journal* 37 (1994): 173–197.

〈邦訳文献〉

レイモンド・ウィリアムズ『共通文化にむけて——文化研究 I』川端康雄編訳、大貫隆史、河野真太郎、近藤康裕、田中裕介訳、みすず書房、2013年。

——『想像力の時制——文化研究 II』川端康雄編訳、遠藤不比人、大貫隆史、河野真太郎、鈴木英明、山田雄三訳、みすず書房、2016年。

——「文学と社会学——リュシアン・ゴルドマン追悼」、『想像力の時制——文化研究 II』284–316頁。

パオロ・ヴィルノ『ポストフォーディズムの資本主義——社会科学と「ヒューマン・ネイチャー」』柱本元彦訳、人文書院、2008年。

『ウェールズの山』クリストファー・マンガー監督、ワーナー・ホームビデオ、2012年。

J・K・ガルブレイス『ゆたかな社会』鈴木哲太郎訳、岩波書店、1960年。

ロバート・クロス「若者文化と戦後イギリス社会」田口哲也訳、小野修編『現代イギリスの基礎知識——英国は変わった』明石書店、1999年。

フェルディナン・ド・ソシュール『一般言語学講義』小林英夫訳、岩波書店、1972年。[*Cours de Linguistique Générale*. Ed. Charles Bally et Albert Sechehaye. Paris: Payot, 1967.]

——『ソシュール一般言語学講義——コンスタンタンのノート』影浦峡、田中久美子訳、東京大学出版会、2007年。

——『一般言語学第二回講義 (1908–1909年)——リードランジェ／パトワによる講義記録』小松英輔編、相原奈津江、秋津伶訳、エディット・パルク、2006年。[*Deuxieme Cours de Linguistique Générale (1908–1909). Saussure's Second Course of Lectures on General Linguistics (1908–1909)*. Ed. Eisuke Komatsu. Trans. George Wolf. Oxford: Pergamon–Elsevier, 1997.]

——『ソシュール講義録注解』前田英樹訳、法政大学出版局、1991年。

デイヴィド・ハーヴェイ「戦闘的個別主義と世界的大望」西部均訳、『現代思想』第27巻13号 (1999年): 80–109頁。

ジグムント・バウマン『コミュニティ——安全と自由の戦場』奥井智之訳、筑摩書房、

2008 年。

スコット・フィッツジェラルド『グレート・ギャツビー』野崎孝訳、新潮社、1974 年。

ピエール・ブルデュー、ジャン＝クロード・パスロン『遺産相続者たち——学生と文化』石井洋二郎監訳、戸田清、高塚浩由樹、小澤浩明訳、藤原書店、1997 年。

ヨハン・ゴットフリート・ヘルダー「人間性形成のための歴史哲学異説」小栗浩、七字慶紀訳『世界の名著 38 ヘルダー、ゲーテ』登張正實編、中央公論社、1979 年、75–176 頁。

ヒレア・ベロック『奴隷の国家』関曠野訳、太田出版、2000 年。

アンドリュー・ローゼン『現代イギリス社会史 1950–2000』川北稔訳、岩波書店、2005 年。

シャルル・ド・モンテスキュー「法の精神」井上堯裕訳『世界の名著 34 モンテスキュー』井上幸治編、中央公論社、1980 年、351–566 頁。[*De l'esprit des lois*. *Les Classique des Sciences Socials.* Université du Québec à Chicoutimi. 〈http://dx.doi.org/doi:10.1522/cla.moc.del8〉.]

〈日本語文献〉

阿部潔『監視デフォルト社会——映画テクストで考える』青弓社、2014 年。

いとうせいこう『想像ラジオ』河出書房新社、2015 年 [2013 年]。

——『ボタニカル・ライフ——植物生活』紀伊國屋書店、1999 年。

内田樹『寝ながら学べる構造主義』文藝春秋、2002 年。

遠藤不比人『死の欲動とモダニズム——イギリス戦間期の文学と精神分析』慶應義塾大学出版会、2012 年。

大田信良「批評理論の制度化についての覚書」『言語社会』第 4 号 (2010 年)、181–212 頁。 <http://hdl.handle.net/10086/18863>.

——『帝国の文化とリベラル・イングランド——戦間期イギリスのモダニティ』慶應義塾大学出版会、2010 年。

大貫隆史「演劇的近代《モダン》(2)——*Modern Tragedy* と制約、全体性、そして不可避性の問題」『レイモンド・ウィリアムズ研究』第 1 号 (2009)、113–135 頁。

大貫隆史・河野真太郎・川端康雄編『文化と社会を読む 批評キーワード辞典』研究社、2013 年。

大橋洋一編『現代批評理論のすべて』新書館、2006 年。

川端康雄「リヴァイアサンに抗って——オーウェル、ウィリアムズ、*Politics of Letters*」『英文學研究　支部統合号』第 5 号 (2013 年)、81–89 頁。

河野真太郎「イギリスの解体――ウェールズ、炭坑、新自由主義」、川端康雄・大貫隆史・河野真太郎・佐藤元状・秦邦生編『愛と戦いのイギリス文化史 1951–2010 年』慶應義塾大学出版会、2011 年、351–365 頁。

――『〈田舎と都会〉の系譜学――二〇世紀イギリスと「文化」の地図』ミネルヴァ書房、2013 年。

――「田舎者の英文学――レイモンド・ウィリアムズと都市文化」、『英語青年』第 151 巻(2006 年)、718–721 頁。

――「自由」、大貫他編『文化と社会を読む 批評キーワード辞典』2–10 頁。

――「文化とその不満」、三浦玲一編『文学研究のマニフェスト――ポスト理論・歴史主義の英米文学批評入門』研究社、2012 年、31–62 頁。

――「ネーション／ナショナリズムと文学」、大橋洋一編『現代批評理論のすべて』、138–141 頁。

小松英輔「ソシュール『一般言語学講義』――エングラー版批判」フェルディナン・ド・ソシュール『一般言語学講義　第一回講義』、小松英輔編、相原奈津江、秋津伶訳、エディット・パルク、1996 年、273–294 頁。

近藤康裕「価値」、大貫他編『文化と社会を読む 批評キーワード辞典』88–96 頁。

斉藤渉『フンボルトの言語研究――有機体としての言語』京都大学学術出版会、2001 年。

高田実「ニュー・リベラリズムにおける「社会的なるもの」」(要旨) 政治経済学・経済史学会、2008 年 6 月 28 日。〈http://seikeisi.ssoj.info/sm08_takada.pdf〉

高橋英夫「解題」、F・シュライエルマッハー『宗教論――宗教を軽んずる教養人への講話』高橋英夫訳、筑摩書房、1991 年、247–253 頁。

高山智樹『レイモンド・ウィリアムズ――希望への手がかり』彩流社、2010 年。

富田理恵「連合王国は解体するか？――スコットランドとウェールズへの権限委譲」木畑洋一編著『現代世界とイギリス帝国』ミネルヴァ書房、2007 年、95–127 頁。

中尾佐助『栽培植物と農耕の起源』岩波書店、1966 年。

中沢新一『アースダイバー』講談社、2005 年。

――『大阪アースダイバー』講談社、2012 年。

――「海洋アースダイバー」『g2』第 15 巻 (2014 年): 240–311 頁
――『野生の科学』講談社、2012 年。

深井智朗「解題　シュライアマハーと『神学通論』」F・シュライアマハー『神学通論(1811 年／1830 年)』加藤常昭、深井智朗訳、教文館、2009 年。269–305 頁。

三浦つとむ『弁証法はどういう科学か』講談社、1968 年。

三浦玲一「文学と国民の真実」大橋洋一編『現代批評理論のすべて』、150 頁。

山田雄三『感情のカルチュラル・スタディーズ——『スクリューティニ』の時代からニュー・レフト運動へ』開文社出版、2005 年。

——『ニューレフトと呼ばれたモダニストたち——英語圏モダニズムの政治と文学』松柏社、2013 年。

良知力『向う岸からの世界史——一つの四八年革命史論』筑摩書房、1993 年。

《著者略歴》

大貫隆史（おおぬき・たかし）

一九七四年茨城県生まれ。東京大学大学院人文社会系研究科博士課程満期退学。釧路公立大学経済学部准教授を経て、現在、関西学院大学商学部および言語コミュニケーション文化研究科准教授。スウォンジー大学リチャード・バートン・センター客員研究員（二〇一五年九月より一年間の予定）。関心領域は二〇世紀イギリス文化、文化の思想、レイモンド・ウィリアムズ。共編著に『愛と戦いのイギリス文化史一九五一―二〇一〇年』『文化と社会を読む　批評キーワード辞典』。共訳書にレイモンド・ウィリアムズ『共通文化にむけて』『想像力の時制』、トニー・ベネット他編『新キーワード辞典――文化と社会を読み解くための語彙集』など。

KENKYUSHA

〈検印省略〉

「わたしのソーシャリズム」へ
――二〇世紀《せいき》イギリス文化《ぶんか》とレイモンド・ウィリアムズ

関西学院大学研究叢書　第174編

二〇一六年三月三十日　初版発行

著者　大《おお》貫《ぬき》隆《たか》史《し》
発行者　関戸雅男
発行所　株式会社　研究社
〒一〇二―八一五二
東京都千代田区富士見二―十一―三
電話（編集）〇三―三二八八―七七一一
（営業）〇三―三二八八―七七七七
振替　〇〇一五〇―九―二六七一〇
http://www.kenkyusha.co.jp
装丁　清水良洋(Malpu Design)
印刷所　研究社印刷株式会社

ISBN 978-4-327-37741-0　C3036
Printed in Japan